AuftritteScenes

Interaktionen mit dem architektonischen Raum: die Campi Venedigs
Interaction with Architectural Space: the Campi of Venice

Alban Janson   Thorsten Bürklin

AuftritteScenes

Interaktionen mit dem architektonischen Raum: die Campi Venedigs
Interaction with Architectural Space: the Campi of Venice

Birkhäuser – Verlag für Architektur   Publishers for Architecture   Basel · Boston · Berlin

Photographien   Photographs

Thorsten Bürklin, Uta Gleis-Schauder, Alban Janson
Karlsruhe

Übersetzung ins Englische   Translation into English

Elizabeth Schwaiger
Toronto

Layout   Graphic Design

Karen Schmeink
Berlin
Werner Handschin
Basel

Redaktion der deutschen Texte

Thomas Menzel
Lörrach

A CIP catalogue record for this book is available from the Library of
Congress, Washington D.C., USA.

Deutsche Bibliothek Cataloging-in-Publication Data
Auftritte : Interaktionen mit dem architektonischen Raum: die Campi Venedigs
= Scenes / Alban Janson ; Thorsten Bürklin. [Engl. Übers.: Elisabeth
Schwaiger]. - Basel ; Boston ; Berlin : Birkhäuser, 2002
ISBN 3-7643-6585-4

© 2002 Birkhäuser – Publishers for Architecture,
P.O. Box 133, CH-4010 Basel, Switzerland.
Member of the BertelsmannSpringer Publishing
Group.

Printed on acid-free paper produced of chlorine-free
pulp. TCF ∞

Printed in Germany
ISBN 3-7643-6585-4

9 8 7 6 5 4 3 2 1
http://www.birkhauser.ch

Inhaltsverzeichnis
Contents

Die Situationen   213   The Situations

1   Campo de Ghetto Novo
2   Campo de la Madonna de l'Orto
3   Campo de l'Abbazia   Campo de la Misericordia
4   Campo San Giacomo da l'Orio
5   Campo San Polo
6   Campo Santa Margherita
7   Campo de l'Anzolo Rafaele
8   Campo San Trovaso
9   Campo Santo Stefano
10 Rialto
11 Campo Santi Apostoli
12 Campo Santa Maria Nova
13 Campo Santi Giovanni e Paolo
14 Campo Santa Maria Formosa
15 Campo San Francesco
16 Campo de la Bragora
17 Arsenale
18 Campo San Pietro

«Wer hineingeht in das Innere dieser Stadt, weiß nie, was er als nächstes sieht oder von wem er im nächsten Augenblick gesehen wird. Kaum tritt einer auf, hat er die Bühne durch einen anderen Ausgang schon wieder verlassen. Diese kurzen Expositionen sind von einer geradezu theatralischen Obszönität und haben zugleich etwas von einer Verschwörung an sich, in die man ungefragt und unwillentlich einbezogen wird».

W.G. Sebald, *Schwindel. Gefühle. Prosa.* Frankfurt/M 2001, S. 60 f

"As you enter into the heart of that city, you cannot tell what you will see next or indeed who will see you the very next moment. Scarcely has someone made an appearance than he has quit the stage again by another exit. These brief exhibitions are of an almost theatrical obscenity and at the same time have an air of conspiracy about them, into which one is drawn against one's will."

W.G. Sebald, *Vertigo.* New York 2000, p. 52 [translated by Michael Hulse]

Zur Einführung
Introduction

Venezianische Plätze
The Campi of Venice

Die Campi Venedigs sind jene Plätze, die abseits von der zentralen Piazza San Marco die wichtigsten Orte des öffentlichen Lebens dieser Stadt bilden. Venedig hat über 100 solcher Campi vorzuweisen und bietet so ein reiches Spektrum an Varianten städtischer Räume.

In dem vorliegenden Buch geht es jedoch nicht um historische Architektur mit typisch venezianischem Lokalkolorit, sondern um einen allgemeinen stadträumlichen Sachverhalt: Was uns an städtischen Plätzen wie den Campi Venedigs unmittelbar anspricht, ist nicht die Gestalt des Gebauten, sondern ein eigentümlicher szenischer Effekt, der nur im Zusammenwirken der Platzarchitektur mit realer Bewegung und konkretem Handeln wirksam wird. Daher steht im Vordergrund nicht die bloße Beschreibung der Platzgestalt, sondern die möglichst genaue Beobachtung, wodurch unser Aufenthalt auf dem Platz zum «Auftritt» wird.

Historische Städte halten faszinierende Gelegenheiten für eigene Erfahrungen mit der Dramatik städtischer Räume bereit. Wir wünschen uns, die reichen Erlebnisse beim Betreten, Verweilen und Durchqueren der Plätze dieser Städte festzuhalten und fragen uns, was wir daraus lernen können. Doch dabei geraten wir in ein Dilemma: Wir müssen zugeben, dass unsere persönliche Erfahrung in einer historischen Stadt der Intention ihrer Erbauer heute nicht mehr gerecht wird. Als Touristen oder Bewohner sind wir nicht mehr in den kulturellen Kontext eingebunden, aus dem heraus Straßen und Plätze entstanden sind und erfahren wurden. Allenfalls eine historisierende Betrachtung würde den einst diese Städte bestimmenden Verhältnissen gerecht. Tatsächlich aber machen wir in einer historischen Stadt auch heute konkrete, lebendige Erfahrungen.

Doch wir glauben uns dafür entschuldigen zu müssen, dass wir nur Touristen sind, die sich in einer musealen Pseudowirklichkeit bewegen. Dürfen wir sie nicht ernst nehmen? Hinter unseren Bedenken steckt die Auffassung, das richtige Verständnis für die Wirklichkeit historischer Architektur könne nur durch den entsprechenden Kontext hergestellt

Far away from the central Piazza San Marco, the town squares – or *campi* – of Venice are the principal sites of public life in this city. Over one hundred in number, these squares offer a rich spectrum of various urban spaces.

The theme of this book, however, is not historic architecture with the local colouring that is so typical of Venice, but a universal urban condition. The immediate appeal of urban spaces such as the *campi* of Venice has less to do with form than with a unique scenic effect that comes to life only in the interplay of the architecture and the movements and concrete actions of people on the square. Hence the principal focus of this work is not to describe the shape and design of the square, but to provide as minute an observation as possible, transforming the time we spend on the square into a "scene".

Historic cities provide fascinating opportunities to explore the theatricality of urban spaces. By recording the rich experiences of entering, occupying and crossing the squares of these cities, we can address the question of what these experiences signify for modern life. But it also confronts us with a dilemma: we must admit that our individual experiences in historic cities cannot do justice today to the original intentions of their builders. As tourists or inhabitants, we are no longer subject to the same cultural context from which these streets and town squares were born and within which they were originally experienced. Only a historicizing study could deliver a fair treatment of the conditions that once defined these cities.

In reality, the experiences we have in these historic settings today are every bit as real and direct.

Still, we feel compelled to apologize for being mere tourists moving through a museum-like pseudo-reality. Yet why shouldn't we be allowed to take it seriously? What underlies these concerns is an attitude that true appreciation of historic architecture must be based on context: thus, Greek temple architecture must be seen through the eyes of antiquity; the great cathedrals through the lens of faith; baroque castles and town squares with an understanding of monarchial rule. According to this attitude, we cannot fully grasp architectural

werden. Die griechische Tempelarchitektur werde nur aus dem antiken Denken, die Kathedrale nur aus dem religiösen Glauben, barocke Residenzbauten und Platzanlagen werden nur aus autoritären Herrschaftsstrukturen richtig verstanden. Ohne den passenden Kontext werde die entsprechende architektonische Wirklichkeit nicht zutreffend erfasst, sondern verfälscht. Sie bliebe im günstigsten Fall interessante, aber museale Attrappe, schöner aber unwirklicher Dekor. Aus unserem eigenen Alltagsverständnis heraus könnten wir demnach nur unsere eigene Wohn- und Arbeitswirklichkeit richtig verstehen. An der Authentizität anderer räumlicher Umwelten lässt die um sich greifende «Disneyfizierung» des öffentlichen Raums den kritischen Betrachter jedenfalls zunehmend zweifeln.

Doch wovon hängt das *richtige* Verständnis nun genau ab? In der mittelalterlichen Glaubenswelt bildet die Kathedrale für den im Seitenschiff knienden armen Sünder eine andere Wirklichkeit als für den im Chorgestühl sitzenden Prälaten. Für den in Versailles die Freitreppe hinaufsteigenden Botschafter ist das Gebäude etwas anderes als für die im Bett ihres Boudoirs schlummernde Maitresse. Für sie alle aber sind die Räume gemacht. Und doch schwankt ihre Wirklichkeitserfahrung zwischen Extremen wie ehrfürchtiger Beklemmung, erhebender Wertschätzung und vertrautem Zuhause. Offenbar ist die Wirklichkeit eines Bauwerks, eines Raums eng mit der Disposition der Benutzer verknüpft. Wie aber lässt sich feststellen, welche davon *richtig* ist?

Wenn jeder architektonische Raum, jeder historische Stadtplatz sich schon zu seiner Entstehungszeit erst im Zusammenwirken von Raumgestalt und Disposition der Handelnden in seinem Erfahrungsgehalt herausbildet und dabei extrem unterschiedliche Wirklichkeiten zustande kommen, warum sollen wir dann unsere eigene Erfahrung mit diesen Plätzen heute als ungültige, bloß museale Pseudowirklichkeit abtun? Die Historie lässt sich ohnehin nur in den Brüchen zwischen offizieller Geschichtsschreibung und persönlicher Erfahrung begreifen. Unsere heutige Ausgangslage wird nicht durch Haltungen wie Repräsentationsbedürfnis, Unterwürfigkeit oder ständische Pflicht bestimmt. Die Symbolik der Formen, die Rolle der Prachtentfaltung, die rituellen Bedeutungen können wir ohne Anstrengung daher nicht angemessen begreifen. Sie prägen unsere Wirklichkeit nicht. Ihre verdünnten Spuren, reduziert auf historisches Kolorit oder auf Folklore, spielen zwar bei der Er-

reality without the relevant context; we can only achieve a distorted view. At best, it becomes an interesting prop – beautiful, albeit unreal ornamentation. But if we accept this premise, then our everyday experiences equip us to comprehend no more than the mundane realities of living and working; moreover, the growing "Disneyification" of public spaces leads most critical observers to question the authenticity of built environments beyond home and office.

What is the real basis for the *correct* understanding? In medieval times the cathedral represented a very different reality for the poor sinner kneeling in one of the aisles than for the prelate seated in the chancel. And the ambassador ascending the monumental stairs at Versailles, had an entirely different relationship to the building than the mistress, who was still abed in her boudoir. These spaces were created for all these individuals. Yet the realities they experienced ranged from reverential awe to edifying appreciation to comforting familiarity. Clearly, the perceived reality of a building or space is closely linked to the disposition of its users. But how can we determine which is the *correct* disposition?

If the experiential content of every architectural space, every historic town square, is indeed generated by a convergence of spatial form and human disposition even at the time of their creation, and if this convergence leads to such divergent realities, why then should we dismiss our own contemporary experiences with these squares as a museological pseudo-reality? History, at any rate, can only be understood from the perspective of the breach between official historiography and personal experience. Our contemporary situation is no longer defined by attitudes such as a need for representation, subservience, or class obedience. Thus it takes some effort on our part properly to understand the symbolism of form, the role of pomp and circumstance, the meaning of ritual. They no longer inform our reality. While faint traces of these forces reduced to historic colouring or folklore still play a marginal role in the experience of urban space, it is increasingly difficult to explore the past as history. It has been replaced by a new context that defines our current living conditions, although these are naturally inseparable from their historic roots.

Therefore, we should not hesitate actively to re-interpret existing structures and spaces. In doing so we should look less to a supposed historic truth and more to the timeless capacity of spatial material to unfold. The immediate appeal of this material lies in its diversity, spatial power, and dramatic potential, and in the fact that it is open to an interpretation based on our

fahrung des Stadtraums immer noch mit. Aber eine Auseinandersetzung mit der Vergangenheit als Geschichte wird dabei immer schwieriger. An ihre Stelle tritt ein neuer Kontext, der unsere aktuellen Lebensbedingungen bestimmt, welche als solche freilich aus ihrer historischen Bedingtheit nicht zu lösen sind.

Wir sollten uns also nicht vor einer aktiven Neuinterpretation des Vorgefundenen scheuen. Dabei müssen wir uns weniger an einer vermeintlichen geschichtlichen Wahrheit orientieren, sondern eher an der zeitübergreifenden Entfaltungsfähigkeit des räumlichem Materials, das uns zunächst einmal nur durch seine Vielfältigkeit, seine räumliche Kraft und sein dramatisches Potential anspricht, offen für eine Interpretation durch den individuellen Gebrauch, den *wir* heute von ihm machen. Entgegen allen Virtualisierungstendenzen suchen unsere Körper und Sinne nach einem konkreten Gegenüber für Betätigung und Entfaltung. Die venezianischen Campi stellen ein materielles Repertoire bereit, das seinen Reichtum aus historischen Lebensprozessen erhalten hat und das uns auch heute einen lebendigen Handlungsrahmen bietet. Es geht also nicht um abstrakttheoretische oder kunsthistorische Erkenntnisse, auch nicht um formalästhetische (vor allem retinale) Architekturqualitäten, sondern um das Erlebnis der eigenen Bewegung in der Stadt, das übrigens kein Bildschirm simulieren kann: das Gefühl von Enge und Weite, Beklemmung und Befreiung, Hinaufsteigen und Hinabspringen, Körperschwenks und Drehung, Widerstand und Hindernisüberwindung, Beschleunigung und Verlangsamung, Atmen und Pulsieren. Während wir daraus jedoch eine Begeisterung für den städtischen Raum beziehen, die sich auf weitgehend beständige menschliche Grunddispositionen stützen kann, verändern die gegenwärtigen gesellschaftlichen Bedingungen offenbar unsere Haltung gegenüber dem städtischen Raum. Insbesondere im Hinblick auf drei charakteristische Phänomene sind diese Veränderungen hier von Bedeutung.

1. Szene

Stadtraum wird weniger gegenständlich erfahren, stattdessen eher ereignishaft. Der heute gängige Event- und Festivalkult scheint äußerliches Zeichen für ein Bedürfnis zu sein, unser eigenes Handeln als bemerkenswertes Ereignis zu erfahren. Der Trend greift um sich. Das Bedürfnis selbst jedoch ist nicht neu, und die Architektur verfügte schon immer über die Mittel, jede Alltagserfahrung in diesem Sinne

individual use in the present. Despite the growing trend towards virtual reality, we still yearn for a concrete counterpart with which we can interact and to which our senses can respond. The *campi* of Venice supply a repertoire of material whose abundant historicity remains intact, offering an animate scope for action even in the present day. This exploration is therefore not about abstract theoretical or art historical insights, nor does it address the formal, aesthetic (above all, retinal) qualities of architecture; the focus is on the experience of one's own movement within the city (which no screen can simulate). The feeling of closeness and expanse, apprehension and liberation, ascending and descending, shifting and rotating, resistance and overcoming obstacles, acceleration and deceleration, and breath and pulse.

While this makes us respond to urban space with an enthusiasm supported by more or less stable human dispositions, our attitudes are obviously also influenced by changing societal conditions. These changes are significant in this context, particularly with regard to three characteristic phenomena.

1. Scene

Urban space is experienced as an event rather than as an object. The current event and festival cult seems to be an outward expression of a need to experience one's actions as significant events. While the trend is spreading, the need itself is hardly new. Since time immemorial, architecture has contributed to enhancing everyday experiences in this sense. We seem to perceive ourselves in the space in these situations. They contain a theatrical moment, as if we were acting in a scene not in front of an audience of others, but playing to ourselves. At some times, we have a strong sense of this perception; at others, we merely notice in passing how the space gives dignity to our entrance or how we encounter someone else with a heightened sense of perception. If so desired, we can look upon ourselves and our surroundings as if we are in a three-dimensional image. In the public sphere of cities, viewing ourselves as actors is a prerequisite for urban communicative behaviour. Be it in interiors or in the city, theatrical means are employed to intensify the atmosphere, to choreograph sequences of movement, to alternate between tension and relaxation, concealment and revelation. Like dance and ritual translated into form, everyday actions can derive a unique force from the articulation of the space around them. Everyday interaction with the space takes on greater meaning in an atmosphere of concentrated aesthetics. When a space takes on

zu intensivieren. In solchen Situationen haben wir den Eindruck, uns selbst im Raum wahrzunehmen. Es liegt ein theatralisches Moment in ihnen – wie in einer Szene, in der wir weniger vor Zuschauern als vielmehr vor uns selbst auftreten. Manchmal dagegen spüren wir nur beiläufig, wie der Raum unser Eintreten würdigt, oder wie wir einer anderen Person mit geschärfter Wahrnehmung begegnen. In solchen Fällen können wir – wenn wir es darauf anlegen – uns selbst und unsere Umgebung wie in einem räumlichen Bild wahrnehmen. Uns selbst als Akteure im Raum zu betrachten ist in der städtischen Öffentlichkeit eine Voraussetzung für urbanes Kommunikationsverhalten. Ob im Innenraum oder in der Stadt, szenische Mittel zielen auf die Steigerung von atmosphärischen Intensitäten, auf die Dramaturgie von Bewegungsabläufen, den Wechsel von Spannung und Entspannung, Verbergen und Preisgabe. Ähnlich wie Tanz und Ritual als Gestalt gewordene Bewegungen und Handlungen im Raum können Alltagstätigkeiten eine Kraft aus ihrer gestalteten räumlichen Artikulation erhalten. Durch ästhetische Verdichtung wird der alltägliche Umgang mit Raum bemerkenswert. Der zur Szene gewordene Raum ist vergleichbar dem Sockel für das *objet trouvé*, der den ästhetischen Blick auslöst und ihm ein lohnendes Ziel gibt.

2. Emergenz

In der Geschichte der Stadt ist der städtische Freiraum schon immer die Bühne für das öffentliche Leben gewesen. Er wird am konkreten Ort von der Architektur mit dem «Bühnenbild» versehen, mit Platzanlagen, Toren, Freitreppen, Promenaden und Parks. Manche dieser Orte – Venedigs Plätze gehören dazu – beeindrucken uns durch die Gestalt des gebauten Umraums so sehr, dass wir geneigt sind, ihrem Einfluss die Hauptwirkung für die genannten szenischen Erfahrungen zuzuschreiben. Was wir aber als architektonischen Raum oder als städtischen Platz erleben, ergibt sich nicht nur aus der baulichen Anlage, sondern hängt genauso von unserem eigenen Verhalten ab: von unserer Bewegung, unserer Körperhaltung, von unserer Aufmerksamkeit und unseren Absichten, von unseren Befürchtungen und Wünschen. Diese Faktoren sind veränderlich. Nur in ihrer Konvergenz, also in ihrem Zusammenwirken und in der Wechselwirkung mit den äußeren Bedingungen, kommt eine konkrete Raumerfahrung zustande. In einer heute gängigen Betrachtungsweise könnte man diese Ent-

the character of a scene, it operates much like a pedestal on which an *objet trouvé* is displayed: it is a trigger for a more aesthetic way of looking and offers a rewarding target.

2. Emergence

In the history of the city, open spaces in the urban fabric have always been the stage for public life. Architecture provides the "set", complete with town squares, gates, flights of stairs, promenades, and public parks. Some of these sites – and the *campi* of Venice belong to this group – offer such impressive sets that we are tempted to attribute the aforementioned scenic experiences to the influence they exert. Yet what we experience as an urban space or urban square is not only a product of architectural articulation. It is also dependent on our own behaviour, our movement and posture, our attentiveness and intentions, our fears and desires. These parameters are variable. A concrete experience of space occurs only when all these factors converge, that is, in the *inter*action and reaction to the external conditions. One could describe this emanation of conditions as a singular event. The current term is "emergence", the random "surfacing" of one condition from a group of possible parameters, just as our experience in urban space is not only determined by the objective characteristics of the built environment but "emerges"[1] from the convergence, that is, the meeting of subjective influences. If we adhere to this model, we must attempt to read the unique character of an urban space not by analysing specific design characteristics, but focussing on this convergence of objective and subjective parameters, especially those that are rooted in behaviour. All objective observations, including the descriptions contained in this book, stem from subjective experience (although this is rarely stated). However, one can safely assume that this "subjectivity" has a firm basis in recurring patterns in the urban space and is thus a justifiable source for generic characterizations of individual situations despite its conditional validity.

3. Fabric

Today, our desire to establish a context for isolated everyday experiences – also in terms of their spatial relationships – is rarely satisfied by traditional orders, such as the classic figures of urban space. In the past, a house provided a cohesive environment for its occupants and a city was home to its citizens. This strong identification with a clearly articulated spatial frame of reference has been rendered obsolete as modern patterns of working and living compel us to relocate or, at the

stehung von Zuständen als Singularität bezeichnen. Man spricht dann von «Emergenz», vom nicht gesteuerten «Auftauchen» eines Zustandes aus einem Feld von Einflussgrößen – so wie auch unsere Erfahrung im städtischen Raum nicht nur durch Objekteigenschaften des Gebauten gesteuert wird, sondern durch die Konvergenz, also das aktuelle Zusammentreffen von subjektiven Einflüssen «emergiert».[1] Nicht durch die Vorgabe der Gestaltungsmerkmale wäre demnach die Eigentümlichkeit eines Stadtraums bestimmt, sondern durch die Angabe der Konvergenzbedingungen von objektiven und subjektiven Faktoren, insbesondere von denjenigen, die in unserem Verhalten liegen. Feststellende Beobachtungen, auch die Beschreibungen dieses Buches, fußen in der Tat immer – meist unausgesprochen – auf der singulären Annahme einer subjektiven Verhaltensdisposition. Allerdings kann man davon ausgehen, dass es für deren Auftreten im städtischen Raum häufig wiederkehrende Muster gibt, die trotz ihrer kontingenten Gültigkeit eine treffende Charakterisierung einzelner Situationen rechtfertigen.

3. Gewebe

Unser Bedürfnis, die isolierten Erfahrungen des Alltags – auch in ihrer räumlichen Beziehung – in einen Zusammenhang zu bringen, wird vielfach nicht mehr durch die traditionellen Ordnungen befriedigt, etwa durch die klassischen Figuren des Stadtraums. Während einmal das Haus den Zusammenhalt der Hausbewohner stiftete, die Stadt die Heimat ihrer Bürger bildete, machen inzwischen die örtliche Streuung von Berufstätigkeiten, die Ortswechsel in verschiedenen Lebensphasen bzw. eine wachsende Ortsunabhängigkeit die Identifikation mit einem starren stadträumlichen Bezugsrahmen zunehmend obsolet. Stattdessen wird ein vielfältig vernetzter Zusammenhang bevorzugt. Die strenge Herrschaft von Kontur, Achse, Geometrie wird durch die Präferenz für ein verzweigtes Gewebe ohne klare Hierarchien in Frage gestellt. Wenn die übergreifenden räumlichen Ordnungen ihre synthetisierende Kraft verlieren – die Stadt bildet schon lange keine gestaltete Ganzheit mehr –, werden sich nur noch die elementarsten Handlungsfragmente in entsprechenden Raumversatzstücken abzeichnen. Parallel zu den großen Entortungs- und Enträumlichungsprozessen wird sich die Essenz architektonischer Gehalte auf kleine Einheiten konzentrieren, die sich dagegen als verhältnismäßig stabil erweisen. Einzelne Situ-

very least, to become geographically independent. In short, we no longer establish roots at any particular location. The current trend is towards a framework of networks. Contour, axis and geometry are replaced by a many-layered fabric without clear hierarchies. When universal spatial orders lose their power to inspire synthesis – and cities have long ceased to present designed entities – all that remains are remnants of basic fragments of action and activity in a variety of spatial set pieces. Parallel to the pattern of disassociation from locale and space on a large scale, the essence of architectonic content is condensed into small units, although these are proving to be relatively stable. Individual situations, comprising an architectural component and a behavioural element, can connect in different combinations and contexts.

Scene, emergence and fabric – the three phenomena at the core of these preliminary observations – typify trends in our contemporary reading of space and in current theoretical debates. All are remarkable for their absence of specificity. They speak of material that is specified by neither locale nor history, design nor typology: it remains *generic*. This affects universal patterns of comprehension and action, which could be applied to any architecture, to any city. Above all, these phenomena influence how we interact with space in rapidly changing large urban centres. Surprisingly, these phenomena are most evident within the historic urban structure of Venice, in contrast to other historic cities such as Rome, Paris, and Milan, with their strongly defined axes and districts.

Scene. Observations and comments on the theatrical quality of Venice are legion. The Piazza San Marco is regarded as *the* theatrical urban space par excellence. But the historic festivities and spectacles[2] that are played out on the *campi* of this city are related to theatricality only in the sense of what is generally called *performance*. On the other hand, anyone who enters a Venetian *campo* – leaving the Piazza aside for the moment – is subconsciously aware of the scenic effect of the public space, struck by a sense of having stepped onto a stage.

Emergence. Venice truly shines in its monuments, but the many faces of the city also show a different side, presenting obstacles to a ready understanding of its spaces. Few of the streets and squares were planned in terms of their shape and location and therefore do not display clear-cut orders. More than in other cities, inhabitants and tourists must establish their own order, create their own clues to reading the space;

ationen, bestehend aus einer baulichen Komponente und einem Verhaltensanteil, können sich in unterschiedlichen Kombinationen und Kontexten verbinden.

Szene, Emergenz und Gewebe, die Phänomene, die den Gegenstand dieser vorbereitenden Beobachtungen bilden, kennzeichnen Tendenzen in unserem heutigen Raumverständnis, die auch die aktuelle Theoriediskussion durchziehen. Alle zeichnen sich durch ihren ausgesprochen unspezifischen Inhalt aus. Sie handeln von Material, das weder lokal noch historisch, weder gestalterisch noch typologisch spezifiziert wird, es bleibt *generic*. Davon sind allgemeine Verständnis- und Handlungsmuster betroffen, die sich folglich auf jegliche Architektur, auf jegliche Stadt anwenden ließen. Sie prägen vor allem den Umgang mit dem Stadtraum in den sich rapide verändernden Großstädten. Aber merkwürdigerweise weist ausgerechnet Venedig – im Gegensatz zu anderen historischen Städten wie Rom, Paris oder Mailand mit ihren Achsen und klaren Bereichsgliederungen – gerade die genannten Phänomene in der historischen stadträumlichen Struktur auf:

Szene. Venedigs Theatralität wurde vielfach beobachtet und kommentiert. Als der beispielhafte Ort gilt die Piazza San Marco. Die historischen Festivitäten und Schauveranstaltungen[2], die in dieser Stadt auch auf den Campi bis heute tradiert werden, betreffen aber nur das Theatralische im Sinne dessen, was wir heute *performance* nennen. Die szenische Wirkung des öffentlichen Raums erfährt dagegen eher beiläufig, wer – von der Piazza einmal ganz abgesehen – einen der venezianischen Campi betritt und dabei den Eindruck erhält, auf einer Bühne aufzutreten.

Emergenz. Venedig glänzt natürlich in seinen Monumenten, aber die Vielgesichtigkeit der Stadt hält auch eine Seite bereit, die der klaren Lesbarkeit Hindernisse entgegensetzt. Form und Lage von Straßen und Plätzen sind selten geplant und weisen daher keine klaren Ordnungen auf. Der Stadtbewohner oder Tourist muss mehr als in anderen Städten seine eigene Ordnung als individuelle Lesespur hineinlegen und lässt damit eine räumliche Gestalt erst entstehen. Die Campi zeigen einen jeweils unterschiedlichen Charakter, abhängig von Standort, Blickrichtung und Bewegungsverlauf. Einzelne Komponenten kehren zwar immer wieder, aber erst in ihrem jeweiligen aktuellen Zusammentreffen wird ein singulärer Zustand erreicht.

they participate in the emergence of the spatial design. Each of the *campi* has its own distinct character, independent of location, orientation, and flow of movement. While individual components may appear in recurring patterns, singular effects are created as a result of how they converge in each instance.

Fabric. The city of Venice grew out of many small islands, and for a long time it simply did not have a continuous urban space. Even today, the individual parishes with their church squares (the *campi)* form a patchwork of small spatial units that seem randomly assembled. The aerial view of Venice resembles an uneven fabric, in whose irregular network of winding lanes the *campi* appear like random clearings whose shape and placement answer to no overarching principle of design. They furnish a profuse store of diverse space-generating material moulded and linked by the movement of people through the streets and across the squares.

Thus we have two compelling reasons for studying Venice. On the one hand, this city appears more "modern" than one might expect, largely because its characteristics are compatible with a highly contemporary understanding of space. And on the other hand, far away from the Piazza San Marco and beyond the famous works of art and magnificent buildings, we discover an extraordinarily varied repertoire of urban situations. The contrasts contained within this rich spectrum pertain not only to the formal properties and urban constellations of the squares, but also to their striking dramatic potential. Nearly every *campo* boasts areas with a pronounced theatrical character, which evoke the kind of self-reflective perception that gives meaning to the situation through the interaction between the architecture on the square and the observer's position and movement. The result of this interaction, however, is unique to each square, and as a consequence, the "theatrical" effect is experienced in many different variations.

According to a definition formulated by architectural theoretician Dagobert Frey, the aforementioned self-reflective experience, in which we become aware of ourselves as both actors and audience members, is a characteristic of all architecture[3]. In this sense, we can interpret the *campi* of Venice as typical examples of town square architecture. This is true even when they were not planned as such. According to Philippe Boudon, even "architecture without architects" should be considered architecture in the literal sense, provided it contains a visible concept of architectural space[4]. However, such a con-

Gewebe. Venedig ist aus vielen kleinen Inselchen entstanden und hat lange keinen zusammenhängenden Stadtraum besessen. Noch heute bilden die einzelnen Pfarreien mit ihren Kirchplätzen (Campi) ein Patchwork von scheinbar wahllos zusammengestückelten kleinen räumlichen Einheiten. Das Bild Venedigs aus der Luft gleicht einem unregelmäßigen Gewebe, in dessen Netz verzweigter Straßen die Campi wie zufällige Aufweitungen erscheinen, die in ihrer Form und Lage keinem übergeordneten Gestaltungsprinzip unterworfen sind. Sie bilden einen wuchernden Bestand an vielfältig raumbildendem Material, das sich in der Bewegung durch die Straßen und Platzräume formt und verbindet.

Wir haben also zweierlei Anlass, uns mit Venedig zu beschäftigen: Zum einen erscheint diese Stadt «moderner», als man denken sollte, indem sie in ihren Eigenschaften einem sehr aktuellen Raumverständnis entgegenkommt. Zum anderen finden wir hier abseits von der Piazza San Marco und jenseits der Rangordnung von berühmten Kunstwerken und Prachtarchitekturen ein außerordentlich vielfältiges Repertoire an stadträumlichen Situationen vor. Die Kontraste in diesem reichhaltigen Spektrum von Varianten betreffen aber nicht nur die Formeigenschaften und stadträumlichen Konstellationen der Plätze, sondern auch deren auffälliges dramatisches Potenzial. Fast auf jedem Campo gibt es Stellen mit szenischem Charakter, die jene selbstreflexive Wahrnehmung hervorrufen, durch welche im Zusammenwirken der Platzarchitektur mit der eigenen Haltung und Bewegung die ganze Situation, in der man sich befindet, bemerkenswert wird. Das Ergebnis dieser Wechselwirkung jedoch fällt auf jedem Platz anders aus, der «theatralische» Effekt wird infolgedessen ebenfalls in vielfältigen Varianten erlebt.

Jene selbstreflexive Erfahrung mit Architektur, in der wir uns als Mitspieler und Zuschauer zugleich erleben, ist gemäß einer Definition von Dagobert Frey ein Wesensmerkmal aller Architektur[3]. In diesem Sinne können wir die venezianischen Campi daher als charakteristische Fälle von Platzarchitektur begreifen. Dies gilt sogar dann, wenn sie nicht geplant sind. Einer Überlegung von Philippe Boudon zufolge wäre auch «Architektur ohne Architekten» als Architektur im eigentlichen Sinne zu betrachten, sofern in ihr ein Konzept von architektonischem Raum erkennbar ist.[4] Ein solches Konzept und die inhärente architektonische

cept and the inherent architectonic theme can only unfold in the course of "playing" to the space, in the day-to-day use of the space. The cultural and anthropological roots that underlie this idea invite a conceptual exploration of this fundamental context. The following chapter therefore presents a philosophical interpretation of how architectural experiences are born in the first place out of what we call the "In-Between" (that is, the interplay between the built environment and the human perception of that environment).

A purely analytical study could never hope to convey a true sense of the Venetian squares and the rich experiences they offer to all one's senses. Nor can art history fully illustrate the contemporary experience of the *campi*. The phenomenological method seems to offer the most promising approach. The third chapter in Part 1 is therefore devoted to describing how this method is applied in this book.

The core of the book comprises portraits of eighteen typical *campi* in Venice (Part 2), followed by an overview of individual situations (Part 3) that are characteristic of the spatial experience on the city's squares. While Part 2 examines each *campo* in the context of a complex spatial theme, Part 3 isolates the individual elements, where specific architectural components come into contact with corresponding patterns of behaviour, whose interaction is referred to as "situation".

1 cf. Peter Eisenhardt, Dan Kurth, Horst Stiehl, *Emergenz: Die Entstehung von radikal Neuem.* In: Arch+119/120, 1993, p. 9196

2 e.g. Franco Posocco, *Scuola grande di San Rocco. La vicenda urbanistica e lo spazio scenico.* Citadella 1997

3 Dagobert Frey, *Wesensbestimmung der Architektur.* In: Ders., Kunstwissenschaftliche Grundfragen. Prolegomena zu einer Kunstphilosophie. Vienna 1946, p. 93-106

4 cf. Philippe Boudon, *Sur l'espace architectural. Essai d'épistémologie de l'architecture.* Paris 1971

Thematik entfalten sich jedoch erst im «Bespielen», im gebrauchenden Umgang mit dem Raum. Die Verankerung in kulturellen und anthropologischen Bedingungen legt es nahe, diesen grundlegenden Zusammenhang begrifflich herauszuarbeiten. Im folgenden Kapitel wird daher das Zustandekommen von architektonischen Erfahrungen aus dem «Dazwischen», also aus dem Zusammenspiel von baulichen Gegebenheiten und menschlichem Zutun, aus philosophischer Sicht gedeutet.

Einem lebendigen Verständnis der venezianischen Platzräume unter Berücksichtigung der vollen Erfahrung durch alle Sinne würde eine Untersuchung in der Art analytischer Wissenschaft nicht gerecht, auch eine historische Betrachtung trifft unsere aktuelle Erfahrung auf den Campi nicht. Besser geeignet erscheint eine phänomenologische Methode. Im dritten Kapitel dieses Einleitungsteils wird deshalb beschrieben, wie hier mit dieser Methode gearbeitet wird.

Kernstück des Buches sind dann die Charakterisierungen von 18 typischen Campi Venedigs (2.Teil), gefolgt von einer Zusammenstellung der Einzelsituationen (3.Teil), die für die Raumerfahrung auf den venezianischen Campi charakteristisch sind. Während im zweiten Teil jeder Campo in Hinblick auf die individuelle Entfaltung eines komplexen räumlichen Themas dargestellt ist, werden im dritten Teil jene Bestandteile isoliert, in denen jeweils bestimmte bauliche Komponenten mit korrespondierenden Verhaltensmustern in Verbindung treten, deren Zusammenspiel hier als «Situation» bezeichnet wird.

1 Vgl. P. Eisenhardt, D. Kurth, H. Stiehl, *Emergenz: Die Entstehung von radikal Neuem.* In: Arch+119/120, 1993, S. 91-96

2 Z.B. F. Posocco, *Scuola grande di San Rocco. La vicenda urbanistica e lo spazio scenico.* Citadella 1997

3 D. Frey, *Wesensbestimmung der Architektur.* In: Ders., Kunstwissenschaftliche Grundfragen. Prolegomena zu einer Kunstphilosophie. Wien 1946, S. 93-106

4 Vgl. P. Boudon, *Der architektonische Raum. Über das Verhältnis von Bauen und Erkennen.* Basel, Berlin, Boston 1991 (Paris 1971), S. 58f.

«Dazwischen»
oder das Bespielen des architektonischen Raumes

Eine philosophische Deutung

"In-Between" or Playing to Architectural Space

A philosophical interpretation

I.

Räumliche Erfahrung ist von Parametern abhängig, die auf Gesetzmäßigkeiten räumlichen Gestaltens, auf kulturelle Prägungen sowie auf allgemeine anthropologische Dispositionen zurückzuführen sind. Jene Gesetzmäßigkeiten zeigen sich in der Geometrie, der Statik, den Funktionen und dem Wissen über Materialeigenschaften. Kulturelle Prägungen bestimmen einerseits das Wollen des Einzelnen. Andererseits ist architektonischer Raum immer schon als Ausdruck einer Tradition vorhanden. Mit anthropologischen Dispositionen sind u. a. der aufrechte Gang, die Gerichtetheit nach vorne, die Lage und der Blickwinkel der Augen gemeint. In Wechselwirkung miteinander bestimmen diese Momente das Bespielen des architektonischen Raumes.

In diesem Zusammenhang sollen zunächst drei wesentliche Aspekte hervorgehoben werden:

1. Vorgaben des architektonischen Raumes

Betrachtung und Gebrauch, das jeweilige Handeln und «Sich-Verhalten» innerhalb eines räumlichen Kontextes sind geprägt von dessen konkret sinnenhafter Präsenz, den funktionalen Einschränkungen, dem historisch und traditionell Bekannten, den damit verbundenen Bedeutungen usw. Der architektonische Raum macht Vorgaben. Der Betrachter oder Benutzer ist davon unmittelbar betroffen.

2. Die Er- und Einrichtung des architektonischen Raumes

Sie wird von den individuellen wie kollektiven Interessen der Nutzer bestimmt. Diese nehmen Raum ein, indem sie ihn zweckgerichtet organisieren. Der in diesem Sinne bereitgestellte Raum ist daher von den formulierten Bedürf-

I.

Spatial experience is dependent on parameters derived from the laws of three-dimensional design, cultural influences and universal anthropological conditions. These laws are expressed in the geometry, structure, function and knowledge of material properties. Cultural influences determine the individual's intent [Wollen]. Conversely, architectural space is always experienced as an expression of particular traditions. When we speak of anthropological conditions we are referring to aspects such as the erect posture of human beings, their face-forward orientation, as well as the position and visual range of the human eye. The interaction between these parameters determines how architectural space.

In this context, it is important to stress three essential aspects.

1. Existing parameters in the architectural space

Observation and use, action and behaviour within a spatial context are always characterized by the concrete intentional presence, functional limitations, historic and traditional familiarity and interpretation linked to a particular space. The architectural space "demands" a specific response and the observer or user is subject to these demands.

2. Errecting and furnishing the architectural space

The manner of constructing and designing architectural space is determined by both the individual and the collective interests of its users. Users occupy space by organizing it according to specific purposes. Space that is "readied" in this sense is therefore occupied by formulated needs, i.e. its form and design are defined by the use for which it is intended. Our behaviour in architectural space is always biased to some degree: we arrive with specific desires and expectations but must

19

nissen vereinnahmt, er ist in Form und Gestalt durch den jeweils intendierten Gebrauch festgelegt.

Vor-Eingenommenheit bestimmt daher das Verhalten im architektonischen Raum: Wünsche und Erwartungen werden an ihn herangetragen, immer aber hat man sich auf die am Ort vorgefundenen Gegebenheiten einzustellen, welche die interpretierende Betrachtung, das Handeln und den Gebrauch bestimmen.

3. Voreingenommenheit

Die Vorgaben der physischen und geistigen Disposition des eigenen Körpers wie auch Form und Inhalt des architektonischen Raumes sind innerhalb einer gewissen Bandbreite individueller Abweichungen und Interpretationen bindend. Dieser Sachverhalt ist durch eine wechselseitige Voreingenommenheit gekennzeichnet. Dadurch werden Mitteilungen über den Raum und gemeinsame Erfahrungen möglich.

II.

Der alltägliche Umgang mit Architektur wird in der Regel als ein «Nebenbei» erlebt.[1] Das Bekannte und Eingespielte wiederholt sich dann gleichsam «automatisch», denn nicht jeder Handgriff muss reflektiert werden. Räumliche Dispositionen kommen in ihrer formalen und gestalterischen Qualität daher erst «dahinter» oder «danach» in den Blick. Das «Nebenbei» des alltäglichen Handelns ist jedoch eng in die räumlichen Gegebenheiten verwoben. Diese werden durch das konkrete Verhalten aktualisiert. Denn erst der gebrauchende Umgang – das Handeln im weitesten Sinne – ist es, der als dieser Gebrauch oder dieses Handeln eine konkrete räumliche Disposition mit Sinn erschließt. Die interpretierende Handlung erzeugt Sinn, der vor Ort freigelegt wird.

Als Ausdruck räumlicher Gestaltung wird Architektur daher als das Zusammenspiel bzw. das «Dazwischen» «objektiver» Vorgaben und «subjektiven» Verhaltens erlebt. Ihr eigentümliches Wesen erklärt Dagobert Frey mit deren unausweichlich ansprechendem Wirklichkeitscharakter: «Sie ist künstlerisch gestaltete Realität.» Ihr besonderer Ausdruck wird somit durch die «Identität des ästhetischen Raumes mit dem Ich-Raum» geprägt.[2] Dabei erschließt das «Ich» aber nicht einseitig, «von sich aus», das architektonisch Hergestellte, da das «Dazwischen» ein gegenwendiges Verhältnis bedeutet: Im ausdeutenden Verhalten konvergieren körperlich-geistige Dispositionen eines Be-

adapt to the concrete conditions of the site, which determine interpretation, observation, action and use.

3. Predisposition

In this context, "bias" also means that one's own physical and intellectual pre-dispositions as well as the shape and content of the architectural space are limited to a certain range of individual deviations from the norm and the resulting range of interpretations. The limited range of possible responses enables us to comment on the nature of the space and our shared experiences in it in the first place.

II.

Daily interaction with architecture is generally experienced as "incidental".[1] We "automatically" repeat familiar and practised patterns, there is no need to deliberate every single gesture. Thus spatial dispositions and the formal and visual qualities associated with them tend to enter our range of vision only "behind" or "after". The "incidental" quality in daily action is nevertheless closely interlaced with the fabric of spatial realities and given conditions. These are activated by concrete behaviour. For only the interaction of use – action in the widest sense of the word – decodes the meaning of a concrete spatial disposition through being this use, i.e. this action. The interpreting action creates meaning that is revealed on location.

As an expression of spatial design, architecture is thus experienced as the interaction, or rather, the "In-Between" of "objective" conditions and "subjective" behaviour. This dynamic has inspired Dagobert Frey to explain its unique character by drawing attention to the compelling sense of reality it conveys: "It is artistically designed reality," he states, and goes on to explain that the unique expression is therefore characterized by "identifying the aesthetic space with the I-space...".[2] In this process the "I" does not single-handedly, that is "of its own accord", decode or comprehend the architectural creation because the "In-Between" creates a reciprocal relationship: in the moment of interpretation, the physical and intellectual dispositions of a user converge with the shifting conditions of the space.

The experience of the "In-Between" is, however, not a "reading-between-the-lines," or an approach to reading architecture based on broadening the iconographic and linguistic analysis. Nor does this experience reflect the "betweeness" [sic] described by Peter Eisenman. For the potential of layers of meaning that are not yet structured into hierarchical orders

trachters oder Nutzers und die wechselnden situativen Vorgaben des Raumes.

Die Erfahrung des «Dazwischen» ist dann aber nicht ein «Zwischen-den-Zeilen-lesen» als Aufweitung der in ikonographischer oder linguistischer Analyse gewonnenen Lesart von Architektur. Ebenso wenig geht es dabei um den von Peter Eisenman als *betweeness* bezeichneten Sachverhalt. Denn das damit gemeinte Potential noch nicht durch die Gestaltung hierarchisierter und eingeordneter Bedeutungsebenen – Eisenman spricht daher von *Atopos*[3] oder von *weak image*[4] – wird einseitig durch graphische sowie kognitive Manipulationen am Objekt erzeugt. Vielmehr entsteht das «Dazwischen» am Ort des Geschehens, auf dessen Grund das Handeln erst verstehbar wird. Damit ist aber keine Festgelegtheit im Sinne einer normierenden Vorbestimmtheit des Tuns und Verhaltens durch Architektur oder Vorurteile irgendwelcher Art gemeint, sondern die Aktualisierung des noch unausgefalteten räumlichen Potentials aus der Perspektive des daran sich entwickelnden und sinngebenden Handelns. Darin liegt ein kreatives Tun, dessen weltgestaltende Präsenz immer wieder von neuem offenlegt, was als Voreingenommenheit die besonderen situativen Bedingtheiten prägt.

Im Blick liegen immer beide gemeinsam: die handelnde, sich verhaltende Person und der Raum, dessen Möglichkeiten durch das Handeln aktualisiert werden. Die von Hegel in Bezug auf das Daseiende gemachte Feststellung «Die Existenz ist die unmittelbare Einheit der Reflexion-in-sich und der Reflexion-in-anderes.»[5] muss daher auf das «Dazwischen» in der Weise des Umgangs mit architektonischem Raum angewandt werden. Denn es geht nicht darum, einer bloß subjektivistischen Veranlagung aus einem psychologischen oder erkenntnistheoretischen Interesse heraus ein korrespondierendes Objekt zur Seite zu stellen. Man steht dem Raum nicht gegenüber. Das Sein im Raum wird stattdessen als unablösbare Gemeinsamkeit eigener und fremder Dispositionen erlebt und verstanden. Demgemäß ist das «Dazwischen» geprägt durch die Unmittelbarkeit des «In-Seins»[6] oder «Miteinanders» mit anderen.[7] Über äußere Relationen und zeichenhafte Sinngebungen hinaus ist daher immer ein Zusammen subjektiver wie objektiver Bestimmt- und Gestimmtheit angesprochen. Darin liegt der Schatz auszufaltender Möglichkeiten der Erfahrung im architektonischen Raum.

referred to by this latter term – which is why Eisenman speaks of *Atopos*[3] or *weak image*[4] – is the one-sided result of graphic and cognitive object manipulation. Instead, the "In-Between" occurs at the site of the event that makes the action comprehensible in the first place. We are not speaking of definition [Festgelegtheit] in the sense of a normative predestination [Vorbestimmtheit] of action and behaviour through architecture or prejudices of one kind or another, but of the actualization of the as yet unrealized spatial potential from the perspective of action that takes place in response to it and gives meaning to it. This process contains a creative act whose world-designing presence again and again reveals the prejudice that informs the particular situational conditions.

Both aspects are constantly in the range of vision: the person's action and behaviour, and the space whose potentials are actualized through the action. Hegel's statement in reference to existence: "Existence is the immediate unity of Reflection-in[to]-a-Self and Reflection-in[to]-an-Other"[5] must therefore be applied to the "In-Between" in the manner of interacting with architectural space. For the goal is not to place a corresponding object side by side with a purely subjective predisposition born from a psychological or epistemological motive. One doesn't stand face to face with the space. Instead, the being in space is experienced and understood as an indissoluble unity of personal and foreign dispositions. Accordingly, the "In-Between" is imprinted with the immediacy of the "Being-in"[6] or "Being-with" others.[7] Beyond external relationships and symbolic meanings, the issue is therefore always a convergence of subjective and objective definition and correspondence. Therein lies the treasure of potentialities that can unfold in the experience of architectural space.

III.

The reverse, the Reflection-into-a-Self and Reflection-into-an-Other[8], however, is at the same time reflectively distant in both directions: towards the physical and intellectual disposition as well as the spatial, situational conditions. "As people, human beings have distance from themselves, from things, but also from that intermediate area of sensory perception that mediates between bodies and the sensory area to inform one's own body."[9] Only in this manner does the individual revelation of a potential that is to be actualized become more than mere reactive unravelling of predetermined instructions to action. After all, the action referred to here is rarely limited to the purely functional intent of a built structure. For like idle

21

III.

Die gegenwendige Reflexion-in-sich und Reflexion-in-an-deres[8] nimmt jedoch zugleich reflexiven Abstand in beide Richtungen: zu den körperlichen und geistigen Vorgaben sowie zu den räumlichen, situativen Gegebenheiten. «Als Person verfügt der Mensch über Distanz zu sich, zu Dingen, aber auch zu eben jenem Zwischenbereich der Sinnesemp-findung, die zwischen Körpern und dem Sinnenbereich zur Information des eigenen Leibes vermittelt.»[9] Dadurch erst wird das individuelle Offenlegen eines zu aktualisierenden Potentials mehr als ein reaktives Abspulen vorgegebener Handlungsanweisungen. Schließlich bleibt das damit ange-sprochene Handeln in den seltensten Fällen auf die rein funktionale Bestimmtheit eines Gebauten beschränkt. Denn wie das ungeschäftige Verweilen, so weist selbst der Ge-brauch der strengsten funktionalen Anordnung in der Regel noch auf ein Mehr[10], zu dem der interpretierende Umgang Stellung nimmt. Ebenso wenig lassen sich Verhal-tensweisen auf die zeichenhafte oder symbolische Kodifi-zierung des Gestalteten[11] allein zurückführen, wenn dieses auch unumgängliche Vorgaben macht.

Räumliche Erfahrung im Umgang mit Architektur ist statt-dessen eine «vor Ort» sich entfaltende Haltung, eine Ak-tualisierung des physisch wie geistig den ganzen Leib Ansprechenden. Denn über die grafisch-visuellen, die zei-chentheoretischen wie funktionalen Aspekte hinweg kommt die menschlich-körperliche Ausgerichtetheit oder Plastizität in der konkreten Bezogenheit auf die architekto-nische Ausbildung von Körpern und Flächen, Massen und Hohlräumen «in den Blick».

Wenn daher Elisabeth Blum[12] im Anschluss an Le Corbu-siers Feststellung «Unser Mensch besitzt ... zwei Augen, die 1,60 m über dem Erdboden sitzen und nach vorn blicken»[13] dessen *Maison La Roche-Jeanneret* (Paris 1923) nach genau dieser Vorgabe durchwandert, um die Raumfolgen in ihrer Wirkung aufgrund dieser anthropologisch mehr oder weni-ger stabilen Grundgegebenheit zu beschreiben, dann wen-det sie die Aufmerksamkeit in Richtung einer nur aus dem gebrauchenden und betrachtenden Umgang unmittelbar möglichen Aktualisierung des beobachteten Raumgefüges. Erst durch das eigene «kreative» Tun des sukzessiven Ent-deckens der im Raum beschlossenen Möglichkeiten eröffnet sich die in der *promenade architecturale* angelegte Erfah-rungsfülle. Noch aber bleibt dieses Vorgehen einer perspek-tivischen Optik verbunden, die sich mit der Auslegung der

lingering in a space, so even use of the most rigorous func-tional arrangement generally points to "something more"[10], vis-à-vis which the interpreting interaction takes up a posi-tion. Nor are behaviours explained solely by the pictorial or symbolic codification of the designed object[11], even if it does establish absolutely indispensable guidelines.

Instead the spatial experience in an interaction with architec-ture is an attitude that evolves "on site", that is, an actualiza-tion of that which appeals physically and spiritually to the whole body. For beyond graphic-visual, symbolic-theoretic and functional aspects, the physical human alignment or plas-ticity in concrete relation to the architectonic design of vol-umes and areas, masses and voids, etc., also enters into the "field of vision".

When Elisabeth Blum[12] strolls through Le Corbusier's *Maison La Roche-Jeanneret* (Paris 1923) in strict adherence to the master's statement: "Man has ... two eyes, which are 1.6 m above ground level and whose gaze is directed forwards"[13], in order to describe the effect of the spatial sequences on the ba-sis of this more or less stable anthropological condition, her focus is therefore directed at an actualization of the observed spatial configuration that is only possible on the basis of the utilizing and observant interaction with the space. Only the in-dividual "creative" act of successively discovering the possibil-ities contained within the space unlock the wealth of experi-ence offered by the *promenade architecturale*. However, this approach is still indebted to a perspectival optic, limited through the interpretation of the spatial experience according to the operation of the human eye and its position at a spe-cific height on a mobile body. It is true that the experience of the "In-Between" is primarily dependent upon the act of see-ing, that is, the transmission of optical data. But the interac-tion with architectural space is invariably influenced by other physical-spatial properties that arise from the distanced rela-tionship to one's own physical constitution. The all-embracing interplay of different senses and the corresponding experien-tial potential arises, as Helmuth Plessner observes, from the complex integration and self-distancing of the physical knowledge-of-self: "For the human body is a functional unit, whose physical presence is conveyed by the proprioceptive modality of the sense of force and muscle. ... I have an imme-diate, dual knowledge of my own body within its boundaries: I can move it and I can sense it. Yet both of these include – [...] – the perception of my own body as a physical thing."[14]

Raumerfahrung gemäß den Bedingtheiten des menschlichen Sehapparates und dessen Positionierung in einer bestimmten Höhe über einem beweglichen Körper beschränkt. Zwar ist die Erfahrung des «Dazwischen» primär auf den Sehakt, d.h. auf die Überlieferung optischer Daten angewiesen. Im Umgang mit architektonischem Raum kommen jedoch unbedingt weitere Eigenschaften körperlich-räumlicher Prägung aus der distanzierenden Bezogenheit zur eigenen leiblichen Konstitution in den Blick. Das übergreifende Zusammenspiel verschiedener Sinnenbereiche und das damit zusammenhängende Erfahrungspotential entsteht Helmuth Plessner zufolge denn auch aus der komplexen Verschränkung und Selbstdistanziertheit des leiblichen «Um-sich-Wissens»: «Denn der menschliche Körper ist eine funktionelle Einheit, deren leibhafte Präsenz durch den propriozeptiven Modalbezirk des Kraft- und Muskelsinnes vermittelt wird. ... Mein Leib in seinen Grenzen ist mir unmittelbar doppelt gegeben: ich kann ihn bewegen, und ich empfinde ihn. Beide Daseinsweisen schließen aber ... die Wahrnehmung meines Leibes als eines körperlichen Dinges mit ein.»[14]

Das Figur-Grund-Spiel etwa ist dann nicht ein lediglich geometrisch-volumetrisches Phänomen. Die Erfahrung des «Dazwischen» erlebt den eigenen Leib stattdessen als Körper unter Körpern, die wiederum erst aus dem selbstreflexiven Wissen um die eigene Ausgedehntheit und die Möglichkeit des «Darum-Herum» verständlich werden – und zwar bereits vor dem tatsächlichen Begehen von Raum.[15] Darin liegt ein Moment der Lust. Daraus zu ziehende Schlüsse aber werden nicht nach richtig oder falsch fragen, sondern versuchen, das konkrete Wie des räumlichen Erlebens offen zu legen. Das kreative Potential des Sich-Verhaltens zeigt sich schließlich als narrativer Akt.[16] Als ein Bespielen des Raumes bringt es Geschichten hervor, vom Sitzen, Stehen, Gehen. Der Ort aber gibt die Richtung vor, in welche das Sich-Verhalten «gestaltend» wirkt.[17] Das Körperschema wiederum, das in der aufrechten Haltung, der Gerichtetheit «nach vorne», der spezifischen Weise des Sehens, Gehens usw. zum Ausdruck kommt, ist ebenfalls unausweichlicher, gebietender Grund des «vor Ort» sich auslegenden und aussprechenden Verhaltens.[18] Das Bespielen ist daher die sinngebende, ausdeutende Verwirklichung einer konkreten räumlichen Situation, die als richtungweisende Offenheit ihrerseits eine interpretierende Haltung anleitend motiviert. Dadurch wird es bedeutsam.

The figure-ground pattern, for example, is then more than a simple geometric-volumetric phenomenon. Instead, the experience of the "In-Between" understands one's own body as one among other bodies, rendered comprehensible in turn by the introspective knowledge of one's own scale and the possibility of the "round-about" – and this, before we even walk through a space.[15] Therein lies a moment of pure joy. Any conclusions drawn from this knowledge are not aimed at uncovering what is right or wrong, but attempt to bare the concrete "how" of spatial experience. Ultimately, the creative potential of the "how to behave" manifests itself as a narrative act.[16] In playing to the space, it tells stories of sitting, standing and walking. But the site determines the direction in which the behaviour exerts its "designing" force.[17] The body pattern, in turn, expressed in the erect posture, the "forward" orientation, the specific manner of seeing, walking etc., is also an inevitable, governing reason for the interpreting and active behaviour "on site." Playing to the space is thus the interpreting realization that gives meaning to a concrete spatial situation, which motivates and guides an interpretative stance as an open yet directional force. This renders it meaningful.

The act of walking, for example, is differentiated into modes such as strolling, striding, sauntering etc. Sitting may be expressed as sitting around, crouching, towering, sitting enthroned etc. The incidental quality of the activity can frequently be the appropriate manner of the interpreting behaviour. For simple, unpretentious and yet significant architectural space, especially, is experienced and understood in the self-reflexive experience of the "In-Between" when there is no surprise of a sudden newness or an unexpected element to distract one's attention.[18] The playing to the space derives the creative abundance of its interpretative significance from the seemingly meaningless gesture of the everyday. This is where it begins to tell a story.

1 It is important to remember Martin Heidegger's terms of the Zuhandenheit [Readiness-to-Hand] as innerweltlich begleitendem Seienden [Being-alongside entities encountered within-the-world] and Sorge [Care] sowie Befindlichkeit [as well as State] as the existential modes of Being-in-the-World [In-der-Welt-Sein]; see: Sein und Zeit [Being and Time], Tübingen[16] 1986, pp. 72 ff., 134 ff., 180 ff.

2 D. Frey, *Wesensbestimmung der Architektur*, in: Kunstwissenschaftliche Grundfragen. Prolegomena zu einer Kunstphilosophie. Darmstadt 1992 [Vienna 1946], pp. 96 and 101

3 P. Eisenman, *Die blaue Linie*, in: Aura und Exzess. Zur Überwindung der Metaphysik der Architektur. Vienna 1995, pp. 145-150

Das Gehen etwa differenziert sich angesichts einer bestimmten räumlichen Vorgabe in die Modi des Flanierens, des Schreitens, des Promenierens usw. Das Sitzen zeigt sich als Herumsitzen, Hocken, Thronen. Die Beiläufigkeit des Handelns mag dabei oftmals die angemessene Weise des ausdeutenden Verhaltens sein. Denn gerade der einfache, unprätentiöse und dennoch bedeutsame architektonische Raum wird in der selbstreflexiven Erfahrung des «Dazwischen» dann erlebt und verstanden, wenn nicht die Überraschung des hereinbrechenden Neuen oder Unerwarteten alle Aufmerksamkeit auf sich lenkt. Aus der vermeintlich bedeutungslosen Geste des Alltags schöpft das Bespielen die kreative Fülle seiner auslegenden Bedeutsamkeit. Dort beginnt es zu erzählen.

1 Man denke an Martin Heideggers Begriffe der Zuhandenheit als Seinsart des innerweltlich entdeckten Seienden und der Sorge sowie Befindlichkeit als damit verbundenen existentialen Modus des In-der-Welt-Seins; vgl. *Sein und Zeit*. Tübingen [16]1986, S. 72 ff., 134 ff., 180 ff. u.a.

2 D. Frey, *Wesensbestimmung der Architektur*. In: Ders., Kunstwissenschaftliche Grundfragen. Prolegomena zu einer Kunstphilosophie. Darmstadt 1992 [Wien 1946], S. 96 u. 101

3 P. Eisenman, *Die blaue Linie*. In: Aura und Exzeß. Zur Überwindung der Metaphysik der Architektur. Wien 1995, S. 145-150

4 Ders., *En terror firma: in trails of grotextes*. In: Recente projecten / Recent projects. Nijmegen 1989, S. 23

5 G. W. F. Hegel, *Enzyklopädie der philosophischen Wissenschaften I*. Frankfurt a. M. [2]1989 [1830], S. 253

6 Vgl. M. Heidegger, a.a.O., §§ 12 u. 13

7 Ebenda, § 26

8 G. W. F. Hegel, *Enzyklopädie der philosophischen Wissenschaften I*. § 138

9 H. Plessner, *Anthropologie der Sinne* (1970). In: Gesammelte Schriften III. Frankfurt a. M. 1980, S. 331

10 Vgl. Th. W. Adorno, *Funktionalismus heute*. In: Ohne Leitbild. Parva Aesthetica. Frankfurt a. M. 1967, S. 118: «Offenbar gibt es in den Materialien und Formen, die der Künstler empfängt und mit denen er arbeitet, so wenig sie noch sinnhaft sind, trotz allem etwas, was mehr ist als Material und Form. Phantasie heißt: dies Mehr innervieren.»

11 Vgl. U. Eco, *La struttura assente. La ricerca semiotica e il metodo strutturale*. Milano [2]1994, 1968, C. La funzione e il segno. – Man denke auch an die «Krise» des Zeichens, da Embleme und Markenzeichen überall auftreten und Einrichtungen in Hotels, Flughäfen und Tankstellen u.a. sich daher mittlerweile an jedem Punkt der Welt bis zur Gesichtslosigkeit gleichen. Vgl.: M. Augé, *Orte und Nicht-Orte. Vorüberlegungen zu einer Ethnologie der Einsamkeit*. Frankfurt a. M. 1994, S. 90 ff.

12 E. Blum, *Le Corbusiers Wege. Wie das Zauberwerk in Gang gesetzt wird*, Braunschweig. Wiesbaden [3]1995, S. 31-56

13 Le Corbusier, *An die Studenten. Die «Charte d'Athènes»*. Reinbek bei Hamburg 1962, S. 29

4 ibid., *En terror firma: in trails of grotextes*. In: *Recente projecten / Recent projects*. Nijmegen 1989, p. 23

5 G. W. F. Hegel, *Hegel's Logic: Being Part one of the Encyclopedia of the Philosophical Science*. Thames Hudson[3] 1975, p. 253

6 cf. M. Heidegger, op. cit., §§ 12 and 13

7 ibid., § 26

8 G. W. F. Hegel, op. cit., § 138

9 H. Plessner, *Anthropologie der Sinne (1970)*, in: Gesammelte Schriften III (Frankfurt a. M. 1980), p. 331

10 On this topic, see: Th. W. Adorno, *Functionalism Today*, in: *Rethinking Architecture*. Routledge, London 1997, p. 14: "Clearly there exists, perhaps imperceptible in the materials and forms which the artist acquires and develops something more than material and forms. Imagination means to innervate this something."

11 On this topic, see: U. Eco, *La struttura assente. La ricerca semiotica e il metodo strutturale*, Milan[2] 1994, 1968, C. La funzione e il segno. – It is important here to note the "crisis" of the symbol, brought on by the ubiquitous presence of emblems and trademarks, and the ensuing facelessness in hotels, airports, gas stations etc., around the world; see also: M. Augé, *Non-Lieux: Introduction à une anthropologie de la surmodernité*. Paris 1992

12 E. Blum, *Le Corbusiers Wege. Wie das Zauberwerk in Gang gesetzt wird*, Braunschweig / Wiesbaden [3] 1995, pp. 31-56

13 Le Corbusier, [To the students] *Talks with Students: From the Schools of Architecture*. Princeton Architecture Press 2000

14 H. Plessner, *Anthropologie der Sinne (1970)*, p. 330

15 cf. I. Kant, *Von dem ersten Grunde des Unterschiedes der Gegenden im Raume (1768)*, in: *Vorkritische Schriften II, 1757-1777, The Works of Immanuel Kant, Vol. II* (Berlin 1968), pp. 375-383; O. F. Bollnow, *Mensch und Raum* (Stuttgart, Berlin, Cologne[7] 1994), 1963, 3. For the natural system of axes see: H. Schmitz, *Der leibliche Raum*, Bonn[3] 1998, 1967, p. 56 ff; E. Straus, *Die Formen des Räumlichen. For their meaning as to motor behaviour and perception*, see: Psychologie der menschlichen Welt. Collected writings, (Berlin, Göttingen, Heidelberg 1960), pp. 162 ff.

16 cf. M. de Certeau, *L'invention du quotidien. 1. Arts de faire*, Paris 1990, IX. Récits d'espace

17 For a source text, one should turn to Roland Barthes' definition of literary criticism, in: *Qu'est-ce que la critique?*, in: Essais critiques, Paris 1964, pp. 252-257. Rather than quoting directly from the source, the original text it is used to simply provide the direction which the critique will take to establish a work of independent content and its own internal laws.

18 See M. Merleau-Ponty, *Phénoménologie de la perception* (Paris 1945), pp. 114 ff.; H. Plessner, op. cit. (1970), p. 370, where the author speaks of a "pattern of arbitrariness" which "the primate in his erect posture [...] imposes on every kind of action ..." in order to be "productive and practical" on the basis of the unique, inevitable character; see also: p. 386

14 H. Plessner, *Anthropologie der Sinne* (1970), S. 330

15 Vgl. I. Kant, *Von dem ersten Grunde des Unterschiedes der Gegenden im Raume* (1768). In: Vorkritische Schriften II, 1757-1777, Kants Werke, Bd. II. Berlin 1968, S. 375-383; O. F. Bollnow, *Mensch und Raum*, Stuttgart, Berlin, Köln [7]1994, 1963, 3. Das natürliche Achsensystem; H. Schmitz, *Der leibliche Raum*. Bonn [3]1998, 1967, S. 56 ff; E. Straus, *Die Formen des Räumlichen. Ihre Bedeutung für die Motorik und die Wahrnehmung*. In: Psychologie der menschlichen Welt. Gesammelte Schriften. Berlin, Göttingen, Heidelberg 1960, S. 162 ff.

16 vgl. M. de Certeau, *L'invention du quotidien. 1. Arts de faire*. Paris 1990, IX. Récits d'espace

17 Man denke an Roland Barthes Auslegung der Literaturkritik, in: *Qu'est-ce que la critique?* In: Essais critiques. Paris 1964, S. 252-257. Der Originaltext wird nicht nacherzählt, er weist lediglich die Richtung, in welche die Kritik ein Werk eigenen Gehaltes und innerer Regelhaftigkeit entfaltet.

18 Vgl. M. Merleau-Ponty, *Phénoménologie de la perception*. Paris 1945, S. 114 ff.; H. Plessner, *Anthropologie der Sinne* (1970), S. 370, wo von einem «Schematismus der Willkür» gesprochen wird, den «der Primat aufrechter Haltung [...] jeder Art von Handeln ... aufprägt», um auf der Basis dieser eigentümlichen, unumgänglichen Prägung schließlich «produktiv und praktisch» zu sein; vgl. ebenda, S. 386

Über die Methode
Remarks on the Method

Die vorliegenden Untersuchungen der venezianischen Campi sind phänomenologischer Natur. Sie haben ihren theoretischen und methodischen Grund in wissenschaftlichen Positionen der phänomenologischen Forschung, wie sie um Husserl, Heidegger, Merleau-Ponty u. a. entwickelt wurden. Im Zentrum steht die Hinwendung zu dem konkret erscheinenden Phänomen. Indem es die Sinne anspricht, bleibt es der «Ungenauigkeit» und Täuschbarkeit des menschlichen Wahrnehmungsapparates unterworfen. Darin aber liegt die eigentümliche Weise sinnenhafter Welterfahrung überhaupt.

Zwar können Messungen und experimentelle Überprüfungen dazu dienen, «Fehler» und «Täuschungen» im Sinne eines «Normalmaßes» oder «-wertes» auszuschließen. Daher wurde auf den Campi denn auch gemessen, um exakte Maße zu erhalten, zur Kontrolle der Beobachtungen und maßstabsgerechten Reproduktion der Situationen vor Ort. Doch damit alleine hätte man das Phänomen, das konkret Erscheinende und Ansprechende bereits wieder aus den Augen verloren. Die sinnenhafte Welt der Architektur und der Stadt verdankt ihr Dasein natürlich auch den Berechnungen der Statik, der Angabe von Distanzen und Massen, baurechtlichen Festlegungen und nicht zuletzt finanzieller Notwendigkeit und Spekulation. Originär architektonische Themen, die immer mit den Fragen des Körperhaften und Flächigen, des Materials, des Lichtes usw. verbunden sind, werden auf diese Weise aber nicht begriffen.

Eigenschaften wie eng und weit, schwer und leicht, hell und dunkel, innen und außen, geschlossen und offen müssen vor Ort, unter Einbeziehung aller Sinne, am Objekt selbst beobachtet und erfahren werden. Diese Beobachtungen sind unexakt, da eine Aussage unter bewusstem Verlass auf die Sinnenwahrnehmung nicht etwa lautet: «Der Platz ist 20 Meter breit». Vielmehr wird eine ganz andere Qualität angesprochen, wenn es beispielsweise heißt: «Der Platz lässt Raum, um auszuschreiten» oder aber: «Er zwingt auf eine vorgegebene Bahn».

These studies on the *campi* of Venice are phenomenological in nature. In theory and method they are based on the scientific findings of phenomenological research which has focused on the work of Husserl, Heidegger, Merleau-Ponty and others. The concrete phenomenon lies at the very core of this approach. Addressing, as it does, the senses, it is forever subject to the "lack of precision" and fallibility of the human eye. Yet this is precisely what makes perception so unique as a whole.

Measurements, surveys and experimental tests can serve to exclude "errors" and "distortions" in the sense of a "standard scale" or "standard value". Hence the *campi* were also surveyed for the purpose of recording exact measurements, providing a solid basis for the observations undertaken and rendering true-to-scale reproductions of the individual situations on location. However, were we to stop here, we would once again lose sight of the phenomenon that is perceived as concrete and appeals to us. The world of the senses that is architecture and the city owes its existence not least of all to structural calculations, to measurements of distance and mass, to building regulations and, finally, to financial necessity and speculation. But original architectonic themes – linked to questions of volume and area, material and light etc. – cannot be described by these parameters alone.

With all our senses, we must observe and experience properties such as narrow and wide, heavy and light, bright and dark, inside and outside, closed and open. These observations are by their very nature inexact. Any observation that deliberately relies on the sense will hardly read: "the square is 20 m wide"; instead, it will address a completely different quality, for example: "the square allows space to unfold" or "it forces us to follow a specific route."

This is not a shortcoming; far from it. It is rather the foundation for any exploration of architectonic issues in relation to space and makes such exploration possible in the first place. One cannot remove the object of the conditions of sensory perception from this context without losing its unique characteristics, that is, its existence under the aspects of light and

Darin liegt jedoch kein Manko, sondern diejenige unhintergehbare Bedingtheit, welche die Auseinandersetzung mit architektonischen Fragen des Raumes immer begleitet und eigentlich erst möglich macht. Das unter den Bedingungen sinnenhaften Erscheinens Stehende kann nicht aus diesem Zusammenhang entfernt werden, ohne dessen Eigentümlichkeiten, also sein Dasein, unter dem Aspekt des Lichtes und der Farben, der Rauheit und Glätte des Materials, des besonderen körperhaften Ausdrucks zu unterschlagen. Die Unschärfe der Sinne ist die Begabung, welche Schönes, Erhabenes, Ansprechendes erst sehen, hören, fühlen lässt.

Den phänomenologischen Untersuchungen dieses Buches geht es um eine alle Sinne umfassende Erfahrung des architektonischen Raumes. Kant hat sich in einer frühen Schrift «Von dem ersten Grunde des Unterschiedes der Gegenden im Raume» (1768)[1] bereits mit der Zonierung des Raumes aufgrund der eigentümlichen Konstitution des menschlichen Körpers, d.h. der Aufgerichtetheit bei gleichzeitiger Gerichtetheit nach vorne, auseinander gesetzt. Von Helmuth Plessner und Hermann Schmitz wurde dieser Sachverhalt aufgenommen und weiter ausgedeutet.[2] Wichtig für das methodische Vorgehen auf den Campi war in diesem Sinne die gleichzeitige Bezugnahme auf allgemeine anthropologische Vorgaben des Körperbaus und dessen Wahrnehmungsapparat ebenso wie auf die untersuchten Objekte selbst. Die jeweils individuelle Einteilung des Raumes aufgrund der Position der Augen und der Glieder, die Unterteilung in vorne und hinten, links und rechts[3], der alternierende Rhythmus des Gehens, das Bewusstsein um das eigene Körpervolumen und daraus folgend das Darum-Herum, das Gefühl der eigenen Schwere - sie alle sind Parameter der sinnenhaften Raumerfahrung.

Natürlich muss dieses sinnenhaft Erfahrene begrifflich kontrolliert und zugänglich gemacht werden. Das fordert das Vorhaben der vorliegenden Untersuchung. Der Hauptteil des Buches gliedert sich daher in zwei Bereiche: Der Abschnitt «Platzcharaktere» beschreibt die Hauptmerkmale der Campi. Ihm ist ein systematisches Kapitel «Situationen» zur Seite gestellt, welches das räumliche Vokabular begrifflich erläutert. Zwar wird dadurch keine Objektivität im mathematisch-naturwissenschaftlichen Sinne erzeugt. Eine ähnliche körperliche Konstitution wird aber vergleichbare Eindrücke und Erfahrungen sowie entsprechende Begriffe hervorbringen, weswegen ein ästhetisches Urteil Zuspruch

colour, surface roughness and smoothness, unique physiognomy etc. The imprecision of the senses is the gift that enables us to see, hear and feel all that is beautiful, sublime and alluring.

The phenomenological studies in this volume are concerned with experiencing architectural space with all the senses. In an early work from 1768 (Von dem ersten Grunde des Unterschiedes der Gegenden im Raume)[1] Kant studied the division of space into zones in accordance with the unique condition of man, i.e. his upright posture and face-forward orientation. Helmuth Plessner and Hermann Schmitz elaborated the same theme.[2] This methodological study of the Venetian *campi* therefore makes frequent reference to the condition of the human physique and perception as well as to the town squares themselves. The division of each space into foreground and background, left and right, based on the eyes and extremities' position[3]; the alternating rhythm of walking; the awareness of our own physical "volume" and the sense of surrounding space in relation to it; the sense of one's own weight. These are all parameters in the sensory experience of space.

Naturally, the sensory experience must be controlled and made accessible. This is the challenge, the present volume hopes to meet. The main part is therefore divided into two sections: one section describes the principal characteristics of the *campi* ("The Campi") and another, systematic section ("The Situations"), which provides detailed definitions and explanations of the terminology used to describe the spaces. Although we cannot claim the level of objectivity found in mathematics, for example, or in a scientific study, similar physical constitutions will evoke comparable impressions and experiences. Therefore aesthetic judgement cannot presume agreement from another person, but it may well desire it, as Kant put it in the *Critique of the Power of Judgement* (§ 8)[4] . Just as objective statements were not the intention, the study equally avoids any description of purely individual moods; instead our aim was to record observations that are "intersubjectivity" and can be communicated. In the end, the linguistic exploration complements the sensory experience: they are interdependent. The terminology is based on experience and thereby gives the experience a validity that transcends the individual. As Leonardo da Vinci succinctly stated: "Ogni nostra cognizione prencipia da sentimenti." – "Each realization begins with sensations."[5]

In this study, the phenomenological method is restricted to naming the genuine spatial-architectonic qualities of the

von anderer Seite nicht vorschreiben, wohl aber ansinnen kann, wie Kant in der «Kritik der Urteilskraft» (§ 8)[4] behauptet. Sowenig objektive Aussagen erzeugt wurden, sowenig wurden daher rein individuelle Stimmungslagen beschrieben. Im Interesse der Untersuchung lagen vielmehr intersubjektiv mitteilbare Beobachtungen. Die sprachliche Auseinandersetzung komplimentiert schließlich die sinnenhafte Erfahrung, wodurch eine wechselseitige Abhängigkeit entsteht. Die Begriffe stützen sich auf die Erfahrung, welche in jenen eine «über-individuelle» Gültigkeit erlangt. Leonardo da Vinci hatte dafür bereits einen simplen Satz zurechtgelegt: «Ogni nostra cognizione prencipia da sentimenti.» – «Jede unserer Erkenntnisse beginnt bei den Empfindungen.»[5]

Die hier angewandte phänomenologische Methode beschränkt ihre Aussagen auf die genuin räumlich-architektonischen Eigenschaften der venezianischen Campi. Sie beschäftigt sich daher nicht mit soziologischen oder verkehrstechnischen Problemen, die natürlich ebenfalls ihre Wichtigkeit besitzen. Denn die angesprochenen räumlich-architektonischen Themen werden davon zunächst nicht berührt, da die Erfahrung und das Wissen darüber vor infrastrukturell und technisch motivierten Entscheidungen über eine Bauaufgabe liegt. In diesem Sinne ist die angewandte phänomenologische Methode grundlegender, da sie erst einmal die Frage nach sinnenhaft räumlicher Erfahrung stellt, ohne zugleich etwa die Möglichkeit der Verwertbarkeit auszuloten.

Ebenso wenig werden kunst- bzw. architekturhistorische oder ikonographische Aussagen gemacht. Ein diesbezüglich bedeutendes Bauwerk zieht die Aufmerksamkeit zwar auf sich – ein Aspekt, über den man nicht hinweggehen kann. Die Perspektive ist hier jedoch eine andere, da die phänomenologische Untersuchung weniger nach originären Schöpfungen und historisch herausragenden Werken schaut. Zudem können die beobachteten räumlich-architektonischen Mittel und deren Ausdrucksweisen auch an kunsthistorisch unbedeutenden Bauwerken und Plätzen studiert werden. Jedenfalls sollte die kunsthistorische Bedeutung nicht vom eigentlichen Gegenstand der Untersuchung ablenken.

Zur Entstehungsgeschichte der venezianischen Campi wird auf die Literatur zum Thema verwiesen. In Petra Wichmanns Schrift «Die Campi Venedigs»[6] etwa kann nachgelesen werden, wie die Profanbauten der Inseln zunächst am

Venetian *campi*. There is no attempt to comment on sociological or transport issues, for example, although these are naturally important in their own right. The spatial-architectonic themes discussed here are in a first moment not affected by these other factors, since the experience and knowledge of the latter precedes decisions motivated by the concerns of infrastructure and technology in building. Thus it is fair to say that in this case the phenomenological method is more fundamental, since its principal purpose of enquiry is to study the sensory spatial experience without simultaneously attempting to evaluate the potential for use.

Nor do we undertake to comment on the history of art or architecture. Undoubtedly, buildings that are notable for their historical significance in these fields attract attention – an aspect one cannot ignore – the focus is entirely different here, because phenomenology is less concerned with originality of creation and historic significance. Moreover, by taking the liberty of foregoing such statements, we can study the observed spatial-architectural means and the related expressions even on buildings and squares that have no particular art-historical significance. Above all, we wanted to avoid diluting the principal subject of this study with excursions into art history.

For a history of the origins of the Venetian *campi*, the reader should turn to the referenced literature on that topic. Petra Wichmann's *Die Campi Venedigs*[6] , for example, describes how the secular buildings on the islands were originally created along the water's edge, the main traffic artery, while the church and a fountain were located in the centre in a field (*campo*). The chronology of creation is of little use for the phenomenological method. What is important is the current state, which, although it can be reconstructed from historical records, is the principal basis for every kind of sensory experience.

In other words, the focus is not on historical or art-historical highlights. And that is precisely why the phenomenological method must concentrate on everyday situations, which are intrinsically linked to the physical constitution and to the intellectual interaction with the world. To do so, we have to take the time to "settle" into each location and absorb the spatial situations. Fundamentally, each of the situations deals with a kind of incidental quality, which is not to say that the situations themselves are insignificant. On the contrary, there is a kind of meaningful incidental quality in ordinary actions such as walking, sitting or standing, which, although everyday in

Wasser, dem Verkehrsweg, entstanden, während im Zentrum, einem Feld (campo), die Kirche mit dem Brunnen stand. Der phänomenologischen Methode ist die Chronologie der Entstehung jedoch nicht wichtig. Bedeutend ist ihr der Ist-Zustand, der sich zwar aus der Geschichte nachträglich rekonstruieren lässt, der aber vor allem die Grundlage jeder sinnenhaften Erfahrung ist.

Es geht also nicht um historische oder kunstgeschichtliche Höhepunkte. Gerade deswegen bedarf die phänomenologische Methode aber der Konzentration, der Aufmerksamkeit für Alltagssituationen, in denen die physische Konstitution wie auch der intellektuelle Umgang mit Welt unausweichlich steckt. Dazu muss man sich Zeit nehmen, um sich vor Ort auf die vorgefundenen räumlichen Gegebenheiten einzulassen. Grundsätzlich geht es dabei um eine gewisse Beiläufigkeit der untersuchten Situationen, was nicht heißt, dass diese unbedeutend wären. Ganz im Gegenteil handelt es sich um eine Art von bedeutsamer Beiläufigkeit, welche selbstverständlichen Handlungen wie dem Gehen, Stehen oder Sitzen innewohnt, die zwar durchgängig alltäglicher Natur sind, aufgrund einer besonderen Intensität des Tuns aber dennoch hervorragen.

Jede ansprechende Alltagssituation besitzt im Grunde diese Qualität, und zwar irgendwo in der Stadt, an Stellen, an denen das Gehen auf einmal beschwingt ist, während man anderswo wieder ganz vorsichtig und andächtig voranschreitet. Beiläufig, selbstverständlich wird dann das Handeln und Verhalten inszeniert. Daher auch der Titel «Auftritte» – im Modus des alltäglichen Tuns allerdings.

nature, are nevertheless rendered remarkable by a unique intensity of action.

Each attractive everyday situation has this quality, at any random location in the city where we suddenly walk with a lighter step, while other locations cause us to proceed cautiously or respectfully. In such instances, action and behaviour are staged in a most incidental, natural manner. Hence the title: Scenes – albeit in the mode of everyday activity.

1 I. Kant, *Von dem ersten Grunde des Unterschiedes der Gegenden im Raume (1768)*. In: Vorkritische Schriften II, 1757-1777, The Complete Works of Kant, Vol. II. Berlin 1968, pp. 375-383

2 cf. among others: H. Plessner, *Anthropologie der Sinne (1970)*. In: Gesammelte Schriften III. Frankfurt a. M., 1980, pp. 317-393; H. Schmitz, *Der leibliche Raum*. Bonn[3] 1998, 1967

3 As Aristotle already established in his Metaphysics, top and bottom are unique, owing to the reality of gravity.

4 The Complete Works of Kant, Vol. V. Berlin 1968 (1790)

5 *Codex Trivulziano*, Milan, Castello Sforzesco, 20 v.; cf. Philosophische Tagebücher. in Italian and German, transl. and ed. by G. Zamboni, in: Philosophie des Humanismus und der Renaissance, Vol. 2. Hamburg 1958, pp. 26/27

6 P. Wichmann, *Die Campi Venedigs. Entwicklungsgeschichtliche Untersuchungen zu den venezianischen Kirch- und Quartiersplätzen*. Beiträge zur Kunstwissenschaft, Vol. 12. Munich 1987

1 I. Kant, *Von dem ersten Grunde des Unterschiedes der Gegenden im Raume* (1768). In: Vorkritische Schriften II, 1757-1777, Kants Werke, Bd. II. Berlin 1968, S. 375-383

2 Vgl. u.a.: H. Plessner, *Anthropologie der Sinne* (1970). In: Gesammelte Schriften III. Frankfurt a. M. 1980, S. 317-393; H. Schmitz, *Der leibliche Raum*. Bonn[3]1998, 1967

3 Oben und unten haben, wie Aristoteles in der Metaphysik bereits bemerkte, aufgrund der Schwerkraft einen anderen Stellenwert.

4 Kant, *Kritik der Urteilskraft* (1790). In: Kants Werke, Bd. V. Berlin 1968

5 *Codex Trivulziano*. Mailand, Castello Sforzesco, 20 v.; vgl. Philosophische Tagebücher. Ital. u. Dtsch., übers. u. hrsg. v. G. Zamboni. In: Philosophie des Humanismus und der Renaissance, Bd. 2. Hamburg 1958, S. 26 f.

6 P. Wichmann, *Die Campi Venedigs. Entwicklungsgeschichtliche Untersuchungen zu den venezianischen Kirch- und Quartiersplätzen*. Beiträge zur Kunstwissenschaft, Bd. 12. München 1987

Die Campi

The Campi

Jeder Campo Venedigs besitzt eine ausgeprägte, manchmal skurrile Individualität. Auch wenn wir für die Entstehung dieser Plätze keine ausdrückliche Gestaltungsabsicht nachweisen können, sprechen uns die meisten doch mit einer eigentümlichen räumlichen Gestik an, fordern uns zu spezifischen Bewegungen auf, legen bestimmte Haltungen nahe. Anders als bei streng geplanten Platzanlagen wird hier nicht eine städtebauliche Idee in ungestörter Reinheit ablesbar. Doch gerade im Wechselspiel einer dennoch meist starken räumlichen Grundfigur mit gegensätzlichen Motiven und Brüchen kommt ein jeweils spezifischer Charakter zustande.

Wenn die Campi auch nicht wie funktionale oder zeremoniale Platzanlagen auf ein bestimmtes Verhaltensprogramm hin geplant sein mögen, so drängt sich doch eine Deutung auf, die ihnen – gewissermaßen nachträglich – ein spezifisches Verhalten auf Seiten der Benutzer zuordnet. Ihr gleichwohl architektonischer Charakter bestätigt sich in einer solchen Zuordnung, indem sich in ihm eine Strukturiertheit auf den zweiten Blick offenbart. Weniger schematisch allerdings als im Falle der Markt-, Prozessions-, Versammlungs-, Aufmarsch- oder Repräsentationsfunktionen vieler geplanter Plätze liegt die suggestive Wirkung auf den Campi eher in der Intensivierung fundamentaler räumlicher Zustände und Bewegungsabläufe wie etwa der gegensätzlichen Erfahrung von drinnen und draußen auf dem Platz, dem dramatisierten Durchlaufen von wechselvollen Raumfolgen oder der mehrdeutig inszenierten Konfrontation mit einem Gegenüber.

Die einzelnen Campi unterscheiden sich, weil sie unterschiedliche Typen solcher elementaren Charaktere repräsentieren und in eindringlicher Form zum Nachvollzug anbieten. Jeder Platz führt sein eigenes räumliches Thema vor und bezieht daraus seine Unverwechselbarkeit. In den meisten Fällen können diese Konfigurationen als Thematisierung grundlegender Verhältnisse und Beziehungen betrachtet werden, wie sie sich auch in Alltagserfahrungen beliebiger Lebensbereiche identifizieren lassen.

Solche fundamentalen Verhältnisse, im Raum manifestiert, lassen sich nicht leicht beschreiben, aber man kann auf sie in spezifischer Weise handelnd reagieren. Daher wird nicht die analysierende Untersuchung im theoretischen Diskurs der Eigenart dieser Plätze am besten gerecht, sondern eher der konkrete Umgang mit ihrem Raum. Die Natur des vorliegenden Buches verlangt zwar, die konkrete räumliche Er-

Each Venetian *campo* has its own distinct, sometimes droll individuality. Even though we have no record of a definite design intent for the creation of these squares, most nevertheless speak to us with an oddly spatial gesture, challenging us to specific movements, suggesting particular attitudes.

In contrast to rigorously planned squares, these spaces do not reveal a clear image of an urban planning idea. But precisely this interplay between a usually strong spatial figure and contradictory motifs and breaks gives rise to a specific character in each case.

While the *campi* may not have been planned to fulfil a specific program, as functional or ceremonial squares are, we are nevertheless compelled to subscribe, subsequently as it were, to an interpretation that determines a specific behaviour on the part of the user. The architectonic character of the squares is confirmed by this allocation, in that it reveals a structure upon second glance. Less schematic than the commercial (e.g. market), processional, gathering, marching or public representational function of many planned town squares, the suggestive effect of the campi lies rather in intensifying fundamental spatial conditions and sequences of movement, for example, the contradictory experience of inside and outside on the square, the staged passage through varied spatial sequences, or the ambiguously staged confrontation with a counterpart.

The individual *campi* differ from one another because they represent different types of such elemental characters and extend an evocative invitation to explore and re-enact such characters. Each square demonstrates its own spatial theme, deriving its uniqueness from this. In most cases, these configurations can be understood as thematicizing fundamental conditions and relationships, which can also be identified in everyday experiences in the diversity of daily life.

Such fundamental conditions, manifested in space, are difficult to describe; but it is possible to react to them by acting in a specific manner. This is why analysis and theoretical discourse cannot do justice to the unique character of these squares; we must turn to concrete interaction with the spaces they create. For the purpose of this book, we must sketch the concrete spatial experience as best we can in words. This is only possible by addressing a typical aspect of each particular square, although text can never replace the real-life execution of the "scenes".

The aim is to find as apposite a descriptor for the uniqueness of each individual spatial configuration and its universal

fahrung notdürftig mit Worten zu skizzieren. Allerdings kann dies hier nur so geschehen, dass für jeden Platz meist nur ein typischer Aspekt angesprochen wird. Freilich ersetzen Texte dennoch nicht den realen Vollzug der «Auftritte» selbst.

Die Prägnanz der einzelnen räumlichen Konfigurationen und ihre allgemeingültige Übertragbarkeit sollen in einer möglichst treffenden Kennzeichnung, einem «Motto» ähnlich, sprachlich zum Ausdruck kommen. Die Bezeichnung, die das jeweils Charakteristische eines Campo «auf den Begriff» bringen soll, wurde als Titel des betreffenden Kapitels gewählt.

application – in the manner of a "motto". The term chosen as the most succinct characterization of a particular *campo* is used in each instance as the heading for the corresponding chapter.

Campo de Ghetto Novo

M 1:1000

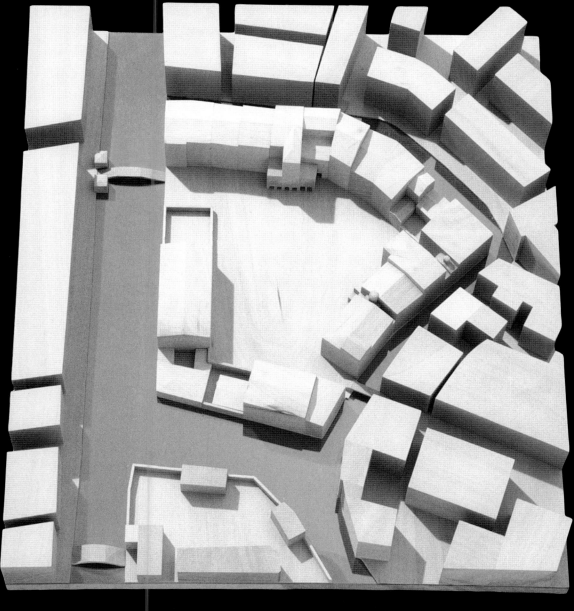

Campo de Ghetto Novo

Gefäß und Resonanzkörper
Vessel and Sound Box

Gefäße bestehen aus einer mehr oder minder starken Wandung, welche das Innen vom Außen trennt. Porige und großräumige Öffnungen können diese Wandung bis zu einem gewissen Grade durchsetzen. Ihre feste Konsistenz darf jedoch nicht aufgegeben werden. Denn: Gefäße fassen Flüssigkeiten und kleinteilige Materialien. Die Wandung hält sie zusammen. Sie schützt umgekehrt aber auch vor äußeren Einflüssen.

Leere Gefäße tönen hohl. Ihr Innenraum wird zu einem Resonanzkörper, der akustische Wellen verstärkt. Der Hohlraum wird dann zu einem notwendigen Instrumentarium, das die Töne in ihrer Klangfülle und Dauer erst hervorbringt.

Ähnliches gilt für die Architektur: Gefäßartige Umwandungen umschließen und schließen aus zugleich. Nach außen «wehren» sie die Fülle der mannigfachen Richtungen und Raumsequenzen innerhalb des städtischen Netzes ab. Nach innen gewähren sie freien, offenen Raum, der nach den unterschiedlichsten Modi des Verhaltens bespielt werden kann. Eindrücke von außen hallen in der Erinnerung nach, sickern mit dem Eintretenden ein. Im Inneren unterstützt der Resonanzkörper das Entfalten der eigenen Tätigkeit, des durch die Erinnerung Gefilterten.

Vessels consist of a more or less substantial boundary wall that separates the inside from the outside. The wall may be permeated to some degree by porous and large openings. But its solid consistency must not be compromised. For vessels house liquids and small-particle materials. The wall keeps them together. Conversely, it also provides protection from external influences.

Empty vessels sound hollow. Their internal space becomes a sound box that amplifies acoustic waves. The hollow space becomes an instrument required to emit the sounds in their full tonality and duration in the first place.

It is similar with architecture. Vessel-like envelopes shelter and simultaneously exclude. To the outside, they provide an "armour" against the abundance of directions and spatial sequences within the urban network. To the inside, they offer an unfettered space that can be utilized according to a wide variety of behavioural modes. Impressions from the outside echo in the memory and are carried into the interior with the person entering. In the interior, the sound box promotes and supports each individual's activity, the aspect of what has been distilled through the mesh of memory.

3

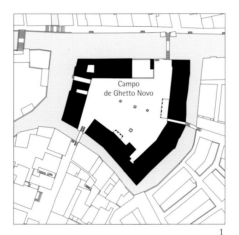

4

While the Venetian *campi* generally appear as voids carved out of a solid mass of buildings, the Campo de Ghetto Novo is distinguished for its autonomous corporeality whose effect radiates outward. Framed on all sides by canals, two angular rows of houses rise like the retaining walls of a dam (2-4 and 5-6). The outer wall of this vessel directs the approaching visitor back into the surrounding lanes and canals. The square lies in the interior, between the boundary walls (1).

2

Campo
de Ghetto Novo

1

6

Während die venezianischen Campi in der Regel wie aus einer festen Häusermasse herausgeschnittene Hohlräume erscheinen, zeichnet sich der Campo de Ghetto Novo durch eine nach außen wirkende, selbständige Körperlichkeit aus. Allseitig von Kanälen eingerahmt, ragen zwei winkelförmige Hausreihen wie Schutzmauern hinter Wehrgräben in die Höhe (2-4 und 5-6). Die äußere Wandung dieses Gefäßes weist den Herankommenden zurück in die umliegenden Gassen und Kanäle. Im Inneren – zwischen den «Umfassungsmauern» – liegt der Platz (1).

5

An drei ausgezeichneten Stellen kann die Platzwandung durchdrungen werden (7). Der Eintritt geschieht jedoch nicht unversehens. In jedem Falle müssen Brücken überquert werden (8-10). An einer Stelle muss zusätzlich eine Unterführung (*sotoportego*) durchschritten werden (10). Eine der beiden Brücken wird zudem von zwei «Wärterhäuschen» flankiert, die den ansetzenden Tritt auf die Stufen «überwachen» (7-8). Die mannigfachen Bewegungsmöglichkeiten im Bereich des an das Gefäß reichenden Raumnetzes werden an diesen äußersten Berührungspunkten unmittelbar auf einen Grundmodus des Gehens eingeschränkt: Der Campo wird in allen Fällen durch eine geradlinige Vorwärtsbewegung «angestochen», die von den begleitenden Umfassungsmauern des Gefäßes aufgenommen und ins Zentrum des Innenraumes gelenkt wird. Der *sotoportego* jedoch mündet unvermittelt ins Zentrum des Platzes.

8

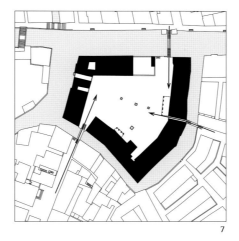

7

The wall can be penetrated at three points (7). But entry into the space is by no means sudden. In each case one has to cross bridges (8-10). And at one point one has to also walk through an underpass *(sotoportego)* (10). One of the two bridges is moreover flanked by two "guard houses" that "watch over" a preparatory step onto the stairs (7-8). At the extreme points of contact, the various options for movement within the spatial network near the vessel are restricted to a basic mode of walking: The *campo* is "pierced" in all cases by a straight movement in the forward direction, which is continued in the case of the bridges by the boundary wall of the vessel, and which aims at the centre of the internal space. The *sotoportego* emerges right at the centre of the square.

9

10

39

12

15

13

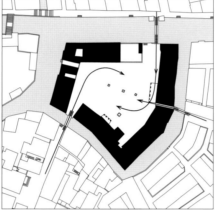

11

We are only freed to increase our stride again at the very centre of the vessel by virtue of a spatial gesture that sweeps towards the middle of the square. Passing through the surround of square towards the open centre, the directional force seems to diminish. Suddenly we feel free to step off the given path. The manner of occupying the void now gives rise to other, new and previously suppressed modes of walking, sitting and remembering on the broad area of the *campo* (11-16).

14

Erst im Zentrum des Gefäßes lässt eine in die Platzmitte ausholende Raumnahme das Gehen wieder frei. Denn während die Bewegung durch die umschließenden Platzwände gebremst und zur offenen Raummitte hingelenkt wird, verliert das gerichtete Gehen an Sicherheit. Seitentritte werden machbar. Das jetzt mögliche Bespielen des Hohlraumes entfaltet andere, neue und zuvor unterdrückte Modi des Gehens, Sitzens sowie der Erinnerung auf der weiten Fläche des Campo (11-16).

16

Morphologisch betrachtet, ergeben sich in der Hauptsache drei «Bausteine», aus denen der Campo zusammengesetzt ist: 1. die beiden Winkel der «Umfassungsmauern» (17), 2. die tangential hineinstechenden Eintrittsbahnen (18) (wobei der *sotoportego* von untergeordneter Bedeutung ist) und 3. der Campo als Raummitte (19). Wie das abstrahierende Modell zeigt, können die einzelnen Komponenten jeweils für sich alleine oder aber in Kombination miteinander Bedeutung erzeugen (17-20).

Ein vermeintliches Paradoxon:
Gerade wegen seiner morphologischen Besonderheit, die auf die geschichtliche Bedeutung des Ghettos zurückzuführen ist, kann der Campo de Ghetto Novo nicht isoliert betrachtet werden. An jedem Punkt des Gassen-, Kanal- und Platzgefüges laufen mannigfachste Beziehungen zusammen und wieder in das umliegende Raumnetz auseinander. Die gefäßartige Umwandung des Campo wirkt dabei wie ein Resonanzkörper, in dem die unterschiedlichsten räumlichen Situationen des umliegenden Raumgeflechtes gebündelt werden, nachdem sie in der Erinnerung des Eintretenden mitgebracht wurden.
Aus der Mitte des freigehaltenen Platzvolumens wird das Erinnerte erneut entfaltet. Aber auch die eingefaltete Leere entwickelt eine eigene Bedeutung. Innerhalb der Wandung hält sie einen Raum frei, der handelnd, sich verhaltend bespielt werden kann: vor Ort als Reaktion auf die umschließende Geste der Randbebauung, aus der Erinnerung und der Projektion der jenseits liegenden Stadt.

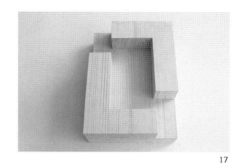

17

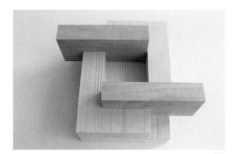

18

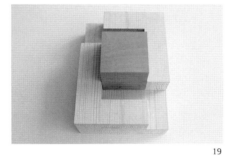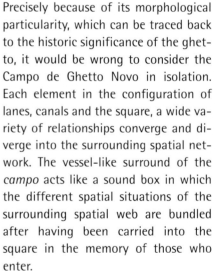

19

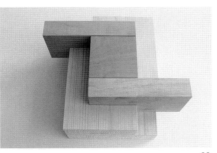

20

Morphologically, three principal identifiable "blocks" compose the *campo*: 1. The two angles of the "boundary walls" (17); 2. The entry routes that cut into the space on a tangent (18) (whereby the *sotoportego* is of subordinate importance) and 3. The campo as spatial centre (19). As the schematic model illustrates, the individual components can generate meaning on their own or in combination (17-20).

An apparent paradox:
Precisely because of its morphological particularity, which can be traced back to the historic significance of the ghetto, it would be wrong to consider the Campo de Ghetto Novo in isolation. Each element in the configuration of lanes, canals and the square, a wide variety of relationships converge and diverge into the surrounding spatial network. The vessel-like surround of the *campo* acts like a sound box in which the different spatial situations of the surrounding spatial web are bundled after having been carried into the square in the memory of those who enter.
From the middle of the volume that is kept free on the square, the memories unfold anew. But the void, too, develops its own meaning. Within the lining it reserves a space for action and in situ reaction to the enveloping gesture of the buildings on the boundary, both in memory of and as a projection of the city beyond.

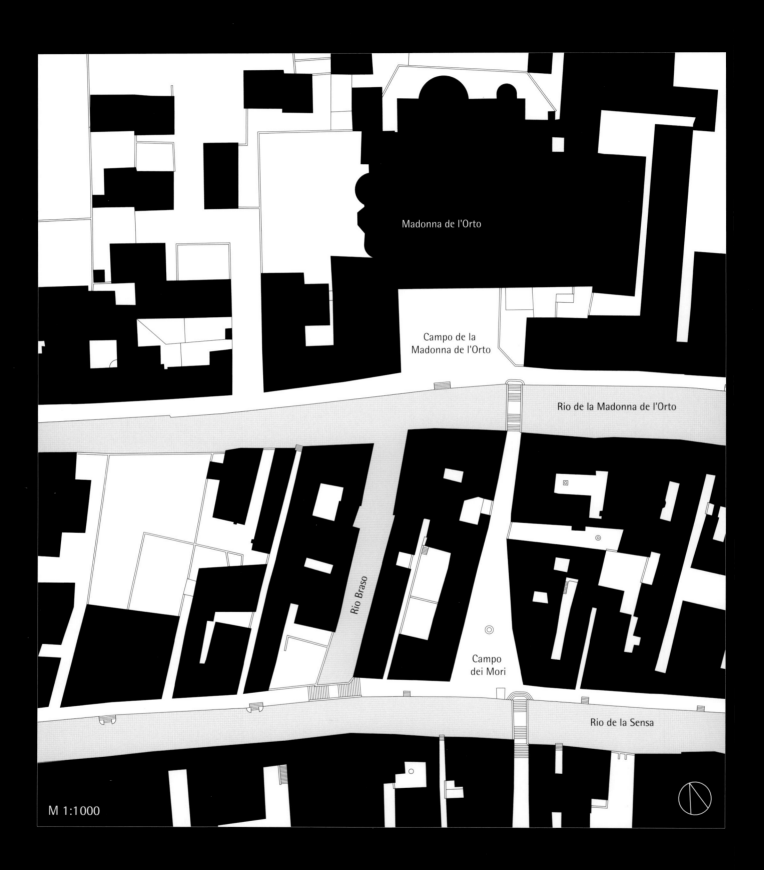

Madonna de l'Orto

Campo de la
Madonna de l'Orto

Rio de la Madonna de l'Orto

Rio Braso

Campo
dei Mori

Rio de la Sensa

M 1:1000

Campo de la Madonna de l'Orto

Ankündigung und Ankommen
Announcement and Arrival

Eine Ankündigung ist ein Versprechen. Sie nimmt etwas vorweg, das erst später eingelöst werden muss. Das Versprechen kann verbaler wie visueller Art sein. Vor allem kann es durch geschickt gewählte Aus- und Einblicke Kommendes andeutend sehen lassen.

Die Ankündigung ist daher nicht nur als Verweis relevant. Der ankündigende Text selbst besitzt seine eigene Machart und eigene sinnen- wie bedeutungshafte Schichten. Architektonische Aus- und Einblicke sind «sui generis» von unmittelbarer bildhafter sowie räumlicher Eindrücklichkeit.

Ähnliches gilt für den Ereignisverlauf des Ankommens: Im Rezitieren der Texte ebenso wie im tatsächlichen Durchschreiten der Raumsequenzen liegt die jeweils eigene unverwechselbare Präsenz des sprachlichen, visuellen oder auch räumlichen Objekts.

Die Kirche der Madonna de l'Orto macht durch eine enge Kanalrinne – den Rio Braso – hindurch bereits von weitem auf sich aufmerksam. Bildhaft deutet die Fassade ihre Funktion, Bedeutung und körperhafte wie geistige Präsenz an. Für die Ankündigung und das Ankommen gilt aber auch hier: Zwischen Betrachterstandpunkt und Kirchenfassade sowie innerhalb der einzelnen Teilbereiche der zur Kirche führenden Gassen- und Platzsequenz entstehen Raumeinheiten von besonderer Einprägsamkeit. Ankündigung und allmähliches Ankommen bieten relevante und konkrete räumliche Erfahrungen bereits vor dem Eintritt in die am einen Ende des Campo de la Madonna de l'Orto gelegenen Kirche, auf welche hin die Raumsequenz Fondamenta dei Mori, Campo dei Mori, Calle dei Mori, Fondamenta de la Madonna de l'Orto ausgerichtet ist. Umgekehrt besitzt die erwähnte Raumfolge dort einen End- und Anfangspunkt.

An announcement is a promise of something to be fulfilled later on. The promise can be verbal or visual. Above all, it can give us an idea of what is to come through cleverly chosen vistas and views.

The announcement is thus not only important as a reference. The subtext of the announcement itself has a composition and layers of meaning all its own. Architectural vistas and views are by nature pictorial as well as spatial.

The same is true for the arrival process: the unmistakable presence of the linguistic, visual or even the spatial object lies in the "recitation" of the text and in the act of passing through the spatial sequences.

The Rio Braso, a narrow canal, offers a glimpse of the church of Madonna de l'Orto from afar. The facade vividly intimates the function, significance and physical as well as spiritual presence of the church. Here, too, announcement and arrival are notable for distinct spatial units, which develop between the observer's standpoint and the church facade and also within individual subsections along the sequence of lanes and squares that lead up to the church. Announcement and gradual arrival deliver relevant and concrete spatial experiences before we ever enter into the church of Madonna de l'Orto located on the far side of the Campo de la Madonna de l'Orto. Composed of the Fondamenta dei Mori, the Campo dei Mori, the Calle dei Mori and the Fondamenta de la Madonna de l'Orto, the entire spatial sequence is oriented towards this square. In the reverse direction, the same spatial sequence begins and ends at this point.

Die breiten Kanäle des Sestiere (Stadtteiles) di Cannaregio und die in Längsstreifen gegliederte, dichte Bebauung werden von engen Gassen und Kanälen durchfurcht, die den Blick und den Weg in die Häusermasse hinein gestatten. Dadurch ergibt sich ein Rhythmus, der aus dem Wechsel von dichter Bebauung und großzügig weiter Kanalfläche lebt. Der Enge folgt die Weite und umgekehrt (1).

Man denke an den Campo San Alvise, von dem aus ein Wegenetz mit variierenden Ein- und Ausschlüssen bis an die Lagune im Norden führt (A), oder an jene Wegfolge, die vom östlichen Ende der Fondamenta de la Misericordia zum Campo de l'Abbazia reicht (vgl. «Der Saum») (C). An dieser Stelle geht es um die vom Campo dei Mori zum Campo de la Madonna de l'Orto führende Raumfolge (B).

Near the wide canals of the *Sestiere* (urban district) di Cannaregio, the dense development, arranged in long strips, is crisscrossed by narrow lanes and canals that provide views and access into the mass of buildings. This creates a rhythm, which comes alive in the alternation between dense development and wide, open canal area. Narrowness is followed by expanse and vice versa (1).

One need only think of the Campo Sant'Alvise, from which a network of lanes with varying in- and exclusions leads all the way to the lagoon in the north (A), or of the sequential route, which reaches from the eastern end of the Fondamenta de la Misericordia to the Campo de l'Abbazia (cf. "The Hem") (C). Here, our attention is focussed on the spatial sequence between the Campo dei Mori and the Campo de la Madonna de l'Orto (B).

1

Es ergeben sich Durchblicke, die ein Dahinter erahnen lassen, Ankündigung dessen, was jenseits der aufragenden Häuserfronten geschieht. Die Schaufassade von Madonna de l'Orto und der davor liegende kleine Platz nutzen die entstehende Dramatik. Durch eine schmale Gasse hindurch lässt sich der Campanile der Kirche ein erstes Mal bis hin zum Rio de la Sensa sehen (2). Von diesem ersten «Blickkontakt» bis zum Eintreffen auf dem Platz erscheinen die zu durchlaufenden Raumbereiche und -figuren als die hintereinander gereihten Abschnitte einer Inszenierung, die von der anfänglichen Ankündigung bis zur abschließenden Ankunft «folgerichtig» weiterentwickelt wird.

Sudden vistas let us image what lies behind, an announcement of the activity beyond the tall house fronts. The theatrical facade of Madonna de l'Orto and the small square in front of it make full use of the drama this creates. Through a narrow lane we can catch a first glimpse of the *campanile* of the church from as far away as the Rio de la Sensa (2). Between this first "eye contact" and the arrival on the square, the spatial areas and constellations *en route* seem like consecutive scenes in a drama, whose denouement unfolds "logically" from the announcement at the outset to the arrival at the end.

46

1. Abschnitt: Ankündigung

Immer wieder schneiden Kanäle und Gassen schmale Kerben in die Bebauung. An einer Stelle jedoch – dem Rio Braso – bietet der Durchblick eine Überraschung: Am anderen Ende des Kanals erhebt sich die Schaufassade der Kirche der Madonna de l'Orto (3, 4). Die Gebäudefluchten des Rio Braso dienen ihr als Rahmen, wodurch die Bedeutung der Kirchenfront bildhaft – im Sinne der erwähnten Ankündigung – übersteigert wird. Wesenhaft damit verbunden ist der Eindruck von physischer Nähe und gleichzeitiger Distanz.

1. Section: Announcement

Canals and lanes repeatedly carve narrow grooves into the development. But at one site – the Rio Braso – the view has a surprise in store: the theatrical facade of the church of Madonna de l'Orto (3, 4) rising towards the sky at the far end of the canal. The building lines along the Rio Braso create a frame that graphically – in the sense of the aforementioned announcement – exaggerates the significance of the church front. The impression of physical proximity and simultaneous distance is an intrinsic element of the setting.

2

3

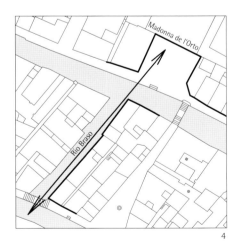

4

47

5

2. Abschnitt: Der Trichter

Der Campo de la Madonna de l'Orto ist entlang der Blick-achse nicht unmittelbar zu Fuß zu erreichen. Man muss Umwege machen. Die angekündigte Kirchenfassade gerät daher wieder aus dem Blick, wird aber entlang des nahezu geraden und gleichförmigen Verlaufes des Rio de la Sensa in der Erinnerung mitgenommen. Wenige Schritte weiter wird die lineare Bewegung längs des Kanals jedoch erneut unterbrochen. Trichterförmig öffnet sich der Campo dei Mori zum Wasser hin, wodurch eine nahezu dreieckige Freifläche entsteht, die wie ein Keil zwischen die aufge-spreizten Häuserblöcke getrieben ist (5-8). Die Weite der of-fenen Kanalfläche schiebt an dieser Stelle eine Kerbe zwi-schen die feste Masse der Gebäude, welche die Richtung quer zu den Kanal- und Bebauungsstreifen aufnimmt. Der Fußgänger wird von den sich öffnenden Armen aufgenom-men und in die Tiefe des Spaltes geführt.

6

3. Abschnitt: Führung

Der keilförmige Platzbereich verengt sich an der hinteren Spitze zu einer schmalen schnurgeraden Gasse. Der Sog hinein in den Trichter wird dort erneut zu einer linearen Vorwärtsbewegung gebündelt. Am anderen, hellen Ende lässt sich bereits der Austritt in den nächsten Kanalbereich – den Rio de la Madonna de l'Orto – erahnen (9-12).

7

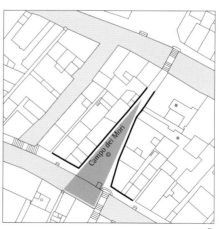

8

2. Section: The funnel

The Campo de la Madonna de l'Orto cannot be reached on foot by following the sight line. We have to take some detours. Thus we lose sight of the announced church facade, although we carry its image along in our memory as we follow the nearly straight, even course of the Rio de la Sensa. A few steps further, the linear movement next to the canal is interrupted yet again. The Campo dei Mori opens onto the water like a funnel, creating an almost triangular open area, pushed between the diverging blocks of houses like a wedge (5-8). At this point the expanse of the open canal area carves a groove into the solid mass of buildings, intersecting the direction of the canal and the strips of buildings. The pedestrian finds himself drawn into the welcoming arms and guided into the depth of the crevasse.

10

3. Section: Guided path

The wedge-shaped area of the campo diminishes at the far end into a narrow, arrow-straight lane. The pull exerted by the funnel is once again focussed in a linear forward movement. The exit into the next canal area – the Rio de la Madonna de l'Orto – can be glimpsed at the bright far end (9-12).

11

9

12

13

14

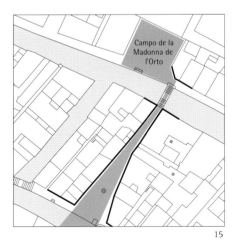

15

4. Abschnitt: Übertritt

Der Spalt entlässt den Betrachter nahezu unvermittelt in die weite Helle des Kanalbereiches, der jetzt quer zur eingenommenen Bewegungsrichtung verläuft. Überhöht wird der Austritt aus der Enge der Gasse durch ein paar Stufen, die hoch auf eine Brücke führen, welche die Bewegung durch die schmale Gasse noch über den Kanal hinaus fortsetzt, um dort etwas seitlich des Kirchenvorplatzes von Madonna de l'Orto zu landen. Die zuvor erzeugte Enge löst sich im Hinaufschreiten auf die Brücke. Das Leichte und Weite der sich öffnenden Kanalfläche lässt sich durch die Aufwärtsbewegung aus der engen Häuserschlucht «in den Himmel» gleichsam körperlich nachvollziehen.

Gleichzeitig öffnet sich zur Linken endlich der längst angekündete Campo de la Madonna de l'Orto. Dahinter strebt die Kirchenfassade in die Höhe. Der Übertritt auf das andere Ufer wahrt aber noch die Distanz. Noch ist man nicht in den Dominanzbereich der Kirche eingetreten. Auf der Brücke tritt man ihr zunächst in leicht erhöhter Position gegenüber (13-15).

5. Abschnitt: Ankunft

Die hoch aufstrebende Vertikalität und die ausgeprägte Symmetrie der Kirchenfassade beherrschen den Campo de la Madonna de l'Orto. Vor dem Eingangsportal entsteht daher eine durch den Bodenbelag des Platzes unterstützte imaginäre Achse orthogonal zur Wasserrinne, welche der zuvor eingenommenen Bewegungsrichtung quer zu den Kanal- und Bebauungsstreifen entspricht (16). Der erste Blick von weitem – die Ankündigung –, die Bewegung in die Tiefe des Trichters und die schmale Führung des Spaltes finden ihren folgerichtigen Abschluss schließlich in dieser aus dem Mittelschiff der Kirche auf den Platz hinauslaufenden Bewegungsachse. Zum Kanal vor dem Campo zurückgekehrt, bricht diese zwar ab (17). An den Flanken des Platzes jedoch wird ihre Bewegung von dem zuvor durchquerten Trichterhals und dem anfangs bereits wichtigen Rio Braso aufgenommen, deren Anordnung links und rechts der Mittelachse die Symmetrie der Anlage zusätzlich steigern (18).

50

4. Section: Passage

From the crevasse, the pedestrian steps suddenly into the open brightness of the canal area, which crosses the direction of the path at this point. We exit from the narrow lane onto steps that lead high up onto a bridge, which acts as a continuation of the narrow lane across the canal and lands just to the side of the forecourt of the church of Madonna de l'Orto. The narrowness of the lane dissolves as we mount the bridge. One can, so to speak, physically experience the lightness and breadth of the opening canal area through the ascending movement from the narrow gorge between houses "into the sky".

Simultaneously the long-announced Campo de la Madonna de l'Orto opens to the left. The church facade soars up to the rear. But the passage to the other shore maintains a measure of distance. We still have not fully entered the domain of the church. On the bridge we face it first from a slightly elevated position (13-15).

16

17.

5. Section: Arrival

The soaring verticality and pronounced symmetry of the church facade dominate the Campo de la Madonna de l'Orto. In front of the entrance portal an imaginary axis is created, and emphasized by the paving on the square. This axis runs at a right angle to the canal, corresponding to the previous direction of movement, which also crossed the canal and building strips (16). The first glimpse from afar – the announcement – the movement into the depth of the funnel and the narrow route through the crevasse finally reach their logical conclusion in this axis of movement, which is in perfect alignment with the central aisle of the church. But the axis comes to a sudden halt at the canal in front of the *campo* (17). On the flanks of the square, however, this movement suggested by the axis is picked up by the neck of the funnel and the Rio Braso, which played such an important role at the outset; these two elements enhance the symmetry of the configuration through their position to the left and right of the central axis (18).

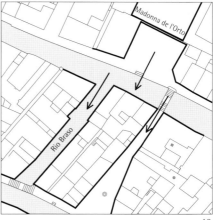

18

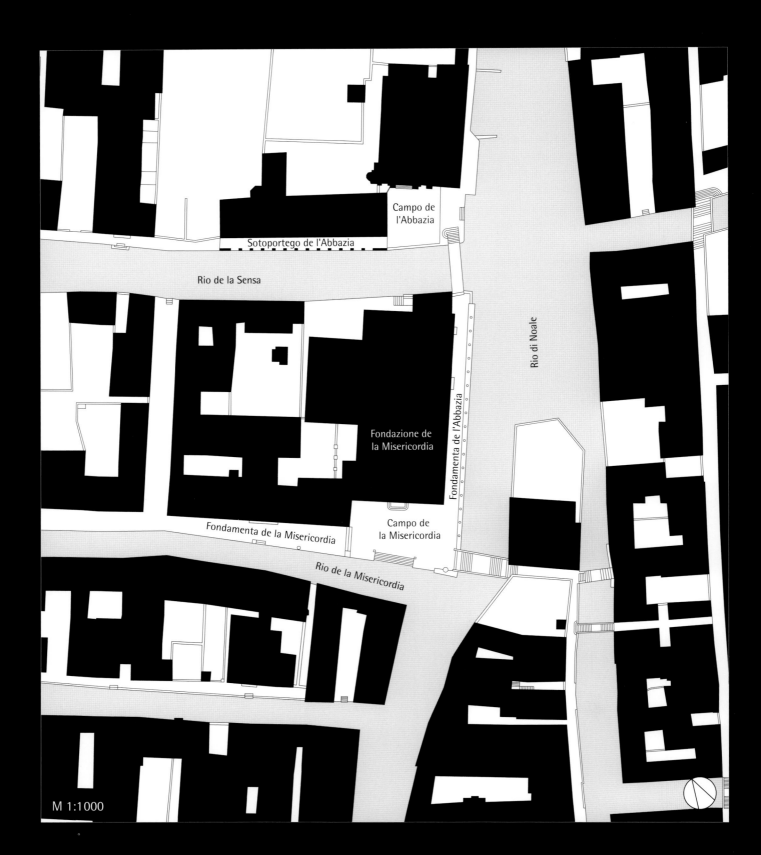

Campo de
l'Abbazia

Sotoportego de l'Abbazia

Rio de la Sensa

Rio di Noale

Fondazione de
la Misericordia

Fondamenta de l'Abbazia

Fondamenta de la Misericordia

Campo de
la Misericordia

Rio de la Misericordia

M 1:1000

Campo de l'Abbazia
Campo de la Misericordia

Der Saum
The Hem

Ein Saum ist eine Einfassung oder Umrandung. Er schützt das Kleidungsstück vor dem Ausfransen und bewahrt damit dessen Kontur. Die Einfassung kann schmucklos gearbeitet sein. Als Umfassung von Edelsteinen und wertvollen Stoffen wird sie oftmals selbst zu einem Ornament.

In jedem Fall aber begleitet der Saum den äußeren Rand des einzufassenden Stückes. Vor- und Rücksprünge, Ein- und Ausschlüsse werden von ihm nachgefahren und dadurch akzentuiert. Der Saum erzählt daher immer auch etwas über das Gesäumte, dessen Kontur er ist.

Wie der Saum eines Kleidungsstückes so folgt auch die Bewegung entlang der breiten Kanäle des Sestiere (Stadtteiles) di Cannaregio der Kontur der lang gezogenen Baufelder und begleitet als Einfassung schließlich noch deren äußere Ränder, an denen eine schmale «Borte» vom Campo de la Misericordia zum Campo de l'Abbazia reicht. Durch den Saum werden die Raumfolgen um die beiden Campi zu einer szenischen Einheit zusammengeschlossen. Die am Ort möglichen Bewegungsweisen hängen daher unmittelbar von der Beschaffenheit des Saumes und des davon Gesäumten ab.

A hem is a kind of border or surround. It prevents clothing from fraying and maintains the shape. The border may be realized in plain fashion. When it surrounds precious stones and fine fabrics it often becomes an ornament itself.

In each instance, the hem accompanies the outer edge of the piece it surrounds. It describes all projections and recesses, inclusions and exclusions, accentuating them in the process. Therefore, the hem invariably tells a story about the object it surrounds and whose contour it forms.

Like a clothing hem, the movements along the wide canals of the *Sestiere* (or urban quarter) di Cannareggio also follows the contour of the elongated zones; bordering their outer edges, which are accompanied by a narrow "trim" that stretches from the Campo de la Misericordia to the Campo de l'Abbazia. The hem combines the two campi and the spaces that surround them into one scenic unit. The movements within and across these spaces are thus directly influenced by the nature of the hem and the elements it surrounds.

Die breiten Kanalrinnen des Sestiere di Cannaregio laufen auf der Höhe des Campo de l'Abbazia (B) und des Campo de la Misericordia (A) in noch breitere, quer zu ihrer Richtung verlaufende Becken aus (1). Auf ihrer nördlichen Seite werden diese Kanäle nahezu ohne Unterbrechung von gepflasterten Wegen, den Fondamenta, gesäumt. Diese laufen wie lange, abgespulte Fäden an den Häuserwänden entlang. Erst bei den beiden genannten Plätzen biegen dann auch die Fondamenta orthogonal ab, um die begleitenden Hausfassaden saumartig zu umfassen und anschließend am parallel liegenden Kanal erneut als lange lineare Saumstreifen in die Tiefe des Sestiere di Cannaregio zurückzulaufen. Dazwischen erhebt sich das hoch aufragende Gebäude der Fondazione de la Misericordia, das durch seine riesenhafte Ausdehnung den Aufenthalt sowohl auf den beiden Campi als auch entlang des saumartigen Umganges prägt (2; das hell markierte Gebäude).

The broad channels of the Sestiere di Cannaregio debouch into even wider basins, set at right angles to the canals where they reach the Campo de l'Abbazia (B) and the Campo de la Misericordia (A). The northern shores of these canals are almost continuously accompanied by paved public quays, the *fondamenta*. These run along the buildings like long, unravelling ribbons. At the junction with the two squares mentioned above, the *fondamenta* turn around a bend to border the facades; as soon as they have "circumnavigated" the facades, however, they pick up their linear progress along the canals, receding into the depth of the Sestiere di Cannaregio. Soaring into the sky, the imposing scale of the Fondazione de la Misericordia sets the tone for the atmosphere on both *campi* and along the hem-like path (2; the building marked in light colour).

1

1. Steg

Eine gleichmäßige, nahezu gerade Bewegung führt die Fondamenta de la Misericordia entlang, die wie ein Streifen einfassenden Saumes an den Gebäudewänden liegt. Durch das regelmäßige Vorwärtsschreiten wiederholt das Gehen das lineare Fortlaufen des Kanales, der Häuserfassaden und des begleitenden Steges. Das Links-rechts der ausgreifenden Beine ähnelt dabei der Stichfolge der Saumnaht, die den gefassten Stoff allseitig umgibt (3).

1. Footpath

A constant movement in a straight line stretches along the Fondamenta de la Misericordia that follows the house fronts like a strip of trim. As we stroll along this strip, our steps pick up on the linear course of the canal, the facades and the accompanying footpath. The rhythmical left/right of our steps resembles the stitch pattern in a hem that surrounds the fabric on all sides (3).

2. Erweiterung

Vor dem riesenhaften Volumen der Fondazione de la Misericordia weitet sich der Saum der Fondamenta zu einem kleinen Vorplatz, dem Campo de la Misericordia (2, 4). Das Eintreten auf den Campo ist durch drei quer über den Weg gelegte Stufen gekennzeichnet. Die Erweiterung aber lässt sich kaum spüren, da das nur knappe Wegklappen der Hauswand zur Linken überlagert wird durch die enorme Fassadenhöhe der Fondazione, deren «Verlangen» nach Raum die kleine Platzerweiterung längst nicht genügt.

Dennoch zögert der Schritt des Passanten ein wenig beim Erreichen des Campo, da quer zur Bewegungsrichtung eine Raumachse, vom gewaltigen Volumen der Fondazione ausgehend, über die Fondamenta hinweg bis auf den Kanal und sogar noch bis zu den Gebäuden auf der anderen Seite reicht.

2. Expansion

In front of the massive volume of the Fondazione de la Misericordia, the hem widens into a small forecourt, the Campo de la Misericordia (2, 4). The entrance to the *campo* is marked by three steps that cross the path at this point. Yet the expansion is barely noticeable because the narrow recess of the facade to the left is overpowered by the soaring height of the Fondazione, whose greedy "demand" for space is insufficiently met by the modest expansion into a small square.

Still, our steps falter slightly upon reaching the *campo*: the path we are following is crossed by a spatial axis that begins at the massive volume of the Fondazione and reaches across the Fondamenta down to the canal and all the way to the buildings on the opposite side.

2

3

4

5

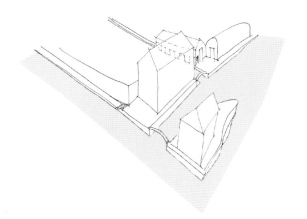

6

7

3. Darum-Herum

Gleichzeitig wird das aufgrund seiner Höhe nahezu freistehende Volumen der Fondazione als eigenständiger Körper begriffen, dessen äußere Kontur – wie die zuvor den Weg begleitenden Hauswände beim Betreten des Campo – ebenfalls nach links zurücktritt. Um die entstehende Ecke herum legen sich zwangsläufig der weite freie Raum über den Kanalbecken sowie die Fondamenta, welche saumartig um den alles beherrschenden Körper der Fondazione herumgeführt ist. Zwar könnte man die Fondamenta geradeaus über eine Brücke verlassen. Der Saum aber fordert den Weg um den Körper herum (5-7).

4. Innen und außen

Die östliche Längsseite der Fondazione de la Misericordia bildet zugleich die Stirnseite des zwischen dem Rio de la Misericordia und dem Rio de la Sensa liegenden Baufeldes. Dort spannt der Raum«schatten» (vgl. «Die Situationen») der riesigen Fassadenfläche ein Raumvolumen auf, das weit in den Bereich der Wasserfläche hinaus reicht (8, 9). Durch die schiere Höhe der Fondazione wirkt die umlaufende Fondamenta auf dieser Seite wie ein schmaler, etwas über der Wasseroberfläche aufgekanteter Steg, der als dünner Saum zweierlei Eigenschaften besitzt:

Zum einen «schnürt» er das Volumen der Fondazione fest an das dahinter ankommende Baufeld und verhindert somit dessen «Wegtreiben». Wie geduckt geht man an diesem äußersten Rand um das Gebäude herum (5, 6).

Zugleich aber liegt der «Steg» am inneren Rand des über die Kanalfläche ausgreifenden Freiraumes. Der Gang über den Saum entlang der riesigen Seitenwand ist daher ebenso ein Gang «über» das Wasser (10). Die Hauswand wird dabei zur Rückwand dieses über «Steg» und Wasserfläche ausgreifenden Volumens. Dem Vorbeigehenden ist sie Hintergrund oder Projektionsfläche, vor welcher die erzeugten Raumfiguren, über die Wasserfläche hinweg, zur Wirkung kommen (8).

3. Round-about

Nearly free-standing because of its height, the Fondazione reads like an autonomous volume, whose contour recedes on the left side, like the walls along the entry to the *campo*. The open space over the canals and *fondamenta* that surrounds the dominant volume of the Fondazione are per force wrapped around the resulting corner. One could leave the fondamenta by following a straight line across a bridge. But the hem inspires us to follow the path around the volume (5-7).

8

4. Inside and outside

The longitudinal east side of the Fondazione de la Misericordia is simultaneously the face side of the block between the Rio de la Misericordia and the Rio de la Sensa . At this point the spatial "shadow" (cf. " The Situations") cast by the enormous facade surface opens up a spatial volume that reaches far into the canal area (8, 9). The sheer height of the Fondazione makes the fondamenta on this side appear like a narrow, up-ended footpath, distinguished by two characteristics:

It "ties" the volume of the Fondazione to the buildings behind it, thereby preventing the large building from "floating free". We feel as if we should duck as we walk around the extreme corner of the building (5, 6).

But the "footpath" also lies just inside of the open space that yawns above the canal. The walk along the hem next to this monumental side becomes a walk "across" the water (10). The wall provides the backing to the volume that encompasses "footpath" and water surface. To the passer-by, it operates as background or projection screen on which the spatial figures across the water can be fully experienced (8).

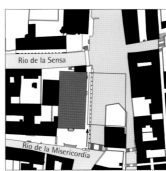

Rio de la Sensa

Rio de la Misericordia

9

10

11

12

13

5. Drehen

Am Ende des «Steges» tritt die Außenwand erneut nach links zurück. Ebenso zweigt der Kanal an dieser Stelle in den Rio de la Sensa ab, um zwischen zwei Baufeldern hindurch fortzulaufen. Der «Steg» aber wird von einer Brücke abgelöst, die dort anhebt, wo die «Projektionsfläche» endet und der von ihr beherrschte Freiraum um die Gebäudekante schwenkt (11, 15).

Wieder aber dominiert die riesige Fassadenfläche der Fondazione den Kanalraum sowie das gegenüberliegende Ufer. Wie als Reaktion auf diese imaginäre Last ist dort daher die vorderste Ecke des Gebäudestreifens nach «innen» zurückgewichen, wodurch ein kleiner Platz, der Campo de l'Abbazia, entsteht (11, 12).

Über die Brücke hinweg weist der Schritt weiter geradeaus. Das Umbiegen der Gebäudekanten, des Raumvolumens und der Kanalfläche, das Hochsteigen auf die Brücke sowie das von dort mögliche Überschauen der freien Fläche des Campo verlangsamen das Gehen, negieren die Dominanz seiner bisherigen Richtung. Entsprechend verlässt der Schritt die weiterhin mögliche Gerade und dreht sich in den kleinen, nahezu quadratischen Platz. Dessen Form und Bodenbelag sowie die ungefähre Übereinstimmung der beiden Fassaden in Größe und Bedeutung, wodurch keine vorherrschende Achse entsteht, nehmen dem Schritt für einen Moment Richtung und Geschwindigkeit (12, 13, 15).

6. Takt

Durch einen loggienartigen Durchgang entlang des Rio de la Sensa kann der Platz wieder verlassen werden (14). Die Stützenreihe sowie das Helldunkel des über den Weg laufenden und die Hauswand hinaufkletternden Spieles von Licht und Schlagschatten takten die wieder aufgenommene gleichförmige Vorwärtsbewegung und steigern dadurch das regelmäßige Alternieren, das Links-rechts, der ausgreifenden Beine (16). In einer gleichmäßigen linearen Bewegung entlang der Fondamenta de l'Abbazia läuft die Bewegung des wieder schmaleren Saumstreifens in die Tiefe des Sestiere di Cannaregio hinein aus (15).

Die beschriebene Bewegungsrichtung ist nicht zwingend. Mit leichten Akzentverschiebungen kann die Raumfolge auch umgekehrt auf entsprechende Weise durchschritten und erlebt werden.

5. Turning

At the end of the "footpath," the outer wall recedes yet again, recessed to the left. The canal, too, turns at this point and joins the Rio de la Sensa, continuing on its course between two blocks. The "footpath" is replaced by a bridge that lifts off where the "projection screen" ends; the open space it dominates disappears around the corner of the building (11, 15). Once again the enormous facade of the Fondazione dominates the canal space and the opposite shore. As if in response to this imaginary load, the foremost corner of the row yields "inward", creating a small square, the Campo de l'Abbazia (11, 12). The path takes us straight ahead, across the bridge. As we follow the turns around corners, the spatial volume and the canal surface, mount the bridge and look out across the open space of the campo, we instinctively slow down. These factors counteract the hitherto dominant direction. Instead of following the proffered straight line, we are drawn into the small, nearly square *campo*. Momentarily, the shape and paving of the square, the roughly equivalent scale and impact of the two facades (and thus the absence of any dominant axis) diminish our pace and sense of direction (12, 13, 15).

14

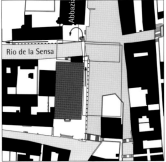

15

6. Beat

We leave the area through a loggia-like passage and follow the Rio de la Sensa (14). The row of columns and the chiaroscuro of light and shadow on the path and up the wall provide the beat for the regained forward movement, increasing the even left/right rhythm as we step out (16). The movement along the hem, once again narrow, recedes on a straight course into the depth of the Sestiere di Cannaregio (15).

The direction described above is not compulsory. With minor differences in accents, the sequence of spaces can also be traversed and experienced in the opposite direction.

16

Campo S. Giacomo
da l'Orio

S. Giacomo da l'Orio

M 1:1000

Campo San Giacomo da l'Orio

Kern und Schale
Core and Skin

Das Verhältnis von Kern und Schale, wie wir es bei einer Frucht kennen, unterscheidet sich von anderen Arten der Umhüllung oder Einschließung durch die Tatsache, dass es zwischen Kern und Schale noch etwas Drittes gibt, meist das Wertvolle, etwa Fleisch und Saft der Frucht. Aber nur weil die Schale nach außen schützt und der Kern von innen Halt bietet, nur in diesem Zusammenspiel hat das Dritte im Zwischenraum Bestand.

Die Formen von Kern und Schale sind selten identisch, aber doch voneinander abhängig. In der Substanz, die sich zwischen ihnen befindet, zeichnet sich die plastische Durchbildung des Kerns ab. Durch sie hindurch projiziert er seine Gestalt in modifizierter Form auf die Schale, welche die Substanz wiederum von außen abformt. Deren Beschaffenheit wird somit von Kern und Schale gleichermaßen bestimmt, und so bezieht das Ganze seine Identität.

In unserem Kontext geht es um den Typ eines städtischen Außenraums, dessen Eigenart sich aus dem Zusammenwirken der raumprägenden und -organisierenden Abstrahlung eines Kerns, deren Projektion auf eine äußere, umschließende Hülle und dem daraus resultierenden Raum zwischen Kern und Hülle ergibt.

The relationship between core and skin differs from other types of envelopes in that core and skin are separated by a third element, usually the most valuable part, such as the flesh and juice of the fruit. But only the protection from the outside, which the shell provides, and the structural support, which the core offers on the inside, allow the third element to exist in the space in between.

The shape of core and skin are rarely identical and yet clearly interdependent. The substance that lies between them traces the plastic outline of the core. In modified form, the core projects its shape through this substance onto the skin, which, in turn, depicts the substance to the outside. Its composition is therefore determined in equal measure by core and skin and it is this interdependence that provides the identity for the whole.

Our example deals with the type of urban exterior space whose unique character lies in the combined effect of a space-forming and structuring emanation of a core, its projection onto an external, surrounding skin and the resulting space between core and skin.

Kern

Der Baukörper der Kirche bildet das große, schwere und zentrale Element des Platzes, er ist ruhender Pol und Identifikationszentrum, Orientierung und Fokus für die Bewegung auf dem Platz. Als plastischer Körper bildet dieser Kern ein Gegenüber für die Menschen auf dem Platz, mit dem sie ihre eigenen Körper konfrontiert sehen. Die Falten, Furchen und Flächen des plastischen Körpers bieten ihnen Widerstand, Zugang und Halt: Schwellend pralle Formen wölben sich vor und drücken nach außen, Vertiefungen saugen und ziehen nach innen, flache Fassadenabschnitte geben räumlichen Rückhalt (1).

Der Kern ist aber nicht nur plastischer Körper, sondern auch Raumbehälter, dessen Innenräume mit dem Platzraum in Verbindung stehen. Der Platz kann als allseitige Ergänzung des Kirchenraums betrachtet werden. Über die Mittel- und Querschiffzugänge sind einzelne Platzabschnitte dem Kirchenraum jeweils direkt zugeordnet. Unterschiedliche Innenräume stülpen sich nach außen (Querschiffarme. Kapellen, Sakristei usw.), so dass sich innere Handlungsbereiche nach außen plastisch abzeichnen und auch in ihrer Maßstäblichkeit dem Platzraum mitteilen (2, 3).

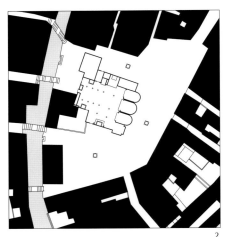

1

2

3

Core

The fabric of the church forms the large, heavy and central element of the square; it provides a calming influence and point of identification, orientation and focus for movement on the square. As a plastic body, this core is a counterpart to the people on the square, a body among other bodies. The folds, furrows and surfaces of the plastic body offer resistance, access and support: rounded shapes bulge and strain outward, recesses retract and pull inward, flat facade sections provide a spatial backing (1).

But the core is not only a plastic body; it is also a vessel whose internal spaces relate to the space in the square. The square can be viewed as an all-round complement to the church interior. Individual sections of the square are directly allocated to areas in the interior via entrances to the central and side aisles. Different interior spaces spill over to the outside (side aisle wings, chapels, sacristy etc.), with the result that the internal areas of action are dimensionally delineated on the outside, their scale clearly legible from the square (2, 3).

Schale

Die äußere Platzwand beschreibt im Großen und Ganzen eine konkave Figur, die Hülle und Hintergrund für den Kern bildet. Sie antwortet dem plastisch gegliederten Baukörper mit einer flächigen Ummantelung. Diese schirmt zur Stadt hin einen unmittelbaren Umraum um den Kern ab, der ringförmig fast ganz um diesen herumgreift (4).

Zwischenraum

Die Bewegung auf dem Platz ist eine Bewegung zwischen Kern und Hülle. Über die Hauptzugänge tangential in den Platz hineingeführt und den Kirchenbau umgreifend, wird der ringförmige Raum Schritt für Schritt erschlossen, ohne dass jemals das Ganze auf einmal zu erfassen ist.

Die zirkulierende Bewegung steht fortwährend unter dem gegensätzlichen Einfluss der aktiven plastischen Zentralfigur, die sich ausbuchtet und nach außen ausdehnt, und der ruhigen Folie der kulissenhaft flächigen Platzwand, die kontinuierlich herumführt und dem aktiven Kern einen passiven Gegenhalt bietet. Diese beiden Pole beeinflussen die Raumerfahrung unterschiedlich, je nach dem Verlauf der Bewegungslinie: Entweder ist die Bewegung auf der Innenseite der schwellenden, schiebenden Kraft des Kerns ausgesetzt, oder sie wird ruhig an der äußeren Raumgrenze geleitet (5, 6).

4

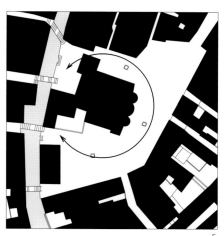

5

6

Skin

Broadly speaking, the outer wall of the square is a concave figure that forms the skin and the background for the core. It responds to the plastic articulation of the building fabric with a flat casing. It creates a protective jacket around a space immediately surrounding the core and encircles it almost on all sides (4).

Interstice

The movement on the square is a movement between core and skin. Entering the square on a tangent via the main access points and circling the church building, we discover the ring-shaped space step by step without ever being able to grasp its entirety in a single glance.

The circulating movement is constantly subjected to the counter influence of the active, sculptural central figure, bulging outward and extending to the outside, and the tranquil foil of the flat, backdrop-like wall of the square that describes a continuous circle and offers passive resistance to the active core. These two poles exert differing influences on how the space is experienced, depending on the course of movement: following the internal route, the movement is exposed to the swelling, pushing force of the core or else it is calmly guided along the outer boundary of the space (5, 6).

7

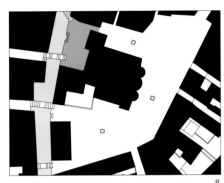

8

Die in dieser Ringbahn aufeinander folgenden Abschnitte werden durch die jeweils wechselnden Raum- und Baukörperformen von Kern und Schale unterschiedlich geprägt.

Der kleine Platz vor dem Kirchenportal im Westen, durch eine Engstelle in der Ringfigur vom übrigen Platzraum separiert, wirkt mit dem eigenen Zugang über Stufen am Wasser und zwei Brücken wie ein vorgelagertes Entrée (7, 8). Dennoch gleicht er den anderen Platzteilen darin, wie er sich am zentralen Bau der Kirche orientiert, anlagert und sich so doch in die ringförmige Platzfigur eingliedert.

Der enge Platzabschnitt im Norden wird von der Stirnwand des Querschiffs und dem Turm begrenzt und beherrscht (9, 10). Die doppelte Gestik der aufragenden Turmfigur und des hier ansetzenden Bogens der Platzfigur teilt sich dem ganzen Platz mit. Als leibliches Schema des Aufragens und Umgreifens können wir sie in Haltung und Bewegung nachvollziehen.

9

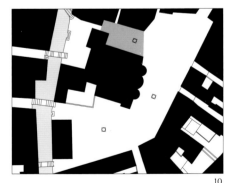

10

The sections that follow one upon the other along this ring route are characterized by the alternating spatial and physical figures of core and skin in a variety of ways.

The small square in front of the church portal on the west side, separated from the main square by a narrow point in the ring configuration, feels like a projecting entrance area with its own access via steps at the water's edge and two bridges (7, 8). Still, like the other areas of the square, this section is also oriented towards the central structure of the church, which it adjoins, while being at the same time integrated into the ring-shaped figure of the *campo*.

The narrow north section of the square is enclosed and dominated by the face wall of the transept and the tower (9, 10). The dual gesture of the projecting figure of the tower and the curve of the campo, beginning at this point, resonates throughout the square. We can emulate it in attitude and movement as a physical scheme of rising up and encircling.

Die Apsidenseite begleitet mit ihrer rhythmischen Sequenz plastischer Einzelformen einen längeren Raumabschnitt, in dem die Bewegung auf diese Weise ebenfalls rhythmisiert wird (11). Der Gegensatz zur ruhig sich hinziehenden äußeren Platzwandschale mit ihrem gleichmäßigen Bewegungsduktus macht sich hier im Gegenüber besonders bemerkbar (12).

With its rhythmic sequence of three-dimensional individual shapes, the apse lies next to a longer section, where the movement picks up on the rhythm set by this side of the building (11). The contrast to the tranquil course of the external skin of the square with its evenly spaced lines of movement is particularly noticeable at this point (12).

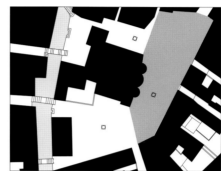

11

12

13

Der südliche Platzteil wirkt wie Auftakt oder Abschluss: klar gestaltet, auf die axial gegliederte Fassade des dominanten Gebäudes an der Stirnseite orientiert und durch den Brunnen zentriert (14). Da die äußere Platzwand an dieser Stelle den größten Abstand vom Kirchenbau erreicht, entspannt sich hier die Polarität von Kern und Schale zu freier Offenheit (13).

The south section of the square seems like an overture: clearly designed, oriented towards the axially structured facade of the dominant building at the front and centred by the fountain (14). Since the outer wall is at its greatest distance from the church at this point, the polarity between core and skin is less pronounced here. The result is an atmosphere of tranquillity and openness (13).

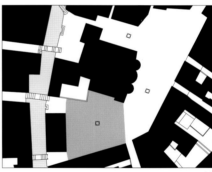

14

Auf dem Weg von einem Platzbereich zum anderen werden wir in den Zwischenraum zwischen plastischem Kern und aufnehmender Schale hineingenommen und schrittweise um den Kern herumgeführt. Als konkave Leitwand führt die äußere Platzbegrenzung weiter; wo sie unterbrochen wird oder unstetig ist, wird der zentrale Baukörper zur Leitfigur. Diese macht das Ganze der Raumfigur lesbar, indem sie das vielgliedrige Platzgefüge zu einer Gestalt zusammenbindet (15).

En route from one area of the square to another, we are drawn into the cavity between plastic core and surrounding skin and are guided step-by-step around the core. The boundary of the square acts as a concave guide; where it is interrupted or less stable, the central building fabric takes on the role of guiding figure. The latter renders the ensemble legible as a spatial figure by combining the many parts of the square into a single figure (15).

15

Rio terà
San Antonio

Campo San Polo

S. Polo

Salizada San Polo

M 1:1000

3

4

Der «starke» Teil des Platzes ist so geformt, dass er sich dem «schwachen» zuwendet (3). Die Vorzone der Kirche bei der Apsis wirkt als Vorplatz zum Eintritt ins Platzinnere (4). Die konkave Krümmung der dominanten östlichen Fassadenwand lenkt den Blick schon beim Betreten in die schwach besetzte Platzmitte. Sie umfährt den Raum in einer großzügigen, weit ausholenden Bewegung, fasst ihn wie eine Schale und richtet die Aufmerksamkeit auf die innere Zone. Ein deutliches Gefälle des Platzbodens zur Mitte und Westseite hin gibt der Sicht dorthin Überblickscharakter (5,6). Die angezielte Mitte erscheint jedoch weder durch eine besondere Raumgestalt noch durch Ausformung im Einzelnen artikuliert. Worauf sich Aufmerksamkeit und Zuwendung, Überblick und Umfassung eigentlich richten, bleibt merkwürdig unklar, das immense Raumvolumen der Platzmitte vage und ungreifbar, so dass die gestischen Mittel der umgreifenden Zuwendung sich ins Leere richten - außer wenn einmal im Jahr das riesige Freilichtkino kommt.

The "strong" zone of the square is shaped in a manner that turns it towards the "weak" zone (3). The area in front of the church near the apse has the effect of a forecourt that leads into the centre of the square (4). The concave curvature of the dominant facade to the east draws the eye towards the sparsely occupied centre of the square as soon as one enters. It circumnavigates the space in a generous, sweeping movement, surrounding it like a bowl and drawing attention to the inner zone. The noticeable downward slope of the pavement towards the middle and the western boundary gives one a sense of having a somewhat panoramic view in those directions (5, 6). The middle, towards which everything is aimed, however, does not appear to be articulated, neither by any particular recognizable figure nor by specifically designed details. It is thus strangely unclear towards what precisely all the attention and perspective, the panoramic view and the convex frame are actually directed, with the exception of the gigantic open air cinema installation that occurs but once a year. Otherwise, the immense volume of space at the centre of the square is characterized by a vagueness and intangibility with the result that the gesture of attention addresses a void.

5

6

7

Geleitet von der Kurve der Wand, kann man auf der markierten, gekrümmten Wegbahn unter den Bäumen den inneren Platzraum umrunden, sich ihm nach Belieben stufenweise nähern (7). Doch anders als die spielenden Kinder, die unbekümmert ihrem Ball hinterherlaufen, wird der Besucher nur zögernd in den «schwachen» Raum eindringen.

Blickt man die östliche Platzwand entlang, wirkt deren konkave Krümmung kräftig und gibt der Randzone eine plastische räumliche Fassung, ist aber zu flach, um auf die weite Distanz dem ganzen Platz Halt zu bieten (8). So erfährt man den «starken» Raum als räumlich dicht, präsent, aktiv und lebendig. Dies ist der Ort zum Verweilen, hier trifft man sich, hier hat man aus einer klar definierten Position den ganzen weiten Platz im Blick und die Orientierung über einen großzügigen städtischen Raum in einer lebendigen Szenerie (9).

Guided by the curve of the wall, one can circumnavigate the inner space of the square on the marked winding path beneath the canopy of trees, approaching the centre bit by bit as the fancy takes one (7). Most will hesitate before penetrating into the weak space. Children at play do so, when they are chasing a ball.

Gazing along the east wall of the square, its concave curvature appears pronounced, giving the zone along the boundary a plastic, three-dimensional border; still, it is too flat to anchor the square from a distance (8). Thus the "strong" zone is experienced as a dense, present, active and lively space. This is where people pass the time of day, this is the area where they rendezvous, and from this vantage point one has a clear view of the entire expanse of the square and a sense of orientation with regard to a large urban space in a lively setting (9).

8

9

10

11

Der «schwache» Raum aber wirkt imaginär, abstrakt, dünn, leer, passiv. Dennoch gibt er dem Platz seine Eigenart. Durch die schwer fassbare Blässe der zentralen Leere wird der eigentümliche Charakter des Platzes erst geschaffen. Die lebendige Situation, wie wir sie in den «starken» Randbereichen des Platzes erleben, wird von dorther eigenartig beeinflusst. Man spürt den Hohlraum als fahle Resonanz der Aktivitäten in der Randzone (10).

Begibt man sich jedoch selbst ins Innere, dann sind es nur wenige Schritte, bis man sich in einem diffusen Raumvolumen verliert. Die Rückwand wirkt körperlos flach und dünn. Die gegenüberliegende Schale der konkaven Ostwand erscheint von dort allenfalls als fernes Panorama. Solchermaßen ausgesetzt, findet man sich auf einer viel zu großen Bühne wieder, die kaum markiert ist, aber durch das Gegenüber zu den «starken» Tribünenzonen als Ort der passiven Zurschaustellung bestimmt erscheint (11).

Auf diese Weise werden «starke» und «schwache» Räume wechselweise voneinander beeinflusst. Ihr Tribünen- bzw. Bühnencharakter bedingt sich gegenseitig. So wie der aktive Randbereich in seinem Alltagsgebrauch durch die ungewisse Raumwirkung seines inneren Gegenüber verfremdet wird, so erscheint der Raum im Platzinnern nur umso mehr wie aus dünner Luft, je «dickflüssiger» der Raum in den Randbereichen zirkuliert.

The "weak" zone, on the other hand, seems imaginary, abstract, insubstantial, empty and passive. And yet it gives the square its unique character. The pale atmosphere of the void at the centre, difficult to grasp or define, is in fact the very factor that creates the unique personality of the square. The liveliness we encounter in the "strong" zones along the edges of the square is strangely influenced by the emptiness at the centre. One can sense the hollow space as a wan resonance of the bustle at the edges (10).

But as we move into the centre, it takes only a few steps before we become lost in a diffuse spatial volume. The rear wall seems disembodied, two-dimensional and thin. The opposite shell of the concave wall to the east appears at best as a distant panorama. Exposed, we feel lost on a stage that is much too large, barely marked, but seemingly defined as a place of passive display by the presence of the "strong" grandstand zone it faces (11).

Thus "strong" and "weak" zones impact each other, their respective grandstand or stage character is mutually dependent. Just as the active zone on the edge is altered in its everyday use by virtue of the uncertain spatial effect of its internal counterpart, the space at the centre of the square seems to consist all the more of mere thin air as the spatial circulation at the margins becomes increasingly viscous.

Campo
San Pantalon

Rio Novo

Campo
Santa Margherita

Campo
dei Carmini

M 1:1000

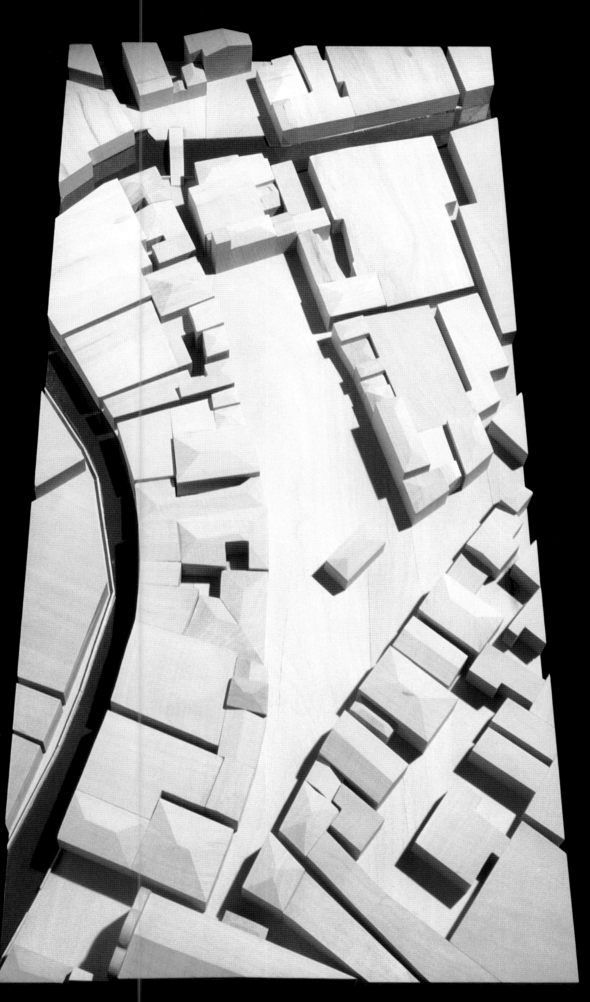

Campo Santa Margherita

Bewegungskurve und Spielfeld
Curve of Motion and Playing Field

Ein Spielfeld benötigt eine abgegrenzte Fläche von regelmäßiger Figur und klaren Konturen. Es muss für unterschiedliche Formen des Bespielens weit genug sein und sich also für Aktivitäten eignen, die sich im weiten, aber begrenzten Feld ausbreiten, überlagern, sich in verschiedene Richtungen entwickeln. Das Spielfeld kann ein kleines Universum von vielfältigen Tätigkeiten im gesetzten Rahmen aufnehmen, zusammenfassen und deren Spuren abbilden. Die Bewegungen werden von den Spielfeldrändern eingegrenzt. Dann aber wird der Rahmen gesprengt, die Kontur gibt nach, die Grenzen weichen, die Ränder krümmen sich, die Kanten schwingen aus. Bewegungen werden nicht mehr in klaren Grenzen gehalten. Von außen kommend, ziehen sie in großen Schwüngen durch den Raum und greifen weit aus.

Diese zwei kontrastierenden Merkmale ergeben eine komplementäre Raumerfahrung. In der Bewegung wird die eine Eigenschaft durch die andere aufgenommen: Eine weit ausschwingende Bewegungskurve wird in der regelmäßigen Figur einer Platzfläche aufgefangen, oder umgekehrt, ein ruhiger Platzraum kommt, sich öffnend, durch das Ausschwingen einer Raumkante in Bewegung.

A playing field requires a delimited area that is regular in shape and has clear contours. It must be wide enough to allow users to play the space in a variety of ways and lend itself to activities that stretch across the open, yet limited field, overlapping and progressing in different directions. The playing field can accommodate a small universe of manifold activities within a given frame, combine them and reproduce their tracks. The movements are limited by the boundaries of the field. Then, however, the scope is expanded, the contour yields, the boundaries give, the margins curve and the edges swing outward. Movements are no longer contained within clear boundaries. Coming from the outside, the movements travel across the space in generous sweeps and extend far beyond.

These two contrasting characteristics result in a complementary experience. In the movement one experience is absorbed by the other: a wide, sweeping curve of motion is received by the balanced figure of a square; conversely, a tranquil square is set in motion by the outward swing of one of its edges.

Bewegungskurve

Ein Bogenschwung führt entlang der westlichen Platzwand durch den Campo Santa Margherita. Kommt man nahe an dieser Wand entlang von Süden auf den Platz, wird der weitere Verlauf des Raums durch deren konvexe Krümmung zunächst verborgen. Nur allmählich wird er überblickt und so erst durch die Bewegung erschlossen. Auch seine Ausdehnung ist zuerst nicht erkennbar. Durch die verzögerte Erschließung scheint er immer länger zu werden. Als Leitkurve führt die Platzwand den Weg längs der Krümmung. Der Blick folgt ihr und versucht, den Verlauf des Raumes zu erfassen. Von der Wand abgedrängt, wird er aber bei jedem Schritt in den Raum hineingelenkt, schweift über den Platz und bestreicht dabei sukzessive weitere Abschnitte der Platzfläche (1–4).

Dreht man die Bewegungsrichtung um, erlebt man, von Norden kommend, zunächst einen ruhig gelagerten Platz mit klarem, regelmäßigem Umriss. Nähert man sich seinem südlichen Ende, scheint jedoch die Westflanke aufzureißen und nach rechts wegzuschwingen. Sie führt den Passanten nach Südwesten aus dem Raum hinaus (5–9).

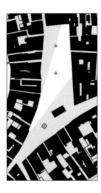

1

2

3

4

Curve of Motion

A sweeping arch runs along the western wall across the Campo Santa Margherita. Entering into the square near this wall from the south side, the space beyond is initially concealed by the convex curvature of the wall. It is revealed gradually and fully disclosed only through movement. The reach of the space is also concealed at first. The delayed process of discovery seems to elongate it. The wall of the square guides the path along this curvature. The eye follows the curve and tries to grasp the layout of the space. Deflected by the wall, it is drawn deeper into the space with each step, sweeping across the square and landing on successive sections within the area of the square (1–4).

If we follow the opposite direction of movement, coming from the north, we experience at first a tranquil square with a clear, regular contour. When we approach the southern end, however, the flank on the west side seems to fall open and swing to the right. It guides the pedestrian to the south-western end and, ultimately, out of the space (5–9).

5

6

8

9

Spielfeld

Die Wechselwirkung zwischen der dynamischen Bewegungskurve und der regelmäßigen Platzfläche teilt dem Platz eine Aktivität mit, die ihn zum Spielfeld macht. Allerdings kommt es auf diesem Spielfeld nicht primär auf das Einnehmen von Positionen wie auf einem Spielbrett an (vgl. Campo Santa Maria Formosa). Der Campo Santa Margherita hat vielmehr den Charakter eines Aktionsfeldes, das durch Nutzungen und Zustrom von Passanten von verschiedenen Seiten bespielt wird: in Längsrichtung durch die eine Gasse bildenden Nutzungen, die sich werktags im westlichen Streifen aufreihen, aber auch durch die Zugänge aus den Quergassen und die überörtlichen Hauptverkehrsströme in Quer- und Diagonalrichtung. Auch durch spielende Kinder, vereinzelte sportliche Aktivitäten u.a. wird die Fläche in allen Richtungen durchquert und besetzt (10, 11).

Verschiedene Gestalteigenschaften des Platzes geben diesem Feld aber auch den Charakter einer Arena des Schlenderns. Das klare Rechteck als Rahmen, der ein- und ausschwingende horizontale Bogen, die niedrige, meist dreigeschossige Bebauung ohne auffällige Gebäudefassaden, Kanten oder Versprünge, die aufgereihten niedrigen Ladengeschosse, die gestreute Verteilung von Objekten und Aktivitäten, die breitkronigen Bäume mit gleichmäßigem Beschnitt von unten (12): All diese Faktoren schaffen die Voraussetzungen dafür, dass unsere Befindlichkeit und unsere Bewegungen von Weite und Horizontalität bestimmt sind. Die flächige Platzfigur fordert dazu auf, sie zirkulierend oder in weiten Schwüngen zu durchstreifen. Lassen wir uns auch nur beiläufig nieder, so befinden wir uns auf dem Campo Santa Margherita gleichwohl auf einem großen weiten Bewegungsfeld. Wir können ausschreiten, verweilen, uns treiben lassen und das Ausschwärmen über das weite Spielfeld wie ein Ausleben eigener Aktivität erfahren. So werden Stehen wie Gehen auf diesem weiten Feld zu einer gefassten und artikulierten Form des Umherschweifens.

Playing Field

The alternating effect between the dynamic curve of motion and the regular shape of the area inscribes the square with a sense of activity that makes it into a playing field. However, on this field taking up a position like a figure on a game board (cf. Campo Santa Maria Formosa) is not of primary importance. Instead, the Campo Santa Margherita has the character of a field of action on which various activities are played out through different uses and the influx of pedestrians from several sides: in the longitudinal direction through uses strung along the western wall on work days, thus creating a narrow lane; through various entrances from lateral alleys; and finally through the surrounding traffic arteries running crosswise and diagonally. Children at play, various sports activities etc. also bisect and occupy the area in all directions (10, 11).

But some design aspects in this square characterize the field as an arena for strolling. The clean rectangle as frame; the horizontal arch swinging in- and outwards; the low, predominantly three-storey-high buildings without conspicuous facades, distinct edges or projections; the row of low retail storeys; the scattering of objects and activities; the trees with generous crowns, carefully pruned from below (12): all these factors contribute to an atmosphere that imbues our perception and movements with a sense of expanse and horizontality. The level area of the square invites us to pass through it in circular or wide, sweeping movements. No matter how casually we take up a position, on the Campo Santa Margherita we are always on a large, wide field of movement. We can step out at a brisk pace, pause and rest, let the flow carry us along and experience the fanning-out motion across the broad playing field like an outward expression of our experience. Thus standing in place or walking on this generous field are transformed into a contained and well-articulated form of strolling.

10

11

12

85

Der durch den Platz ziehende Bogenschwung wird an beiden Enden durch zwei angekoppelte Kleinplätze zum Stillstand gebracht, die vom Campo Santa Margherita aus nicht sichtbar sind (15):

Campo dei Carmini
Am Südende scheint sich die Bewegung nach einer trichterförmigen Raumverengung auf ein zunächst nicht erkennbares Ziel zuzuspitzen. Die Ungewissheit wächst, wenn der Weg in der Tiefe des Trichters den Seiteneingang von Santa Maria dei Carmini verfehlt und nach rechts wegknickt. Im rechten Winkel wird die Wegfolge jedoch weitergeführt und findet nach einer kurzen, engen Gassenpassage seinen befreienden Abschluss im kleinen Campo dei Carmini, dem theatralischen Höhepunkt der Raumfolge. Der streng regelmäßige, fast quadratische Platz wird axial von der Kirchenfassade beherrscht, die eine Raumseite vollständig einnimmt (14). In ihrer Höhe entspricht sie etwa der Platztiefe – sie könnte als die hochgeklappte Verdoppelung der Platzfläche betrachtet werden – und korrespondiert mit der gegenüberliegenden Palastfassade (16).

Der Raumverlauf kann auch unter Einbeziehung des Kircheninneren begriffen werden. Dann besteht der theatralische Höhepunkt der Raumsequenz im Austritt durch das Hauptportal in der Platzachse, der zum Auftritt gegenüber der Palastfassade wird. Unmittelbar vor dieser quert der Kanal mit dem jenseitigen Gehweg. So wirkt der kleine Platz wie eine allseits gefasste Tribüne mit Blick auf die drüben Vorbeigehenden und die vorbeifahrenden Boote.

14

15

16

The sweeping arch that crosses the square terminates at both ends in two adjoining lesser squares, which are hidden from view on the Campo Santa Margherita (15):

Campo dei Carmini
At the southern end, the movement narrows into a funnel-like shape and then seems to lead towards an undisclosed goal. The uncertainty is even more pronounced when the path fails to lead to a side entrance to Santa Maria dei Carmini at the narrowest point of the funnel and veers off to the right instead. But the path continues after another right turn followed by a short, narrow passage and finally arrives at its liberating culmination in the small Campo dei Carmini, the theatrical highpoint in the spatial sequence. The axis of the rigorously balanced, nearly square campo is dominated by the church facade that occupies one entire side (14). The height of the facade is roughly equal to the depth of the square – it could be read as a doubling of the area raised up into the vertical – and corresponds to the palace facade on the opposite side (16).

The spatial arrangement can also be interpreted from the perspective of incorporating the church interior. In this context, the theatrical highpoint of the sequence of spaces lies in the act of stepping out through the main portal at the axis of the square, which becomes an act of stepping onto a stage opposite the palace facade. The canal with its footpath on the far side passes immediately in front of the palace facade. The small square takes on the appearance of a sheltered grandstand affording a view of the pedestrians and on the other side and of passing boat traffic.

17

18

Campo San Pantalon

Im Norden endet der allmählich in einer Gerade auslaufende Bogenschwung nach einer ganz an die westliche Platzwand gerückten Engstelle (17, 19) auf dem kleinen Campo San Pantalon. Die große lineare Bewegung wird auf ihrem letzten Abschnitt in eine Staffelung von quer gelagerten Raumelementen umgewandelt, welche die ausschwingende Bewegungsform in einen rhythmisch skandierten Verlauf transformiert. Beginnend bei der nördlichen Stirnseite des Campo Santa Margherita mit dem quer gestellten Kirchenbau, über den Wasserlauf des Rio Novo und den breit gelagerten kleinen Platz wird die ganze Platzfolge schließlich vor der Kirchenfassade von San Pantalon zum Abschluss gebracht (18). Dass erst dort die gestaffelte Raumsequenz ihren Endpunkt findet und nicht schon bei der parallel liegenden Nordwand von Campo Santa Margherita, signalisiert über diese Wand hinweg der vom Campo Santa Margherita aus bereits sichtbare Turm von San Pantalon (20).

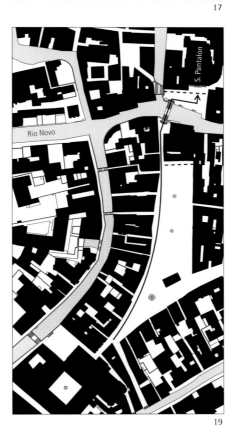

19

20

Campo San Pantalon

To the north, the sweeping arch gradually relaxes into a straight line and culminates in the small Campo San Pantalon after having passed through a narrow passage (17, 19) pushed against the west wall of the square. In the last section, the grand linear movement is transformed into a progression of transverse spatial elements that translates fading motion into a rhythmically scanned course. The sequence of open spaces begins at the northern face wall of the Campo Santa Margarita with the church at a right angle, continues across the Rio Novo and the small square and finally terminates in front of the church facade of San Pantalon (18). The tower of San Pantalon, visible even from the Campo Santa Margherita, provides the signal that the sequence continues past the parallel north wall of the Campo Santa Margherita and reaches its conclusion only at this point (20).

Campo S. Sebastiano

Campazzo S. Bastian

Campo de
l' Anzolo Rafaele

Campiello
drio lo
Squero

Campo drio Cimitero

M 1:1000

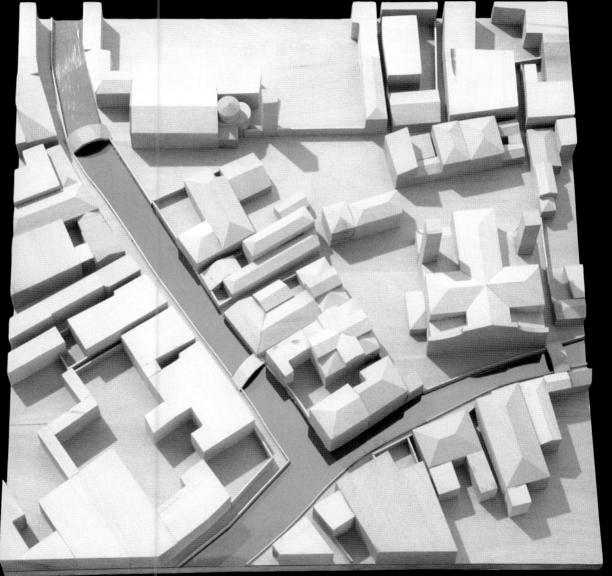

KulissenSchieben
ShiftingScenes

Auf der Theaterbühne oder im Filmstudio werden Kulissen geschoben, um günstigere Blickwinkel auf die Akteure zu erhalten, dramaturgische Abschnitte visuell zu unterstreichen oder aber um neue Umgebungen zu suggerieren.

Das französische Wort *coulisse* bedeutet Schiebewand, welche zu beiden Seiten der Bühne variabel montiert wird, um unabhängig von Ort und Zeit Geschichten erzählen zu können. Einfache bauliche Variationen erzeugen bereits intensivste räumliche und zeitliche Illusionen, Stimmungen und Atmosphären. Bedeutend sind die möglichen Modifikationen während der Aufführungen. Während in Palladios *Teatro Olimpico* in Vicenza der perspektivische Blick auf das ideale Theben noch fest installiert ist, wird die *coulisse* (gemeinsam mit den Prospekten und Soffitten) zu einer räumlichen Variablen, die Geschichten und Situationen illusionistisch vervielfacht.

Im barocken Theater werden die Zuschauer von ihren Plätzen aus in das Spiel der beweglichen Kulissen einbezogen. Der Zuschauer bleibt unbeweglich, fest an seinem Ort. Unterschiedliche Raumerfahrungen gründen in einer Veränderung, d.h. einem Umbau der Bühne.

In einer konkreten architektonischen Situation verkehrt sich das Verhältnis von schauendem Subjekt und betrachtetem Objekt. Veränderungen in der Raumwahrnehmung werden vor Ort durch die Eigenbewegung des Betrachters erzeugt, die vorgeblich unverschiebbare Bauteile in Bewegung bringt. Unbewegliche, «leblose» Volumina erhalten dann ein Eigenleben. Der Betrachter durchquert nicht nur den Raum zwischen den Körpern. Die Körper ihrerseits kreuzen den Weg des Betrachters.

On the theatre stage or in the film studio, scenery is shifted to offer better views of the actors, to underscore significant moments in the dramatic action visually or to suggest a new environment or setting.

The French word *coulisse* describes a sliding wall, or wing, mounted on either side of the stage to allow a story to be told independent of location and time. Simple adjustments in construction create a highly intense spatial and temporal illusion, mood and atmosphere. During performances, this potential for modification is all important. While the perspective view of an idealized Thebes was still permanently fixed in Palladio's *Teatro Olimpico* in Vicenza, the coulisse (together with the backdrops and borders) becomes a spatial variable, multiplying the illusion for stories and situations.

In the baroque theatre, audience members were invited to participate from their seats in the game of moveable scenes. The spectator remains immobile, fixed to his seat. Different experiences of space are founded a change, i.e. a shift of scenery on the stage.

When dealing with a concrete architectonic situation, the relationship between viewing subject and perceived object is reverted. Changes in spatial perception are created in situ as a result of the spectator's own movement, which sets seemingly static building components in motion. Immobile, "lifeless" volumes take on a life of their own. The observer not only traverses the space between the volumes. The volumes themselves intersect the path of the observer.

1

4

2

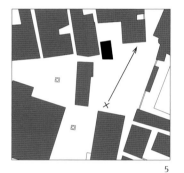

5

Verschiedene Volumina reihen sich nebeneinander auf der «Platzbühne» auf. Von der gegenüberliegenden Platzseite aus betrachtet (die Stelle ist mit «x» markiert), scheinen sie mehr oder weniger auf einer Höhe zu liegen (1–3).

On the "stage of the town square", different volumes line up in a row. Seen from the opposite side of the square (the point is marked with an "x"), they seem to lie at more or less the same height (1–3).

Der Betrachter geht schräg über den Platz. Dabei löst sich das kleine Gebäude (schwarz) aus der Häusermasse. Die anderen Körper verharren an ihrer Stelle (4–6).

The observer crosses the square on a diagonal. As he or she does so, the small building (black) seems to float free from the mass of houses. The other volumes remain fixed in place (4–6).

3

6

7

10

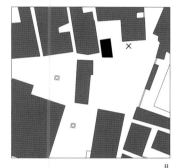

8

11

Durch sein Gehen und Stehen bespielt der Betrachter die Szene. Mit jedem Schritt, den er macht, schiebt das Gebäude sich ihm einen weiteren Schritt entgegen und schließlich an ihm vorbei. Das Gebäude wird zu einem Solitär (7–9).

By walking and stopping, the observer plays with the scene. With each step, the building moves towards him or her at another pace and, finally, past. The building becomes a solitary structure (7–9).

Durch die «Bewegung» des kleinen Hauses «angestoßen», beginnt das danebenliegende Gebäude, sich aus der Platzwand zu lösen. Als eigenständige Körper stehen sie dann – wie die *coulisse* – ebenfalls «frei verschiebbar» auf einer Platzbühne. (10–12)

"Nudged" by the "movement" of the small house, the adjacent building begins to step out from the wall of the square. As autonomous volumes, they now seem equally "moveable" pieces on the stage of the square – like the *coulisse* (10–12).

9

12

93

13

16

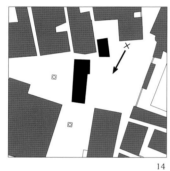

14

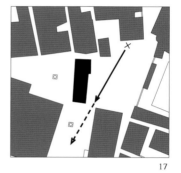

17

Auf analoge Weise lässt sich die «Bewegung» der nun «angestoßenen» Körper beschreiben. Das kleine, schwarz markierte Gebäude bleibt zurück. Das größere ragt seinerseits als selbständiges Volumen in die Tiefe des Raumes hinein (13-15).

The "movement" of these volumes ("nudged" into motion) can be described in an analogous manner. The larger building, in turn, projects into the depth of the space as an independent volume (13-15).

Beim neuerlichen Überqueren des Platzes «bleibt das große Gebäude stehen». Als Gegenüber des eigenen Körpers wird es zu einem Mitspieler auf der Platzbühne (16-18).

Upon crossing the square once again, the "large building seems to stand still". As counterpart to one's own body, it becomes a co-actor on the stage (16-18).

15

18

19

22

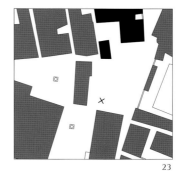

20

23

Als eigenständiger Akteur trennt das Volumen drei Platzbereiche und verbindet sie zugleich. Nach rechts hinten bereitet sich erneut die Folge der drei Körper vor, von denen anfangs ausgegangen wurde (19–21).

As an independent actor, the volume divides and simultaneously connects two separate areas of the square. To the rear on the right side, we once again come across the sequence of three volumes that was mentioned at the outset (19–21).

Zurück am Ausgangspunkt verwandelt das große Volumen sich wieder zur Platzwand. Das kleine Gebäude verharrt noch zurückgezogen als Teil des hinteren Platzabschlusses (22–24).

Returned to the point of departure, the large volume is once again transformed into the wall of the square. The small building still hovers in the background as a part of the town square enclosure at the far end (22–24).

21

24

S. Trovaso

Campo S. Trovaso

M 1:1000

Canale de la Giudecca

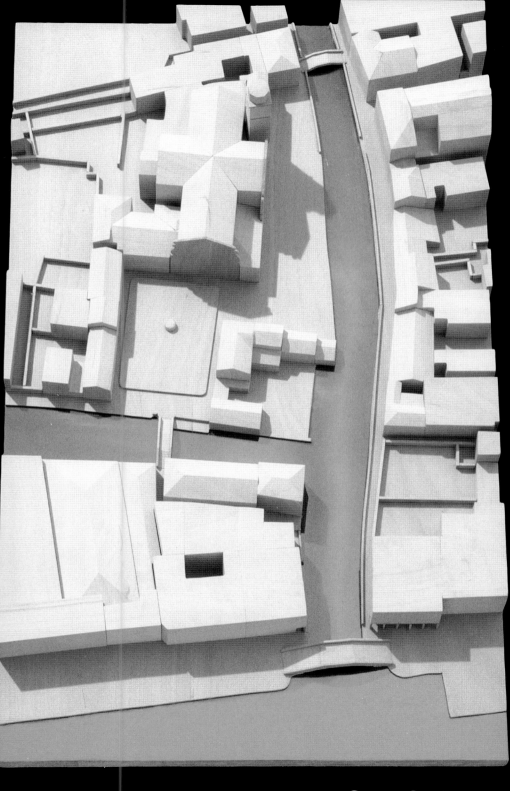

Campo San Trovaso

Szenische Sequenz und magisches Bild
Scenic Sequence and Magic Image

Im Gegensatz zu Plätzen, die wir wie einen einzigen Raum betreten, werden andere in einer dramaturgisch wechselvollen Aufeinanderfolge unterschiedlicher Raum- und Bewegungsformen durchlaufen. Der Charakter jeder einzelnen Etappe steht in Wechselwirkung zu der nachklingenden Erinnerung an die zuvor durchlaufenen Bewegungsabschnitte und der vorgreifenden Erwartung von Raumeindrücken, die sich erst andeuten. Sie bilden eine Sequenz kontrastierender Raumerfahrungen, die sich entlang einer Weglinie wie an einem Zusammenhang stiftenden roten Faden aneinander reihen. Im dynamischen Verlauf dieser Sequenz kann es vorkommen, dass unter den verschiedenen szenischen Eigenarten der einzelnen Abschnitte auch eine extrem statische Situation eintritt.

In einer solchen Situation wird die Sequenz unterbrochen. Ausgegliedert aus dem Bewegungsverlauf, schafft die Raumgestalt einen starren Rahmen, der unsere Anwesenheit zu einem bleibenden Bild mit dem Raum verschmilzt. Wir fühlen uns zusammen mit der baulichen Gestalt des Raumes wie ins Bild gebannt. Im Bewegungsverlauf städtischer Raumfolgen bilden solche Orte ein Element des Stillstands, an dem die Bewegung zur Ruhe kommt. Die statische Bildhaftigkeit kann einen Anschein von immer währender Gültigkeit vermitteln, vor allem wenn die bauliche Gestalt dem Raum eine auratische Bedeutsamkeit verleiht.

In contrast to the squares we enter as if they were a single room, others are traversed in a dramatically staged, varied sequence of different forms of spatial composition and movement. The character of each individual "stage" interacts with the memory of the section we have just passed through and the expection of spatial impressions still to come. The form a sequence of contrasting spatial experiences along a particular route, providing context like a red thread. There are occasions in the middle of such dynamic sequences when different scenic characteristics of the individual stages give rise to a sudden, extremely static situation.

The sequence is interrupted. Separated from the course of movement, the spatial figure creates a rigid frame, which blends our presence in the space into a lasting image. We have a sense of having been captured in the image together with the architectural shape of the space. Moving through series of urban spaces, such locations create an element of standing still, where movement comes to rest for a while. The pictorial quality of such spaces can communicate a sense of perpetual validity, especially in cases where the architectural design invests the space with a sense of auratic meaning.

Beim Campo San Trovaso haben wir es eigentlich mit zwei Platzräumen zu tun, die in einer übergreifenden Raumsequenz zusammenhängen.

Das Bauwerk der Kirche San Trovaso spielt für diesen Zusammenhang eine entscheidende Rolle, indem es die beiden Teilräume voneinander trennt und nur übereck eine versetzte Verbindung zulässt. Gleichzeitig kann aber der Innenraum der Kirche auch als Verbindung zwischen den beiden Plätzen begriffen werden (1).

Der Kontrast in der Raumerfahrung zwischen beiden Platzteilen ist auffallend: Der seitliche Kirchplatz, der im öffentlichen Raum weitaus stärker präsent erscheint, ist Bestandteil einer von weitem herangeführten Bewegungskurve. Wechselnde Eindrücke werden in einem Spannungsbogen aneinander gereiht, der vor der Kirchenfassade zunächst zu einem Höhepunkt gelangt (3). Übereck verspringend oder über das Kircheninnere fortgesetzt, erreicht die Folge den abseits liegenden eigentlichen Kirchenvorplatz, der sich in statischer Bildhaftigkeit aus der Bewegungsfolge ausklinkt, während der Weg weiterläuft (2).

Der Platzcharakter von Campo San Trovaso spaltet sich also in zwei extreme Formen theatralischer Erfahrung auf: einerseits das Defilieren und das «Sehen-und-gesehen-Werden» in der szenischen Sequenz des großen Bewegungsbogens, der auf der Ostseite vor dem seitlichen Kirchplatz vorbeizieht; andererseits das Eintauchen in ein Bild von suggestiver Kraft und Verfremdung auf dem Vorplatz vor der südlichen Kirchenfront.

This example focuses on two squares linked by a common spatial sequence. The church of San Trovaso plays an important role for the cohesion between these spaces by separating the two squares and linking them only indirectly around a corner at the same time, it can also be read as a link by virtue of its interior (1).

The contrast between the spatial experience on the two squares is striking: the lateral church square, whose presence in the public space seems much more pronounced, is part of a curve of movement originating some distance away. Alternating impressions are strung up in a row along an arc of tension that reaches its peak in front of the church facade (3). Leaping around the corner or continued in the church interior, this sequence finally reaches the actual, but somewhat removed church forecourt, whose static, symbolic quality singles it out from the sequence of movement while the route continues onward (2).

The character of the Campo San Trovaso is thus "split" into two extreme expressions of theatrical experience. On the one hand, a defile through the scenic sequence of the large arc of movement passing by the lateral church square on the east side, and producing an effect of seeing and being seen. On the other hand, the immersion into an image of suggestive power and alienation on the forecourt in front of the south facade of the church.

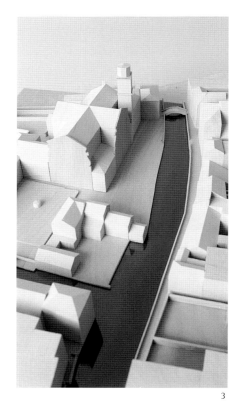

4

5

Szenische Sequenz

Von der Offenheit des Giudecca-Kanals kommend, wird der Weg eng, wie in einer Rinne, zum Platz hin geführt, links die massive Brüstung zum Kanal, rechts die Hauswände (4). Über Gebäudehindernisse hinweg war der gewaltige Bau von San Trovaso schon vorher teilweise zu sehen. Doch nun schält er sich weiter heraus und steigert die Konfrontation mit seiner Masse, doch der breite Kanal und der seitliche Kirchplatz halten ihn auf respektvoller Distanz. Mit einer leichten Biegung führt der Weg jetzt auf seine Seitenfassade zu (5). Angekommen auf der Höhe des Kirchenportals in der hohen Fassade, fordert die breite Abdeckung der Brüstung dazu auf, sich aufzustützen und hinüberzublicken. Mit einer der Palastfassaden im Rücken nimmt man hier die Achse des Querschiffs mit dem Seitenportal von San Trovaso ein. Zum Campo hin führt der Weg in einer Kehre schließlich eng über die Brücke hinweg. Auf deren erhöhtem Podest liegt der Wendepunkt. In kurzem Verharren überblickt man sowohl die zurückgelegte Strecke als auch den nun folgenden Eintritt in den Platz selbst, bevor der Weg zu ihm hinunterführt und dort sein vorläufiges Ende findet (6).

Scenic sequence

Coming from the openness of the Giudecca Canal, the path narrows, like a channel leading to the square: to the left, the massive balustrade on the canal; to the right, the house fronts (4). The massive structure of San Trovaso has been partially visible beyond the obstructing buildings in between for some time. Now it emerges more fully, the confrontation with its mass is increased even further, although the wide canal and the church square on the side preserve a respectful distance. Reaching outward with a gentle curve, the path now turns towards the side facade (5). When we draw up to the church portal in the tall facade, we are compelled to pause: the wide balustrade coping invites us to lean on it and look across. With one of the palace facade at our back, we are in line with the axis that runs from the side aisle to the side portal of San Trovaso. A path leads to the *campo* around a sharp bend and across the narrow bridge. The turning point lies on the peak of the bridge. Pausing briefly, we have a panoramic view of the route we have just taken and the entrance into the square that lies in front of us, before the path takes us down into it and reaches its preliminary destination (6).

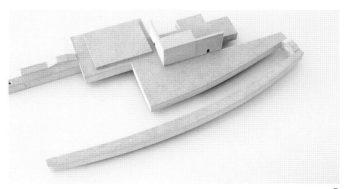

6

7

8

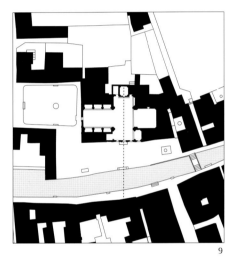

9

Von hier aus wird erkennbar, dass dieser Platzteil für sich alleine keine vollständige Raumfigur besitzt, sondern über den Kanal hinweg der Ergänzung durch das Gegenüber bedarf. Die Kirchenfassade bildet die beherrschende Rückwand (10). Wer in der Achse des Querschiffs durch das Kirchenportal heraustritt, hat einen Auftritt auf dem Platz und kann sich über die axial liegende Treppe im «Raumschatten» der Kirchenfassade zum Wasser hinunterbegeben (9); die hohe Fassade des Palastes liegt gegenüber (11). Auf diesem Platz trifft man sich. Alles, was hier geschieht, bietet sich aber gleichzeitig auch den vorbeiflanierenden Passanten auf der anderen Kanalseite, durch den Wassergraben abgerückt, zur Schau dar. Damit entsteht nicht nur ein vollständig gefasster Raum, sondern auch eine besondere Art von szenischer Beziehung zwischen einem mit einer Rückwand versehenen Platzraum einerseits, auf dem man sich aufhält und gesehen wird, und einer Promenade andererseits, auf der man im großen Bogen vorbeigeht und aus der Distanz hinüberschaut.

At this point, we realize that this section of the square does not have an autonomous spatial figure of its own but requires the space on the far side of the canal as a completion. The church facade provides the dominant backdrop (10). Stepping through the portal on the axis of the side aisle, we step onto the scene of the square and reach the water's edge via the axial stairs that lie in the "spatial shadow" of the church facade (9); the tall facade of the palace lies on the other side (11). This square is a meeting place. Everything that happens on the square is at the same time revealed to the passers-by on the other side of the canal, a spectacle somewhat removed by virtue of the canal trench in between. The result is not only a fully framed space, but also a special kind of scenic relationship between a space in front of a solid rear wall on the one hand, where we linger and are seen, and a promenade on the other hand, on which we pass by in a wide arc and look across from a distance.

10

11

Die Kirche San Trovaso vermittelt zwischen dem Seitenplatz und dem eigentlichen Kirchenvorplatz sowohl durch die Zwiegesichtigkeit des Äußeren mit den nahezu gleichwertigen Fassaden von Haupt- und Seitenfront (12) als auch durch die entsprechend wechselseitige Orientierung der inneren Raumachsen von Haupt- und Querschiff. Den Vorplatz erreicht man, wenn man nach Süden aus der Kirche tritt. Er scheint eher abseitig und von der Stadt her gesehen «hinten» zu liegen.

Betrachtet man den Innenraum der Kirche aber als Verbindung zwischen den beiden Plätzen, ergibt sich ein schlüssiges räumliches Gefüge. So wie der seitliche Vorplatz (11) in der Querschiffachse liegt, besetzt der Hauptkirchplatz (13) (leicht versetzt) die Hochaltarachse. Die beiden Achsenrichtungen wirken annähernd gleichrangig, da auch die im westlichen Querschiff liegende Altarnische (8) so gestaltet ist, dass sie dem Hochaltar (15) nahezu gleichwertig erscheint. Die beschriebene Raumsequenz wird also im Kircheninnenraum durch den inszenierten Richtungswechsel der beiden Altarachsen weitergeführt und schließlich auf dem Kirchenvorplatz als weitere Etappe fortgesetzt (14).

San Trovaso acts as a mediator between the lateral court and the actual church forecourt by means of the ambiguity of the exterior with the nearly equivalent facades of main and side elevation (12) as well as by the corresponding alternating orientation of the internal spatial axes in main and side aisle. The main church forecourt is reached when we leave the church on the south side. It seems somehow remote and as if it were lying "behind" from the city perspective. If one understands the church interior as a link between the two squares, a conclusive spatial configuration emerges. Just as the lateral court (11) lies on the axis of the side aisle (8), so the principal church forecourt (13) (shifted slightly to the side) is aligned with the axis of the high altar (15). The two axial directions seem almost equally important, since the altar niche in the western side aisle is designed to appear almost as significant as the high altar. Thus the spatial sequence described above is continued in the church interior in the staged change in direction between the two altar axes and ultimately continued in yet another phase on the church forecourt (14).

15

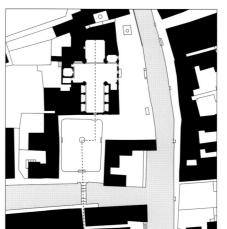

14

12

13

Magisches Bild

Auf dem nun erreichten Kirchenvorplatz wird durch den Sockel der Zisterne eine regelmäßige rechteckige Fläche buchstäblich und symbolisch aus dem Normalniveau herausgehoben. Ihre Figur beherrscht den Platz. Wir sind gewohnt, solche Podeste bei besonderen Anlässen zu benutzen, als Ort einer Kundgebung, als Podium, Altar oder Tanzboden. Weil wir sie als Schauplatz für das aus dem Alltagsleben herausgehobene Ereignis kennen, fühlen wir uns auch hier in eine außergewöhnliche Situation versetzt.

Weitere Komponenten der Platzarchitektur steigern die Aura des Ortes zu bildhafter Prägnanz:
– die zentrische Ordnung der ganzen Anlage infolge der Fokussierung durch die Brunnenumwehrung, das quadratische Belagsornament und die Rahmung der Podestfläche in weißem istrischem Stein, verstärkt durch die plastische Bodenmodellierung der Rinnen und Einläufe; der allseitig umlaufende grabenartige Umgang und die auf allen vier Seiten eingesetzten Stufen als Zugänge.
– An den Seiten, an denen die Randbebauung nicht unterbrochen ist, wirkt die Platzwand einheitlich. Die Dachtraufe läuft auf gleicher Höhe um und setzt sich als Gesims auf der Kirchenfassade fort, deren Obergeschoss wie aufgesetzt wirkt. Die Podestfläche als Platzboden erhält dadurch einerseits eine kräftige Umrahmung. Andererseits löst sie sich durch den tiefer liegenden Umgang von der Platzwand und gerät ins Schweben. Da ihr Rand den Fuß der Fassade verdeckt, ist eine sichere Verbindung von Wand und Boden aus der Distanz nicht erkennbar. Auf

diese Weise wird der Eindruck der «Abgehobenheit» auf dieser Fläche verstärkt.
– Die Platzrandbebauung wirft die meiste Zeit ihren Schatten so, dass er mit einer großen in der Sonne verbleibenden Fläche einen extremen Kontrast bildet und den Platz damit dramatisch aufteilt und atmosphärisch prägt. In diesem Licht wirken die wenigen plastischen Elemente auf der großen leeren Fläche – der Sockelkörper der Zisterne mit seinen Stufen, der regelmäßige Zylinder des Brunnens und daneben die schlicht-kräftige Skulptur der Kanalbrücke – wie eine durchdachte Komposition, die an die magischen Bilder der «pittura metafisica»[1] erinnert. Eine Person, die sich allein auf diesem Tableau befindet, kann sich unversehens in eine unwirkliche Situation versetzt fühlen (16).

Diese Elemente werden in eine erkennbare Ordnung gebracht durch die Längsachse, die aus der Gasse im Süden heraus über die Kanalbrücke und das Podest mit dem Brunnen zum Portal der Kirchenfassade verläuft (17–19). Der gebrochene Verlauf der Achse mindert zwar deren Starrheit und gibt ihr eher den Charakter einer Wegführung, die als Fortsetzung jener dramatischen Sequenz erfahren wird, die sich auf der anderen Seite der Kirche aufbaut. Dennoch ist die Erfahrung, die eine Person macht, welche den Platz alleine betritt oder durchquert, vom starken Kontrast zur Umgebung außerhalb des Platzes bestimmt. Die Wirkung von magischer Bildhaftigkeit hebt diesen Raumabschnitt aus dem gesamten Platzgefüge und dem Wegverlauf heraus. Auch beim zielgerichteten Überqueren kann diese Wegetappe wie eine vorübergehende Verzauberung, eine kurze Verwandlung der eigenen Befindlichkeit erlebt werden.

Magic image

Having reached the church forecourt, the base of the cistern literally and symbolically raises an even, rectangular area above the standard level of the square. Its shape dominates the square. We are used to stepping onto such platforms for special occasions, to make a public announcement, for example, or stepping up to an altar or, in a more secular example, onto a dance floor. Because we recognise such platforms as sites for events that are out of the ordinariness of everyday life, we also feel transported into an extraordinary situation in this case.

Other components of the square architecture give the aura of the site a symbolic quality:

- The centred order of the entire configuration as a result of the focus provided by the well casing, the square ornamentation in the paving and the frame of white, Istrian rock around the platform, emphasized by the plastic modelling of the gullies and culverts; the moat-like surround and the steps that lead up to the well on all four sides.

- On those sides where it is uninterrupted, the development along the edge of the square has a uniform appearance. The eaves height is consistent and is maintained as the cornice of the church facade, whose upper storey appears like an "add-on" as a result. This creates a powerful frame for the platform area as square floor. On the other hand, the platform steps out from the wall of the square because of the sunken surround and seems to float. Since its edge obscures the bottom of the facade, there is no discernable secure link between wall and ground from a distance. This enhances the "separateness" of this area.

- Most of the time the shadows cast by the development around the edge to create a strong contrast to a large, remaining sun-drenched area, creating a dramatic division on the square and a strong atmospheric character. In this light, the few plastic elements on the large empty area – the base of the cistern with its steps, the even cylinder of the well and the plain, powerful shape of the bridge – appear like a well thought out composition reminiscent of the paintings in the "pittura metafisica"[1] style. Caught alone on this tableau, one might well feel transported into a surreal situation (16).

The longitudinal axis, running from the lane to the south across the bridge to the well platform and on to the portal in the church facade, brings a recognizable order into these disparate elements (17–19). The ragged course of the axis somewhat diminishes its solidity and gives it a character that is rather like a path experienced as the continuation of the dramatic sequence which unfolds on the other side of the church. Still, anyone's experience upon entering or crossing the square alone is defined by the strong contrast to the surroundings beyond the square. The effect of having stepped into a magic image lifts this space out of the entire spatial configuration and the course of the route. Even when we traverse the square with a clear destination in mind, this stage along the route can be experienced like a momentary magic spell, a brief transformation of one's own state of being.

17

18

19

Campo
S. Stefano

San Vidal

Campo
San Vidal

Ponte de l'Accademia

Canal Grande

M 1:1000

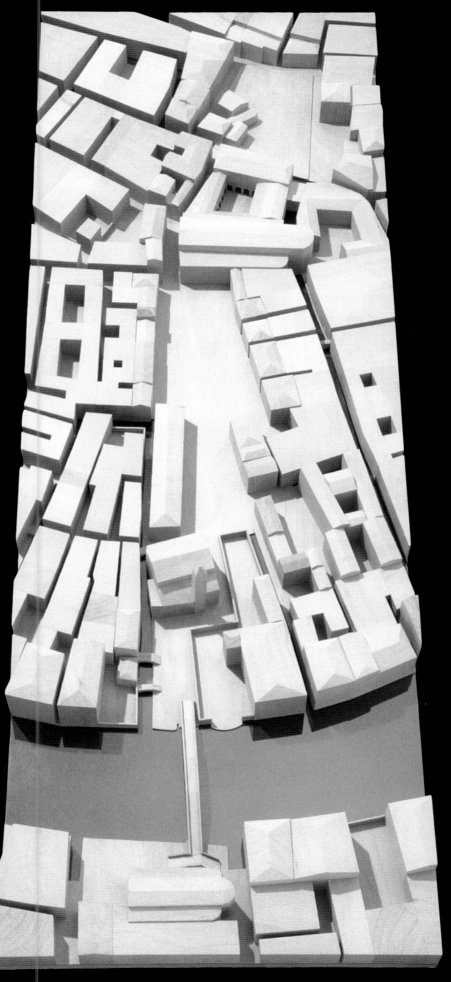

Campo Santo Stefano

Bahnen und Schübe
Route and Thrust

Beim Durchqueren eines Raumes auf einer bestimmten Route kann der Campo Santo Stefano nach einer einfachen Figur klar geordnet erscheinen: Die Bewegung folgt einer Linie, die von der Bebauung als Achse aufgebaut wird, den Wegverlauf eindeutig festlegt und ihm Zwangsläufigkeit verleiht. Die Position und die Blickrichtung, welche die Route dem Passanten vorgibt, unterstützen nur eine einfache Lesart der ganzen Raumfigur.

Und doch gibt sich derselbe Raum in ganz anderer Gestalt zu erkennen, wenn er aus einer anderen Perspektive erlebt wird: Die strenge Ordnung, die klare Figur lösen sich bereits bei kleinen Abweichungen von der Route auf. Anstelle eines starren Schemas erscheint das räumliche Thema nun auf vielfältige Weise variiert und durchgearbeitet, es offenbart einen zuvor nicht erwarteten Reichtum an unterschiedlichen und einander überlagernden Bewegungs- und Deutungsmöglichkeiten. Die eben noch beobachtete Ordnung dient dann nur noch dazu, die nunmehr befreiten Bewegungsformen und abweichenden Richtungen zusammenzuhalten. Die zentrale Wegbahn erweist sich als Leitmotiv eines komplexeren Bewegungsgefüges.

When traversing a space on a specific route, it may seem to follow a simple order: the movement follows a line, marked as an axis by the surrounding buildings; it defines a clear route that seems compulsory. The position and visual direction, which the route imposes on the pedestrian, allow only *one* straightforward interpretation of the entire figure.

From a different perspective, however, the same space presents an entirely different image: the rigorous order, the clear figure dissolve as soon as we deviate from the given route, no matter how slightly. Instead of a rigid scheme, the spatial theme now appears to be varied and elaborated; it reveals an unexpected abundance of different, partially overlapping routes and potential interpretations. The order observed on the previous occasion now serves only to provide an element of cohesion for the liberated movements and diverging directions. The central route turns out to be the leitmotif for a more complex set of movements.

1

Der Campo Santo Stefano ist ein Platz der Achsen, der Bahnen und der Spuren. Beim ersten Durchqueren zeichnet eine Hauptbewegungsbahn den Weg vor, nämlich die Verbindung zwischen den Platzzugängen im Norden und Süden (1, 2). Alles scheint dieser schematischen Achse zu folgen:

Von Süden her kommend, empfinden wir den Platz lang gestreckt (3). Die gestaffelte Aufeinanderfolge von Trichterformen lässt ihn an der Engstelle der Trichter im Verhältnis zu seiner Länge besonders schmal erscheinen und täuscht zudem infolge der sich verengenden Trichterwände einen tieferen Raum vor.

Über einen lang gezogenen Weg werden wir in die Tiefe dieses Raumes geführt, die gestaffelten Raumabschnitte durchlaufend, die sich entlang der Mittelachse aufreihen, und zuletzt in den engen Schlund eingesaugt, der sich vor der Kirchenfront von Santo Stefano auftut.

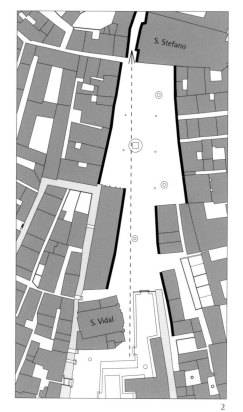

2

The Campo Santo Stefano is a town square of axes, routes and tracks. A principal route sets the course when we cross the square for the first time, linking the north and south entrances to the square (1, 2). All other aspects seem to adhere to this schematic axis:

Coming from the south, the square seems elongated (3). The staggered series of funnel-like shapes makes it appear especially narrow in relation to its length and creates an illusion of greater depth.

An elongated route leads us into the depth of this space, passing through the staggered series of spaces that are lined up along the centre axis and finally swallowed up by in the narrow mouth, which opens up in front of the church facade of Santo Stefano.

3

4

Nähert man sich von Norden her, werden die Trichter von der anderen Seite gesehen, weshalb der Platz dann gestaucht erscheint (6). Die Längsbewegung folgt der zentralen Achse, die von dem Denkmal markiert und von symmetrischen Elementen begleitet wird (5): den zweifach gespreizten Flanken, den beiden markanten Gebäuden, welche die Schultern des weiten Trichters bilden und Eckpfosten gleich den hinteren Raumabschnitt rahmen. Der südliche Platzteil wirkt von hier gesehen wie eine axial gelegene tiefe Nische, wie der Kopf des Platzes. Deutet man die symmetrische Gesamtanlage des Campo nach dem figurativen Muster von Rumpf mit Haupt und Schultern, in das wir uns leiblich hineinversetzen können, dann erhält die Längsbewegung in dieser Richtung den Charakter eines allmählichen Aufstiegs nach vorne hin (4).

Obwohl die beschriebene Axialität nicht starr durchgehalten wird und Asymmetrien der Kontur und Achsversprünge Bewegung in das Schema bringen und bereits eine komplexere Ordnung andeuten, bestimmen Längsachse und lineare Staffelung in beiden Richtungen Raumgestalt und Bewegung auf dem Platz, solange man der zentralen Bahn folgt.

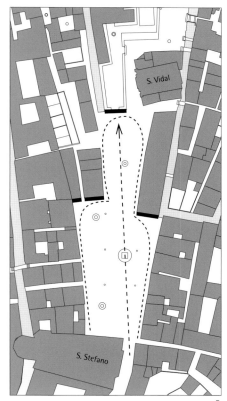

5

6

From the north, we see the funnel-shaped spaces from the other direction, which gives the square a foreshortened look (6). The longitudinal movement follows the centre axis, which is marked by the monument and accompanied by a series of symmetrical elements (5): the double-stayed flanks, the two distinct buildings that form the shoulder section of the wide funnel and frame the space behind it like corner posts. From this vantage point the southern section of the square appears like a deep niche set into the axis, like the head of the square. Were one to interpret the symmetrical composition of the *campo* based on a figurative model of torso with head and shoulders – a model we can easily relate to the longitudinal movement in this direction would feel like the gradual, forward ascent (44).

Although the described axial scheme is partially modified and asymmetries in the contour and axial shifts bring movement into the scheme, alluding to a more complex order, the longitudinal axis and linear arrangement in both directions define the shape of the square and the movement on it, while one is following the central route.

111

Klinkt man sich aber aus dieser zentralen Bahn aus, der die meisten Passanten folgen, wird erkennbar, dass das Thema der Längsbewegung auf diesem Platz durchaus nicht so schematisch erfahren werden muss, wie es zunächst scheint, sondern unterschiedlich und vielfältig erlebt werden kann, je nach Ort und Blickwinkel, den der Betrachter einnimmt – so als sei neben dem Hauptthema eine Vielzahl von Varianten angelegt worden.

Verlässt man also die gängige zentrale Route (ohne gleich blind dem abzweigenden Touristenstrom zum Markusplatz zu folgen), gerät man sofort in eine von verschiedenen anderen parallelen Raumbahnen, die zwar alle noch mehr oder weniger dieselbe Richtung haben, aber andere Bedingungen für Bewegung und Raumerfahrung bieten. Diese Raumbahnen begleiten die zentrale Hauptbewegungsbahn abschnittsweise wie eine Anzahl von alternativen parallelen Spuren, durch Fugen voneinander getrennt, welche in anscheinend grundlose Tiefe führen (7). Die Raumbahnen würden sich jederzeit zum Spurwechsel anbieten, wenn der Zwang der Mittelachse nicht so groß wäre. Keine von ihnen verläuft jedoch über die ganze Platzlänge. Sie setzen ein oder brechen ab, indem sie sich in ihrer Längsbewegung mit Zügen von Gebäudemassen gleicher Breite abwechseln. Die Stirnflächen in der Berührungsebene scheinen sich in Bahnrichtung mehr oder weniger deutlich vorzuschieben und differenzieren mit dieser Schubdynamik die Längsbewegung der gesamten Platzstruktur (8–10).

However, as soon as we leave this central route, followed by most passers-by, we realize that the theme of lengthwise movement need not be as mechanical an experience as one might think. It can be experienced in a variety of different ways, depending on the observer's position and angle – as if a multitude of variations has been created in addition to the principal theme.

When we leave this central route, however, (without allowing ourselves to be carried along blindly by the main stream of tourists in the direction of the Piazza San Marco), we immediately enter one of several other parallel spatial routes, which, although they follow more or less the same direction, offer other conditions for movement and experience of the space. These routes accompany the central route in some sections like a series of alternative parallel tracks, separated from one another by furrows that appear to lead into a seemingly infinite depth (7). We might change tracks at any time were it not for the overpowering force of the centre axis. Yet, none of these alternative routes reaches across the entire length of the square. They set out and break off by alternating in the longitudinal direction with rows of building volumes that are as wide as the routes. At these junctions, the fronts seem to push forward more or less clearly, the dynamic of their thrust differentiating the longitudinal movement of the entire square construct (8–10).

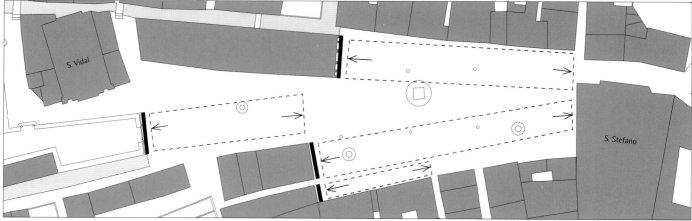

7

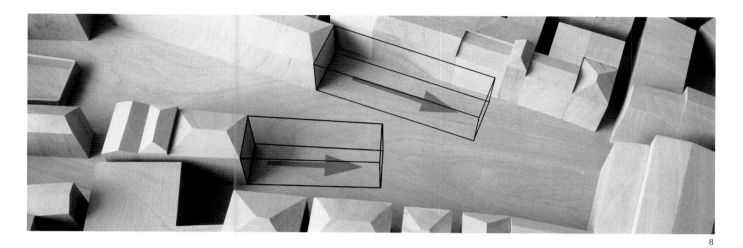

8

9

10

113

11   12   13   14

In jeder dieser Bahnen bewegt man sich anders, die Befindlichkeit ist verschieden. Jede Bewegung legt eine besondere Haltung nahe oder wird durch eine charakteristische Sicht geprägt. Einmal wird die Geschwindigkeit verändert, dann wieder die Richtung leicht geschwenkt.

Maßgeblich für diese Wechsel sind neben Lage und Länge der Bahnabschnitte vor allem die Ziel- oder Stirnwände der Bahnen, indem sie der Bewegung Widerstand bieten oder ihr entgegenkommen. Gleichzeitig bilden sie Blick- und Bewegungsziele während des Gehens auf der Bahn und Orte des Ankommens an ihrem Ende (11–14).

Wer aus dem touristischen Getriebe des durchströmenden Verkehrs heraustritt, kann also urplötzlich in ein ruhiges Gleiten geraten und zum Hinschreiten auf ein Ziel veranlasst werden, sei es ein Portal oder eine reich gegliederte Fassade. Die Ausgrenzung einer einzelnen Wegbahn, von einer geschlossenen Flanke begleitet und auf ein prägnantes Ziel gerichtet, kann zum Mittel der bewussten Hinführung werden oder das Auf- und Abgehen nahe legen.

In each of these routes we move differently, our sense of being in the space is different. Each movement suggests a particular attitude or is characterized by a unique view. Here, the tempo changes, there, the direction veers off slightly.

In addition to the location and length of each sectional route, these changes are determined above all by the end or face walls of the routes, in that they either resist or yield to the movement. At the same time they provide visual and directional targets as one walks along the route and points of arrival at the end of each route (11–14).

All we need to do is to leave the hubbub of passing tourists behind to find ourselves engaged on a tranquil course and in pursuit of a specific goal, be it a portal or an elaborate facade. Choosing a single route accompanied by a closed flank and oriented towards a specific goal can become a means of deliberate approach or may simply invite us to strolling back and forth.

Die Richtungstendenzen der beiden Kirchenbauten bringen noch eine andere Bewegung ins Spiel. Die Front von San Vidal scheint sich gegen die vorherrschende Längsrichtung der Bewegungsbahnen quer in den Raum hereinzudrehen (15). Die Kirche Santo Stefano baut sich mit der Front in der Gegenrichtung auf. Beide Schübe können als Komponenten einer Drehung des ganzen Raumgefüges gesehen werden, die über einen Punkt etwa in der Platzmitte zentriert wird (16).

Das bewegte Gefüge von Längs- und Querschüben, Zügen und Bahnen bleibt durch das anfangs beobachtete Motiv der axialen Symmetrie und der Zentrierung beherrscht, das erlaubt, den Campo bei aller Vielgliedrigkeit auch als einfach lesbare Raumfigur zu begreifen (17).

The directional forces of the two churches introduce yet another movement. The front of San Vidal seems to rotate into the space crosswise to the dominant longitudinal direction of the routes (15), while the front of Santo Stefano establishes a presence in the opposite direction. Both directional forces can be read as components in a rotation of the entire spatial construct, centred above a point that is roughly in the middle of the square (16).

The lively composition longitudinal and horizontal thrusts, tensions and routes is always dominated by the motif of axial symmetry and centring, described at the outset, which allows for a reading of the square as a simple three-dimensional figure despite its many parts (17).

15

16

17

M 1:1000

Ruga dei Oresi

Erberia

Campo
S. Giacometto

Campo de
la Corderia

Ruga dei Spezieri

Campo de
la Pescaria

Campo de
le Beccarie

Rialto

Das Gewebe
The Fabric

Ein Gewebe besteht aus mannigfach aufeinander bezogenen und verweisenden Teilen, von denen jedes wesenhaft am Aufbau des Ganzen beteiligt ist. Jedes einzelne Moment eines solchen Zusammenhanges gewinnt seine Bedeutung daher aufgrund der Relation zu allen anderen Momenten des Gewebes wie zu dem Ganzen selbst. Umgekehrt prägt die Beschaffenheit des jeweils einzelnen Gliedes die Eigenschaften der anderen Glieder wie deren Gesamtheit. Man wird an die Leibniz'sche Monade erinnert, welche bedeutungs- und sinnkonstituierend diejenige Welt gestaltet, aus welcher sie die eigene Relevanz erst erhält.[5] Keines der Teile ist, unabhängig von den anderen, für sich bedeutend. Ein etwaiger Sinn erklärt sich aus dem Zusammenhang. In der Regel besitzen Gewebe hierarchische Ordnungen, d.h. bevorzugte Relationen, und erleichtern Informationsaustausch zwischen bestimmten Gliedern.

Das Gewebe produziert eine Vielfalt von Geschichten. Die relationale Abhängigkeit der einzelnen Glieder variiert den zugrunde liegenden Stoff je nach Augenmerk und eingenommener Perspektive des Betrachters. Eine Vielfalt von Geschichten setzt aber vielfältige Möglichkeiten voraus, einen Stoff oder aber – im Falle der Architektur – eine räumliche Situation zu bespielen. In diesem Sinne erlauben die komplexen städtebaulichen Verknüpfungen und Übergänge im Bereich des Rialto verschiedenste Weisen des Bespielens von architektonischem Raum, der durch das konkrete Verhalten – vor Ort – immer wieder aktualisiert werden muss. Dennoch lassen sich Muster aufzeigen, die wie rote Fäden jede Geschichte des Gewebes begleiten. Sie entstehen in den einzelnen Teilen des Ganzen, aber auch durch deren strukturale Verknüpfung untereinander. Dadurch ergeben sich Hierarchien, Anhaltspunkte für das Bespielen des Raumes sowie Angaben für das Verhalten vor Ort.

A fabric consists of a variety of interconnected, interdependent parts, each of which contributes in an essential way to the composition of the whole. Each individual component in this context therefore derives its meaning in relation to all other elements of the fabric as well as in relation to the whole. Conversely, the composition of each individual component influences the properties of the other components as well as their totality. We are reminded of Leibniz's monad, which forms its world by giving it meaning and significance and only thus obtains its relevance.[5] None of the parts has meaning on its own, independent of the others. Whatever meaning there may be is explained on the basis of the context. Fabrics generally have hierarchical orders, that is, preferential relationships and a facilitated information exchange between certain components.

The fabric tells a multitude of stories. The interdependence of the individual components creates variety in the underlying material depending on the observer's perceptive awareness and perspective. But a multitude of stories presumes a multitude of possible ways of playing to a material or – in the case of architecture – a spatial situation. In this sense, the complex urban ties and transitions in the area around the Rialto allow for diverse approaches of playing to an architectural space that must be constantly re-activated through concrete behaviour on site.

Still, there are patterns that run like a red thread through each story contained in the fabric. They emerge out of the individual components of the whole, but also out of their structural ties to each other. As a result, there are hierarchies, points of reference for playing to the space and instructions for the behaviour on site.

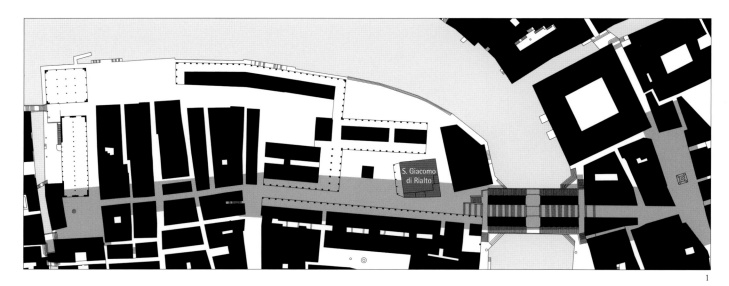

1

Das Rückgrat

Ein Leitfaden des Gewebes ist eine zwischen zwei Endpunkten eingespannte, lineare Folge von Raumbereichen, welche die Plätze um die Rialtobrücke wie ein Rückgrat zusammenhält (1). Das Gehen entlang dieses Rückgrats aktualisiert die vorherrschenden Motive.

Ausgehend von einem quer liegenden Endpunkt, dem Campo San Bartolomeo, öffnet sich ein schmaler Gang hin zur Rialtobrücke (2, 3). Bis zu deren oberster Plattform behält der Weg in etwa seine anfängliche Breite. Ein erstes Motiv lässt sich unmittelbar ablesen: die begleitende Fassung durch die Gebäude auf beiden Seiten des Weges, welche den Gang bis zum anderen Ende des Rückgrates variierend begleiten wird.

The spine

One "red thread" in the fabric is a linear series of spaces stretched between two termination points that fortify the squares around the Rialto Bridge like a spine (1). The act of walking along this spine activates the dominant motifs.

From the Campo San Bartolomeo, a narrow path opens towards the Rialto Bridge (2, 3). Until it reaches the uppermost platform of the bridge, the path maintains its original width. A first motif is immediately apparent: the accompanying border on both sides of the path, which, as we shall see, continues to accompany it to the end of the spine.

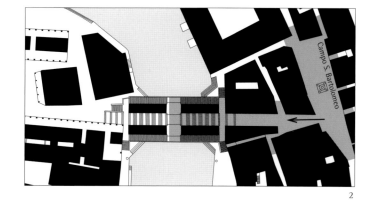

3

Die Stufen der Brücke rhythmisieren zwangsläufig das Gehen. Das Links-rechts des Steigens wird begleitet von den zu beiden Seiten aufsteigenden Buden der Rialtobrücke, welche die lineare Bewegung dazwischen wie in einem Kanal ausrichten (4–6).

Auf dem Scheitel angekommen, lassen die Buden eine Lücke. Dort verhält der Schritt, aufgrund der jetzt quer zur Gehrichtung sich öffnenden Aussicht auf den Canal Grande. Durch die «Torbögen» hindurch lässt sich dessen Erstrecktheit in die Tiefe des Raumes spüren (6–8).

The steps leading up to the bridge set the rhythm for walking. The left/right pattern of ascending the steps is accompanied on both sides by the ascending stalls on the Rialto Bridge, transforming the linear movement between the stalls as if it were water flowing between the embankments of a canal (4-6).

As we reach the crest, the stalls open into a gap. We automatically slow down as the vista onto the Canal Grande opens up to the left and right of the path. Seen through the "arched gates", we gain a sense of the reach of the canal (6-8).

4

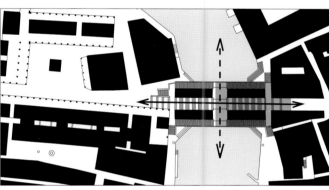

5

7

6

8

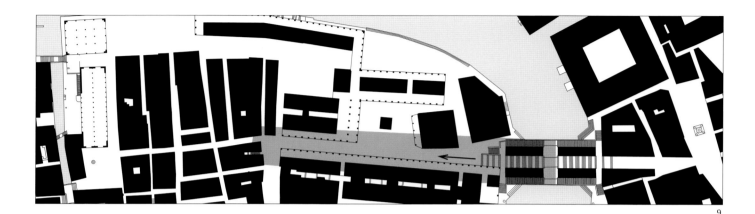

Vom Scheitel der Brücke aus taucht man am Ende eines langen, tiefen Schlitzes langsam wieder in die Häusermasse ein. Das gelassene Abwärtsschreiten wird erneut von dem Rechts-links-Tritt auf den Treppenstufen und den flankierenden Buden bestimmt, welche am Fuße der Treppe von Loggien abgelöst werden, die dann weit in die Tiefe fortlaufen (9–11).

Von der Brücke aus kann der Rhythmus der Säulen bereits mit dem Blick vorweggenommen werden. Das Entlangschreiten im Raum aktualisiert schließlich den gleichmäßig wiederkehrenden Takt der mit dem Gehen fortlaufenden Joche.

From the crest of the bridge, we gradually dive into the mass of buildings visible at the end of a long, deep furrow. The relaxed descent on the bridge is once again determined by the right/left pattern of walking down the steps and the stalls that flank the path on either side. At the foot of the stairs, the stalls are replaced by loggias, which continue far into the distance (9–11).

From the bridge, one can already see the rhythm of the columns. Walking through the space finally activates the even, repetitive beat of the continuous bays.

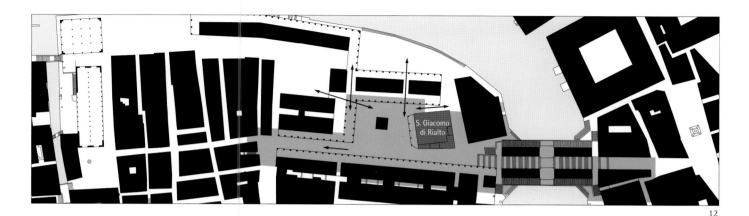

Durch die körperhaft-skulpturale Wirkung «stört» die Über-eck-Position des (heller markierten) Gebäudes, der Kirche von San Giacomo di Rialto, die eindimensionale Führung der Wegbahn und verzögert dadurch den Gang entlang der Säulenreihe, indem der zunächst nach vorne gerichtete Raumkanal um die vorstehende Kante herum in die Tiefe umgebogen wird und damit eine «Ausbeulung» zur Seite er-hält. Als Reaktion darauf wird der Takt der Säulenreihe um das Volumen des Körpers herum in die Fläche des kleinen Platzes gedreht (12-14).

Nachdem der Raumfluss an dieser Aufweitung zum Stocken kam, werden andere Richtungen möglich: über den Platz hinweg und durch die umfassenden Loggienbauten hin-durch zu den umliegenden Plätzen, den anderen Knoten-punkten des Gewebes (12).

Because of its three-dimensional, sculptural effect, the corner position of the (brightly marked) building, the church of San Giacomo di Rialto, acts as an "irritant" in the one-dimensional route of the path, thereby delaying our progress along the row of columns. This is due to the fact that the space around the canal, which is oriented forward to begin with, bends around the projecting corner and "bulges" outward. In response, the rhythm of the row of columns is diverted around the building and into the small town-square (12-14).

Once the spatial flow has been brought up short at this widen-ing, we have the option to move on in other directions: across the square and through the surrounding loggia buildings into the adjoining squares, the other links in the fabric (12).

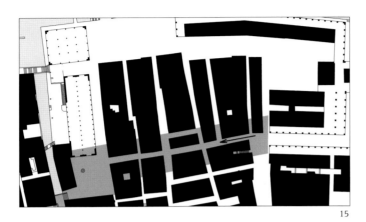

15

16

Das beschriebene Auseinanderlaufen der Säulenreihen teilt das Leitmotiv des Rückgrats. Dadurch vervielfachen sich die durch das Verhalten im Raum möglichen Geschichten.

Einerseits kann der Gang entlang der Wegbahn bis zum Endpunkt, einer nahezu quadratisch in sich ruhenden Platzerweiterung, fortgesetzt werden (15, 16). Dazwischen ermöglicht eine Art Kammstruktur immer wieder den Blick zur Seite. Dominierend bleibt jedoch die Führung der Wegbahn, der zwischen beiden Endpunkten spannende rote Faden.

Andererseits verselbständigt sich durch das Auseinanderlaufen der Loggien das architektonische Element der Säulenreihen zu einem weiteren, das Gewebe durchziehenden eigenständigen Motiv, das an mehreren Punkten in Variationen wiederkehrt. Dadurch entsteht ein zweites, die einzelnen Momente zusammenfassendes Thema, ein weiterer roter Faden, der eine zusammenhängende Erfahrung der mannigfach miteinander verwobenen Räume vor Ort ermöglicht (17).

The divergence of the rows of columns described above echoes the leitmotif of the spine. This exponentially increases the number of stories "told" by the behaviour of the passer-by.

On the one hand, we can follow the route to its end, a nearly square, autonomous and tranquil widening of the lane, which feels almost like a *campo*.
In between, a comb-like structure repeatedly opens up a lateral view. Still, the course of the path remains dominant; it is the red thread stretched between the two end points (15, 16).
On the other, as the loggias diverge, the architectural element of the rows of columns emerges as yet another autonomous motif that permeates the fabric, recurring at several points in varying expressions. This creates a second theme that provides cohesion for the individual moments, another red thread that makes a coherent experience of the multipartite, interwoven space possible (17).

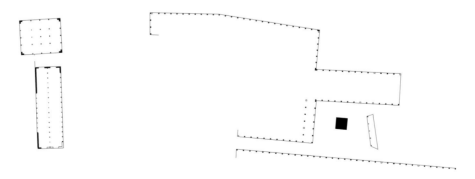

17

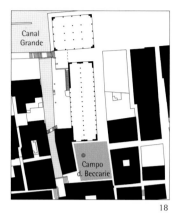
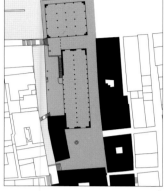

18

19

20

Pulsieren

Am Endpunkt der geraden Wegbahn angekommen, stößt man auf eine Variation des Themas der Säulenreihen.

Zunächst aber erscheint der kleine Campo de le Beccarie als eine in sich ruhende, quadratische Aufweitung der Wegbahn, welche auch auf dem Platz zu allen Seiten relativ einheitlich von Hauswänden abgeschlossen wird (18, 20). Durch die Verschiebung der Perspektive beim Durchqueren des Campo erweitern zwei große Portalöffnungen einer Fassadenwand den Campo jedoch in die Tiefe hinein (21). Die Raumbereiche beginnen dadurch zu pulsieren, denn zum einen ruht die nahezu quadratische Fläche des Campo zwischen den Hauswänden (18). Zugleich aber erstreckt sich durch die Portalwand hindurch eine zusammenhängende Raumzone über einen ersten, lang gestreckten und einen zweiten, etwas quer liegenden Hallenbau hinweg bis ans Ufer des Canal Grande (19-22). Je nach Standpunkt weiten und verengen sich die Raumzonen.

Pulsating

Reaching the end point, we come across a variation of the theme of column rows.

At first, however, the small Campo de le Beccarie appears to be no more than an independent widening of the path, surrounded even on the town-square itself by walls on all sides (18, 20). As the perspective shifts in traversing the *campo*, two large portals in a facade extend the *campo* into the depth (21). Suddenly the various areas of the space seem to pulsate: on the one hand, the nearly square *campo* is surrounded by walls (18); but it also extends through the portals into a contiguous zone passing first through a longitudinal and then through a transverse hall all the way to the shore of the Canal Grande. Depending on one's position, the spatial zones widen or diminish (19-22).

21

22

Der auf dem Campo beobachtete Wechsel von offen und geschlossen setzt sich in und neben den Hallen fort (23, 24). Deren halb offene bzw. halb geschlossene Gebäudehülle, die in hohem Maße sichtdurchlässig und von allen Seiten betretbar ist, lässt die Gewissheit schwanken, ob man sich im Gebäude befindet oder nicht zugleich auch außerhalb. Der Raum beginnt daher erneut zu pulsieren: Zum einen zieht er sich auf das Hallenvolumen zurück, zum anderen läuft er über die seitlichen Grenzen hinweg bis zu den daneben liegenden Häuserfassaden oder dem Kanal fort (25–27).

The alternating shift between open and closed, which we have noted on the *campo*, continues next to and inside the halls (23, 24). The half-open/half-closed envelope of the building, highly transparent and accessible on all sides, makes one feel quite uncertain as to whether we are in the building, or somehow simultaneously outside. The space begins to pulsate anew: on the one hand, it retreats to the hall volume, while on the other, it flows beyond the lateral boundaries towards the facades on the sides or in the direction of the canal (25-27).

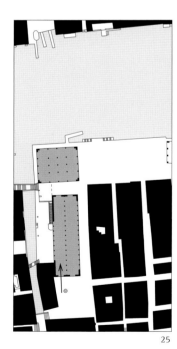

Entsprechend werden die Bereiche zwischen den Hallen und den Gebäuden erlebt. Außen- und Innenraum bleiben zwei getrennte Bereiche oder laufen ineinander, je nachdem welcher Eindruck vorherrscht (25, 27): sich draußen, im Freien, zu befinden (28) oder aber in einem großen, von den Gebäudefassaden gefassten Raumabschnitt, der durch die Hallengebäude lediglich eine untergeordnete Binnenstruktur erhält (27, 29).

This influences how we experience the areas between the halls and the buildings. Exterior and interior remain two separate zones or merge into one, depending on which impression is dominant at any given moment (25, 27): the sense of being outside (28) in the open air or in a large space contained within the facades of the surrounding buildings, a space that is merely subdivided into a secondary internal structure by the halls (27, 29).

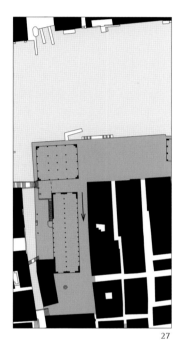

27

28

29

Die Bühnen

Wo die Gebäude größeren Abstand zum Canal Grande lassen, dort entstehen zum Wasser orientierte Freiräume, die wie eine Theaterbühne das Geschehen in Richtung des Zuschauerraumes – hier des Kanales mit den vorbeifahrenden Booten – freigeben (30, 31). Die Exponiertheit und das Beobachtet-Werden erhöhen die Intensität der Raum- sowie der eigenen Körperwahrnehmung. Wo die Arkadenreihen den Hintergrund bilden, verstärkt die antikisierende Kulisse den inszenatorischen Charakter dieser «Bühnen» (32-34).

The stages

Where the buildings recede to a greater distance from the Canal Grande, open areas on the water offer a view of the action in the manner of a theatre stage in the direction of the theatre auditorium – here, the canal and the boat traffic on it (30, 31). The sense of seeing and being seen intensifies the awareness of the space and our awareness of our own bodies. Where the arcades form the backdrop – imitating classical forms – it emphasizes the scenic character of these "stages" even more (32-34).

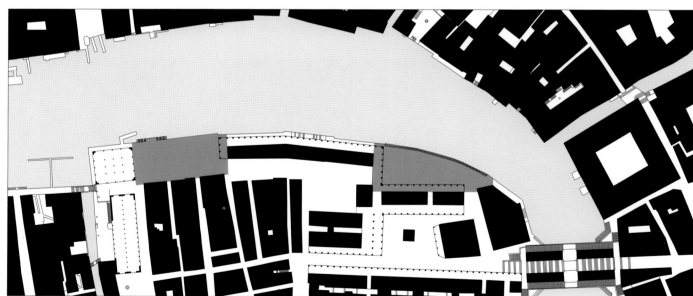

32

33

34

Strada Nova

Santi
Apostoli

Campo
Santi Apostoli ◎

Canal Grande

M 1:1000

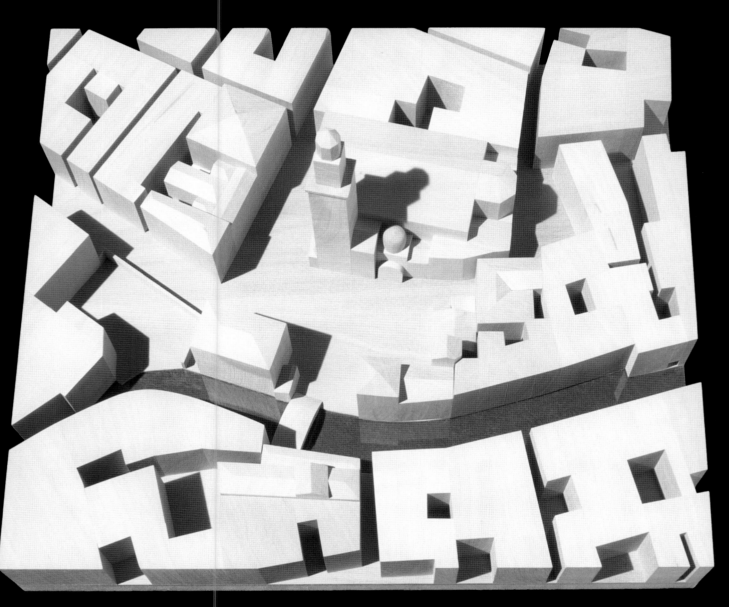

Campo Santi Apostoli

Stelle und Gelenk
Position and Hinge

Um eine bestimmte Stelle als besetzten Ort zu markieren, musste der Mensch in den Anfängen der Zivilisation zunächst nur einen Stock in die Erde stecken. Die vertikale Markierung in Gestalt einer Aufrichtung, eines Pfostens etwa, gehört zu den archaischen Wurzeln der Raumbildung. Auf diese Weise bekommt der Raum, der sich an der markierten Stelle um dieses vertikale Element als Fokus kristallisiert, vor allem den Charakter einer beherrschten Gegend. Seine Qualitäten ergeben sich konkret aus der Zu- oder Abwendung, aus der Nähe oder Distanz zu der markierten Stelle und durch die Art, in der Menschen als aufgerichtete Körperwesen mit dem aufgerichteten Objekt konfrontiert werden oder sich an ihm orientieren.

Wenn eine solche Stelle der geometrische Ort ist, von dem Richtungen ausgehen, an dem sich Linien schneiden und Flächen überlappen, dann übernimmt sie die Aufgabe eines Gelenks: Wege treffen zusammen, Raumbahnen werden umgelenkt, Teilräume greifen ineinander und nehmen hier ihren Anfang.

All that was needed at the dawn of civilization to mark a particular position as an occupied location was a simple stick in the ground. Using an upright, such as a post, as a vertical marker is a gesture of plotting space that has archaic roots. It gives the space concentrated at the marked place around the central focus, which this vertical element provides, the character of a dominated area. The qualities of the space are the direct outcome of turning towards or away from the marked position, of the nearness to or distance from the marker and the manner in which people, also upright in posture, are confronted by the installed object or orient themselves in relation to it.

When this type of position is a geometric locus from which various directions radiate, at which lines intersect or areas overlap, it assumes the role of a hinge: paths converge, spatial corridors diverge, subspaces intermesh and depart from this point.

Der Campo Santi Apostoli ist der Platz am Fuß eines hohen Turms, des Campanile der gleichnamigen Kirche. Da im Verhältnis zu ihm die horizontale Erstreckung der unmittelbar angelagerten Räume ausgesprochen gering ist, werden diese mehr als an jedem anderen Platz von der Vertikalität des Campanile beherrscht. Zum Aufragen des Turms kommt das Auf und Ab der Niveauwechsel bei der Durchquerung des Platzes. Alle Elemente, die das Oben und Unten thematisieren, werden durch die dem Hauptweg folgende Nord-Süd-Achse aufgereiht und auf die Stelle hin geordnet, an der der Turm aufragt: von der gegenüberliegenden Palastfassade über die Brücke und die Stufen zum Kanal, zwischen den torartig flankierenden hohen Gebäuden hindurch bis zum Turm selbst (2).

The Campo Santi Apostoli is the town square at the foot of a tall tower, the campanile of the church of the same name. Since the horizontal reach of the immediately adjacent spaces is decidedly small in relation to the height of the tower, they are dominated in this campo more than in any other by the verticality of the campanile. In addition to the upward thrust of the tower, there is the rise and fall of the grade as we traverse the square. All elements relating to the top/bottom theme are strung along the north-south axis of the main path and oriented towards the point at which the tower rises: from the palace facade on the opposite side across the bridge, i.e. the steps to the canal, between the tall buildings that flank either side much like a portal, all the way to the tower itself (2).

Stelle

Am Fuße des Campanile liegt die Stelle, an der sich unterschiedliche Teilräume und zusammentreffende Raumbahnen berühren und überlagern: An diesen zentralen Punkt grenzt der mittig liegende Vorplatz, den man von der Brücke her zuerst betritt, und teilt sich nach zwei Seiten auf (4, 5). Hier ragt der Kirchenvorplatz von Norden hinein, der axial auf das symmetrische Kopfgebäude im Süden zuläuft und sich mit der Raumbahn der Strada Nova, die an derselben Stelle von Westen einbiegt, im Winkel überschneidet (6, 7).

Die ruhige Raumtasche mit Sitzbänken im Osten lappt ebenfalls mit einer Ecke hinein und erhält ihren Anteil an Aktivität (8-9).

Umgekehrt nehmen an dieser Stelle die Räume aber auch ihren Anfang und streben wieder vom Zentrum weg.

Das Zentrum nahe beim Turm bleibt als Raum dabei am ehesten vage und mehrdeutig – offen für das Eintreffen der Richtungen und ihre Vermittlung. Der Turm wiederum besetzt die Stelle als zentralen Ort – wie eine Nabe, welche die auseinander strebenden Teile miteinander verbindet. Diese fokussierende Funktion teilt sich auch dem Standort mit, den der Platzbenutzer an dieser Stelle einnimmt. Eine typische Erfahrung, die man an diesem Ort macht, ist daher die Teilhabe an einem Richtungsstreit, in dem die Vertikalität eines aufgerichteten Feldzeichens den Sammelpunkt markiert.

2

1

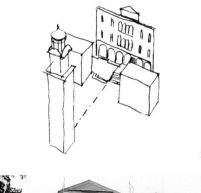

3

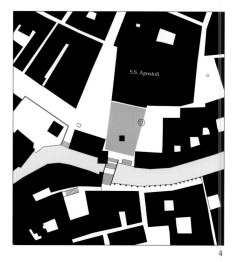

4

5

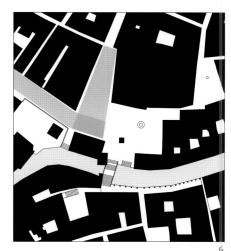

6

7

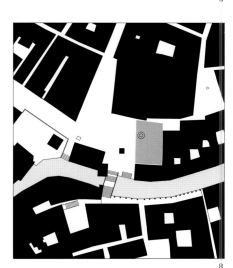

8

9

Position

The position at which different sub-spaces and converging spatial corridors touch and overlap lies at the foot of the *campanile*. This is where the centrally placed forecourt adjoins the square. It is the first area one steps into from the bridge and is then divided into two sides (4, 5). This is where the church forecourt – aligned with the symmetrical head building to the south and crossing the spatial corridor of the Strada Nova, which enters the square at the same point from the west, at an angle – extends into the space from the north (6, 7). The tranquil pocket with benches on the east side also projects one corner into these spaces, absorbing some of the activity (8, 9).

But this is also the point at which these space originate and where they radiate away from the centre.

As a space, the centre itself near the tower is rather vague and ambiguous: open to incoming directions and mediating between them. The tower, in turn, identifies the position as a central location, like a hub that links the diverging parts. This focusing function is also palpable to the observer at this position. A common experience at this location is therefore a sense of competing directions, in which the verticality of an erected field symbol marks the gathering point.

Aufrichtung und Abstieg

Die vorherrschende Wirkung auf dem ganzen Platz ist Aufrichtung. Sie stellt für jeden Besucher beim Eintritt in den Platzraum eine Überraschung dar, denn bei der Annäherung von den meisten Seiten ist der hohe Campanile zunächst nicht sichtbar und zeigt sich beim Eintritt in den Platz daher recht unvermittelt.

10

11

Besonders inszeniert erscheint dieser Aufrichtungsvorgang bei der Annäherung von Süden. Aus dieser Richtung wird schon vor Erreichen des Platzes der Turm in der Gassenflucht über den Häusern sichtbar und lenkt den Blick nach oben (10). Noch unmittelbar vor der Ankunft wird der Platz durch Hauskanten verstellt, während die Wegführung eine Passage durch den Arkadengang verlangt. (11). Durch das Wasser des Kanals vom Campo getrennt, bildet er eine Platzwand auf Distanz, die das Erreichen des Platzes selbst zunächst durch unterschiedliche Bilder ersetzt, gerahmt durch die einzelnen Arkadenöffnungen. (13–15). Das Niveau der Arkaden liegt unterhalb des Platzbodens. Gewissermaßen von unten blickt man zum Platz hinauf. Die obere Hälfte des Turms bleibt von hier aus zumeist verdeckt. Erst wenn man, von unten kommend, die Stufen der Brücke hinaufsteigt, ragt der Campanile in voller Höhe auf. Man steigt nun, selber aufgerichtet, mit den Stufen gleichsam zu ihm hinauf (13). Oben angekommen, liegt der Platz mit dem Turmfuß in der Tiefe und verlangt nun den Abstieg (12).

Ascent and Descent

The predominant sense on the entire square is one of "ascent". It comes as a surprise to all who enter the space of the square, for the *campanile* is invisible in the approach to the square from most directions and its "ascending" force is suddenly revealed for the first time.

This process of ascent is especially dramatic in the approach from the south. Here the tower is already visible above the rooftops in the narrow lane that leads to the square, drawing the eye upwards (10). Just before we reach the square, it is obscured by the corners of the surrounding houses, while the route of the path takes us through an arcaded passage (11). Separated from the *campo* by the water of the canal, it forms a distanced wall to the square, which at first replaces the actual arrival in the square with a variety of images, each framed by the individual openings in the arcades (13–15). The arcades lie at a lower level than the paving of the square. One could say that we are looking up into the square. The upper half of the tower is generally hidden from view at this vantage point. It is only as we walk up the steps of the bridge from this lower level, that the *campanile* rises to its full height in front of our eyes. We seem to walk taller ourselves as we take the last steps towards the tower (13). Reaching the top, the square lies below us, around the foot of the tower, now demanding that we descend a set of stairs (12).

12

Doch vom hoch gelegenen Podest der Brücke aus, im verzögerten Übertritt zwischen dem Gebiet außerhalb und dem Platz, erscheint der Gegensatz von oben und unten, von Aufrichtung und Tiefe als beherrschende Platzwirkung in ein prägnantes Bild gefasst: Zwischen den beiden gleich hohen Gebäudekanten rechts und links symmetrisch gerahmt, erscheint in der Mitte der Turm. Der Platz liegt ganz unten, der Turm reicht ganz hoch hinauf (12). Der Maßstabssprung zwischen beiden und die Höhenextreme lassen eine Spanne klaffen, der auch der Ankommende, im Bestreben sich einzuordnen, ausgesetzt ist.

However, just prior to the descent from the elevated platform of the bridge – in the hesitation at the threshold between the outside and the square – the contrast between top and bottom, between ascent and descent as the dominant theme of the square is framed into a memorable image: the tower rises at the centre, between the two buildings to the left and right, which are of equal height and create a symmetrical frame. The square lies at the very bottom, the tower reaches to the very top (12). The leap in scale between these two elements and the extreme differences in height gape into a sudden span that forces the newcomer to determine his or her own place within the space.

13

14

15

Gelenk

Von dort oben wie durch ein Tor gesehen, liegt der Platz zunächst überschaubar und kompakt zu Füßen des Campanile. Man erreicht sehr schnell sein Zentrum ganz nahe beim Turm. Jetzt öffnet sich der Blick in die breite Strada Nova nach Westen (16), die Platzausweitung nach Norden wird angekündigt (17), im Osten schließt sich unmittelbar der flache Teilraum an (18). Sobald aber diese Raumausfächerung erkennbar wird, löst sich die einheitliche Vorstellung eines Platzraums auf. Man hat eher den Eindruck, im Schnittpunkt divergierender Raumfiguren und auseinander strebender Bewegungen zu stehen. Im Zentrum ist man all diesen Richtungsimpulsen gleichermaßen ausgesetzt, behält aber die Kontrolle über das Ganze. Im toten Punkt des Wirbels herrscht die beste Orientierung (19).

Hinge

From this elevated point of observation we see the square as if through a portal: a compact area at the foot of the *campanile*, visible at a single glance. It is but a short walk to its centre, very close to the tower. Now the vista opens up into the wide Strada Nova to the west (16), the widening of the square to the north is announced (17), the flat subspace is immediately adjacent to the east (18). As soon as this fanning out of the square becomes evident, the uniform perception of a single space vanishes. We feel rather as if we are standing at the intersection of diverging spatial configurations and movements that pull away in different directions. At the centre, we are exposed to all these directional impulses to equal degrees, while maintaining control over the whole. The ideal point of orientation is in the eye of the vortex (19).

16

17

18

Campo
S. Canzian

San Canzian

Campiello
Bruno
Crovato
già S. Canzian

Campiello S. Maria Nova

Campo
S. Maria
Nova

Santa Maria
dei Miracoli

M 1:1000

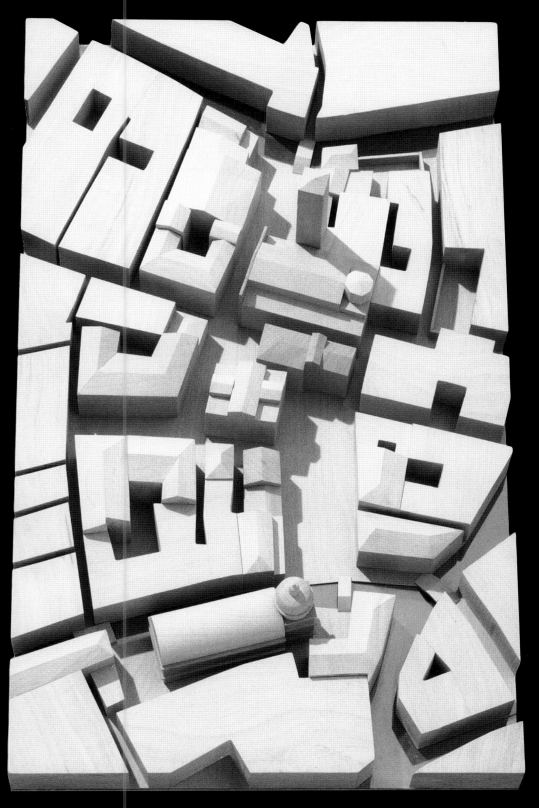

Campo Santa Maria Nova

Figur und Grund
Figure and Ground

Das in der zweidimensionalen Darstellung entwickelte Figur-Grund-Spiel stützt sich vor allem auf die Regeln der Gestaltgesetze und der perspektivischen Optik. Durch Überschneidungen, Hell-dunkel- sowie Groß-klein-Variationen u.a. erlangen flächenhafte Darstellungen räumliche Qualität. Einzelne Elemente können dabei «oszillieren»: Sie können als Fläche (Grund) sowie auch als Volumen (Figur) gelesen werden.

Im dreidimensionalen Raum erfährt das Figur-Grund-Spiel allerdings unweigerlich eine Veränderung und Erweiterung. Über die erwähnten zeichnerischen und malerischen Darstellungsmittel hinaus wird der Wechsel von Figur zu Grund und umgekehrt im Raume vor allem durch die Bewegung des Betrachters bzw. Nutzers erzeugt. Die Erfahrung des «In-Seins» im Raume beschränkt den Figur-Grund-Wechsel daher wesenhaft nicht auf ein visuelles Phänomen. Neben der optischen Rezeption erschließt vor allem die Erfahrung der räumlichen Konstitution des eigenen menschlichen Körpers (in den Modi vorn und hinten, links und rechts, darum-Herum, der Schwere usw.) das Dasein flächiger und körperhafter Raumelemente.

The figure-and-ground scheme, devised for two-dimensional representations, is primarily based on the laws of design and the optics of perspective. Overlaps, light-dark contrasts and dimensional variations, among other parameters, add plasticity to flat images. Individual elements can "switch sides" in this experiment: they can be read as plane (ground) or as volume (figure).

In three-dimensional space the figure-and-ground scheme is invariably subject to change and expansion. Beyond the aforementioned graphic and painterly means, the shift between figure and ground and vice versa is above all the product of the observer's own movement. The experience of "being-in-space" therefore does not categorically restrict the figure-ground shift to being a visual phenomenon. In addition to optics, the awareness of the "spatiality" of one's own body (front, rear, left, right, around, gravity etc.) is the primary tool of deciphering the presence of two-dimensional and three-dimensional elements in the space.

Grund

Die Fassaden des Campo Santa Maria Nova vereinigen sich zu einer gefäßartigen Raumkante: Im Grundriss zu erkennende Übergänge und Verschiebungen werden durch perspektivische Überlagerungen und Verkürzungen ausgeglichen. Zunächst tritt kein vertikales Element eigenständig hervor, so dass ein nahezu ununterbrochenes Darum-Herum den einschließenden Charakter der Platzwände betont. Das flächige Gegenüber weist immer wieder auf den dazwischen liegenden Hohlraum zurück. Allenfalls «Raumschatten» (vgl. «Die Situationen») sowie untergeordnete Platzmöblierungen zonieren bzw. strukturieren die «freie» Fläche (1, 2).

Ground

The facades on the Campo Santa Maria Nova form a vessel-like boundary: overlaps and foreshortened perspectives modify transitions and shifts that are visible in the plan. To begin with, not a single vertical element stands out on its own so that a nearly uninterrupted "round-about" amplifies the enclosing character of the walls on the square. The flat counterpart always refers back to the void that lies in between. "Spatial shadows" (cf. "Situations") as well as secondary furnishings on the square create zones or structure in the "free" area (1, 2).

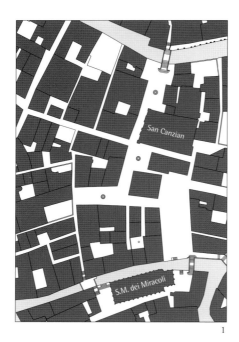

1

2

Figur - Grund

Als Folge der Bewegung im Raum lösen sich verschiedene Gebäude aus dem zuvor nahezu homogenen Grund der vertikalen Flächen. Durch die Übereck-Position des Betrachters zu den sich «freimachenden» Volumen kommt deren Körperhaftigkeit in den Blick, die als ein Davor, Dahinter, Darum-Herum usw. gedanklich antizipiert und durch das Begehen schließlich erschlossen wird. Daher werden die Raumgrenzen und somit das ursprüngliche «negative» Volumen des Hohlraumes ins Ungewisse erweitert. Der dunkel markierte Körper ist Drehpunkt dieses Figur-Grund-Wechsels. Durch das Umschlagen von Fläche in Volumen und umgekehrt entstehen Teilräume, die einer übergeordneten Raumfolge angehören (3, 4).

Figure - ground

As a consequence of movement in the space, different buildings detach from the nearly homogeneous ground provided by the vertical areas. The observer's corner position in relation to the "detaching" volumes brings their corporeal quality into focus, which is anticipated as the quality of in front, behind, around etc., in the mind's eye and finally understood by walking across the space. The boundaries of the space (the original "ground") are extended into the unknown. The darky marked volume is the axis around which this figure-ground-shift rotates. The change from area into volume and vice versa creates subspaces within a principal sequence of spaces (3, 4).

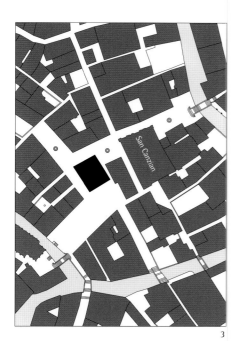

3

4

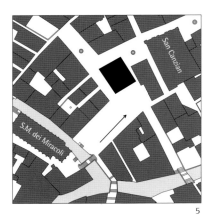

Durch die Bewegung des Betrachters lösen sich Gebäude aus dem zunächst nahezu homogenen vertikalen Platzgrund (5–12).

Vor allem der dunkel markierte Körper (5) tritt dabei als eigenständige volumetrische Figur hervor, weswegen er eine bedeutende Rolle bei der Konstitution des Platzgefüges einnimmt. Einerseits bietet er den drei Platzbereichen, an die er grenzt, jeweils einen flächigen vertikalen Platzgrund. Andererseits bestimmt das an seiner Körperhaftigkeit sich abzeichnende «Darum-Herum» – das in der Bewegung des Betrachters aktualisiert wird – die Interpretation der umliegenden Platzräume.

The buildings step out from the homogeneous vertical background of the square as a result of the observer's movement (5–12).

The shaded volume (5) is particularly noticeable as an autonomous figure, and that is why it plays such a significant role in the configuration of the square. On the one hand it provides a flat, vertical backdrop for the three sectors of the square it adjoins. On the other hand the "round-about" that manifests itself in its three-dimensionality – and which is triggered by the observer's movement – determines how the surrounding areas of the square are interpreted.

146

7

8

Durch die Bewegung um das zentrale Gebäude kommt das Platzgefüge auf jeweils veränderte Weise «in den Blick». (Die auf den kommenden Seiten mitgedrehten Grundrissausschnitte zeigen diese Perspektivverschiebung.) Erst die Bewegung erzeugt daher das «Motiv». Gerade die Mannigfaltigkeit der einzelnen Raumabschnitte bestätigt aus der Erinnerung des Erlebten den Figur-Grund-Wechsel: Einerseits kann jede Raumerweiterung (in den drei von dem Gebäude wegführenden Richtungen) als in sich beschlossene und durch den Grund der Platzwände abgegrenzte Raumeinheit gelesen werden. Andererseits ist das sich herauslösende Gebäudevolumen der zentrale Dreh- und Mittelpunkt *eines* umfassenden Platzbereiches (5, 12).

Movement around the central building brings the configuration of the squares "into view" in changing ways. (The rotated views of ground plan details on the following pages demonstrate this shift in perspective.) Thus, movement alone creates the "motif". The very diversity of the individual sections of the squares confirms the figure-ground-shift out of the memory of what has just been experienced. On the one hand, each expansion (in the three directions that lead away from the building) can be read as an independent spatial unit delimited by the background of the walls on the square. On the other hand, the detaching building volume is the central rotation axis and centre of a *single* encompassing area of the square (5, 12).

11

12

147

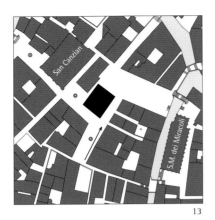

13

14

In den Hohlraum der Platzvolumina schiebt sich die Masse des zentralen Körpers. Durch die dabei erzwungene Über-eck-Position und die Loslösung des Volumens aus dem Platzgrund «beginnen» die Platzräume um das Gebäude herumzufließen und sich zu einem Raumganzen zusammenzuschließen. Was auch als Gasse (Verbindung zweier Campi) «gelesen» werden kann, wird so zu einer räumlichen Verengung im Zusammenspiel von Masse und Hohlraum, Enge und Weite (13–16).

Platzräume und Gebäudevolumina «drücken» sich dabei aneinander ab. Das abstrahierende Modell zeigt das entstehende Positiv-negativ-Verhältnis (21).

The mass of the central body pushes itself into the void of the square's volumes. The corner position this engenders and the detachment of the volume from the backdrop of the square "trigger" a kind a flow of the spaces around the building and a convergence into a spatial whole. What could be "read" as a lane (a link between two *campi*) is transformed into a spatial contraction in the interplay between mass and void, construction and expanse (13–16).

Spaces in the square and building volumes "press" against one another in the process. The schematic model illustrates the positive/negative ratio that results (21).

18

19

148

15

16

Gemeinsam mit dem erwähnten Volumen im Vordergrund löst sich auch die dahinter liegende Kirche San Canzian aus der Gebäudemasse, um sich anschließend wieder in den vertikalen Grund zurückzudrehen.

Enge und weite Raumbereiche rhythmisieren dann den Weg bis zur Brücke am oberen Ende des Kartenausschnitts (17–20).

In conjunction with the aforementioned volume in the foreground, the church of San Canzian that lies behind it also detaches itself from the mass of buildings only to turn back towards the vertical backdrop.

Narrow and wide areas add rhythm to the path towards the bridge, indicated at the top of the detail map (17–20).

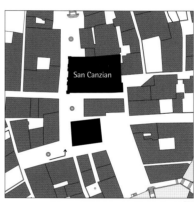

17

20

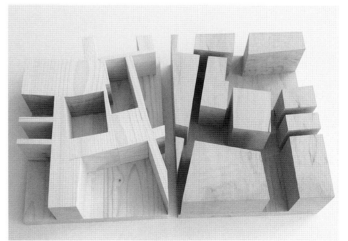

21

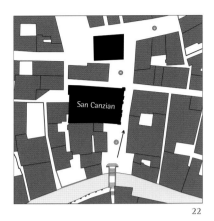

22

23

Die Kirche von San Canzian behält ihre «Doppelrolle» auch beim nördlichen Eintritt in das Platzgefüge, über den Ponte San Canzian in den gleichnamigen Campo. Der plastische wie auch flächige Ausdruck wechselt je nach Position, die der Betrachter zum Gegenüber des Kirchengebäudes einnimmt (22–25).

The church of San Canzian maintains its "dual role" even at the northern entrance into the configuration of the square, via the Ponte San Canzian into the *campo* of the same name. The sculptural and two-dimensional expressions alternate depending upon the observer's position in relation to the church building on the other side (22–25).

26

27

24

25

Über das «zentrale» Gebäude hinweg (26, 29) führt der Wechsel von Figur und Grund wieder zurück auf den Campo Santa Maria Nova, auf dem die Kirche von Santa Maria dei Miracoli am Ende des Weges noch einmal das Motiv der Kirche von San Canzian wiederholt (27–29). Das skulpturale Äußere der Kirche unterstützt – ebenso wie die bereits erwähnten Gebäude – die Unterscheidung von Volumen (Figur) der hervortretenden Baukörper und Fläche (Grund) der begrenzenden Platzwände. Als End- und Wendepunkt kehrt die Kirche die Bewegung um – zurück in die bereits bekannte Richtung. Das Figur-Grund-Spiel beginnt von neuem.

Beyond the "central" building (26, 29), the shift between figure and ground once again refers back to the Campo Santa Maria Nova on which the church of Santa Maria dei Miracoli reprises the motif of the church of San Canzian at the end of the path (27–29). The plastic exterior of the church – like the building mentioned above – helps us to differentiate the volume (figure) of the projecting building fabrics from the plane (ground) of the bordering walls of the square. As end- and turning-point, the church reverses the movement, turning it back towards the already familiar direction. And the figure-ground dynamic begins anew.

28

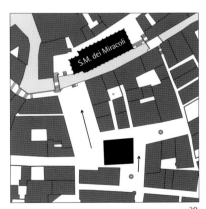

29

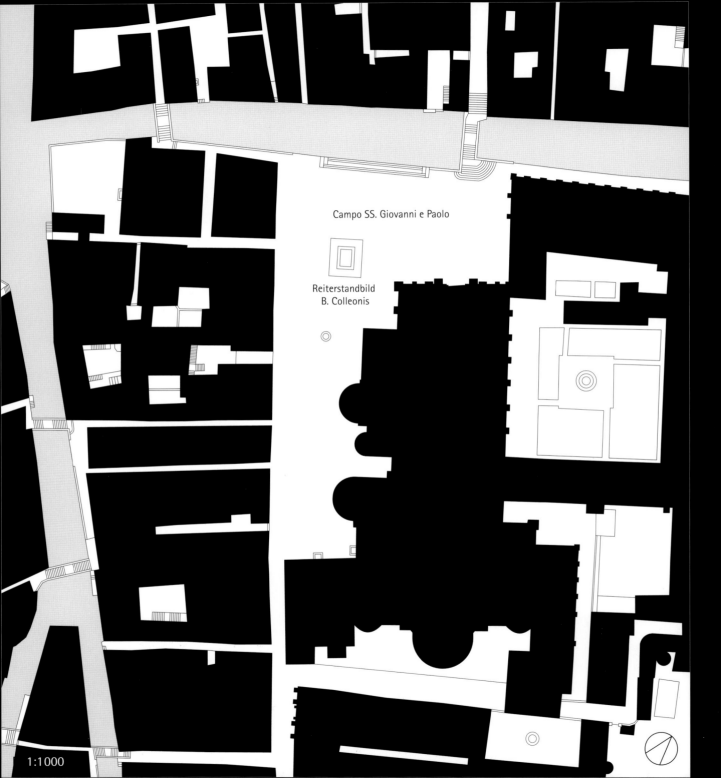

Campo SS. Giovanni e Paolo

Reiterstandbild
B. Colleonis

1:1000

Campo Santi Giovanni e Paolo

Positiv – Negativ
Positive – Negative

Das Positive und das Negative unterscheiden sich durch einen Vorzeichenwechsel. Beide aber hängen als die gegenwendigen Momente ein und desselben Sachverhaltes notwendig voneinander ab. Das Positive erhält seinen Charakter durch die ihm eigene Negation und umgekehrt. Von mathematischen Abstraktionen abgesehen, gewinnen beide, das Positive wie das Negative, ihre korrelative Bedeutung daher erst in einer konkreten Situation. Darin liegt keine Wertung im Sinne von gut oder böse, schön oder hässlich.

In eine Terminologie des Raumes übersetzt, bedeutet die Korrelation von positiv-negativ das Verhältnis von Masse und Hohlraum, konvex und konkav, hell und dunkel, leicht und schwer. Alle diese Eigenschaften sind in ihrer jeweils tatsächlichen Ausprägung beliebig veränderbar. Jede dieser Qualitäten – das Massige, Helle, Konvexe, Schwere – bleibt allerdings unlösbar auf das ihm negative andere bezogen. Nur in der konkreten Korrelation erlangen diese Begriffe daher Sinn und nachvollziehbare Bedeutung.

Positive and negative are differentiated by the symbol that precedes them. However, both are of necessity interdependent as the opposing moments of one and the same fact. The positive derives its character from an inherent negation and vice versa. Mathematical abstractions aside, both – positive and negative – have correlative meaning only in a concrete situation. This observation contains none of the other valuations associated with "positive" and "negative", such as good and evil, beautiful and ugly.

When applied to three-dimensional space, the correlation of positive/negative signifies the relationship between mass and void, convex and concave, bright and dark, light and heavy. All these properties are variable in their concrete expression. At the same time, these qualities – the massiveness, brightness, convexity and heaviness – are also inextricably related to their negative counterparts. Therefore these terms only take on a meaning and significance we can relate to when they are placed into concrete correlation with one another.

155

Masse und Hohlraum

Der Campo Santi Giovanni e Paolo wird von einem gotischen Kirchengebäude beherrscht. Dessen feste Masse ist von ungefähr gleicher Ausdehnung wie der freie, zwischen Kirche und den umstehenden Häusern liegende Raum. Durch die skulpturale Ausführung des Kirchenkörpers werden beide Volumina eng miteinander verschränkt. Vor- und Rücksprünge der festen Masse sind unter umgekehrtem Vorzeichen zugleich Vor- und Rücksprünge des offenen Raumes des Campo (6). Die Material- und Formeigenschaften beider Körper – des offenen wie des geschlossenen, festen – bilden sich durch das Wechselspiel miteinander. Das eine Volumen ist das Negativ des anderen und umgekehrt (4,5).

An der Oberfläche der Kirche spiegeln sich feste Masse und Freiraum. Die Fassade ist die dazwischenliegende Grenze. Sie trennt die beiden Volumina jedoch nicht voneinander. Sie ist der Wendepunkt, an dem die Eigenschaften des einen Körpers raumbildend in die Konstitution des anderen eingreifen. (Das Verhältnis der Volumina und die dünne Grenze sind in den nebenstehenden Modellen dargestellt (1-3).)

Mass and void

A Gothic church dominates the Campo SS. Giovanni e Paolo. Its solid mass occupies approximately the same space as the open area between the church and the surrounding houses. The sculptural execution of the church effectively creates a close integration of the two volumes. From the opposite perspective, projections and recesses in the solid mass are inversely related to projections and recesses in the open space of the *campo* (6). The material and formal properties of both volumes – the open and the solid one – are the product of precisely this interplay. One volume is the negative of the other and vice versa (4, 5). The surface of the church is a mirror image of solid mass and open space. The facade is the boundary that lies in between. However, it doesn't separate the two volumes. It is the turning point at which the characteristics of one body intervene spatially with the constitution of the other. (The ratio of masses and the thin boundary are illustrated in the model on the facing page (1-3).)

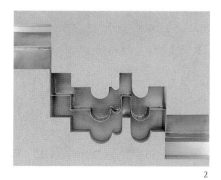

1

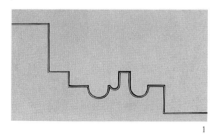

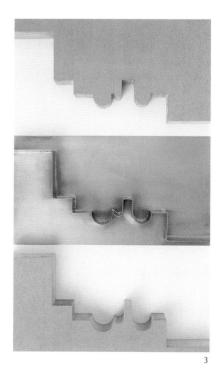

2

3

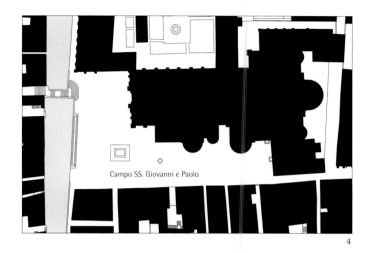
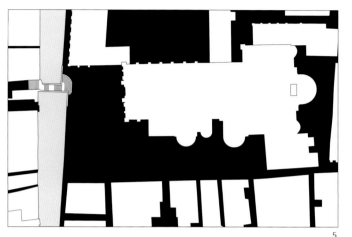

Campo SS. Giovanni e Paolo

4

5

6

konvex - konkav

Wo der Kirchenkörper in einem konvexen Ausläufer in den Campo hineinschwingt, weicht der offene Raum des Platzes wie selbstverständlich aus, um mit der Bewegung zurück in die Masse der Kirche das eigene Volumen in deren Körper hineinzutreiben. Der gegenwendige Wechsel konvexer und konkaver Schwünge verzahnt beide Raumbereiche miteinander, indem die Bewegungen aus der Tiefe und wieder zurück dem Kirchenkörper nach außen – und nach innen – Form geben, zugleich aber den offenen Raum des Campo zonieren.

Die Apsiden wirken durch ihre große körperhafte Präsenz. Wo sie in den Freiraum hinein ausbauchen, treten sie dem Vorübergehenden als kraftvolles Volumen entgegen, das beinahe verlangt, umschritten zu werden, sodass man anschließend zwischen den Wülsten in die Masse des Gebäudes hineintaucht. Weichen die Apsiden zurück, dann gewinnt der Campo natürlich an Weite. Mit ihm erlangt das Gehen eine größere Gelassenheit in einer durch das Abschwellen der Ausbeulungen großzügigeren und weniger gedrängten Raumzone (6–9).

convex – concave

At the point where a convex runner from the church swings into the *campo*, the open space of the square yields unselfconsciously to drive its own volume into the fabric of the church. The alternating convex and concave curves interlace the two spatial areas insofar as the movements from the depth and back again shape the fabric of the church on the outside – and on the inside – while dividing the open space of the *campo* into zones.

The apses impress us with their great corporeal presence. Where they bulge into the open space, passers-by experience them as powerful volumes that almost compel them to step around them, after which they [the volumes] once again become submerged between the ridges into the mass of the building. Where the apses recede, the *campo* naturally grows in width. In response, we are instinctively more relaxed as we walk in this spatial zone, rendered more generous and less crowded through the diminishing bulges (6–9).

7

8

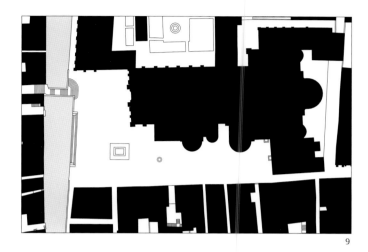

9

10

leicht - schwer, hell - dunkel

Der Campo ist ein zwischen der umgebenden Häusermasse verbliebener, unbebauter und in seiner Geometrie sehr einfach gebildeter Raum. Prägnante Gestalt gewinnt er daher aus dem erwähnten Wechselspiel mit dem Körper der Kirche (9). Mit deren hoch aufragender Fassade steigt auch der Luftraum über dem Campo hoch in den Himmel (10). Um den schweren und dunklen Körper der Kirche legt er sich als leichtere, hellere Raumschicht. Der freie, offene Platzraum «lebt» als Gegenstück der festen, geschlossenen Masse des Kirchenkörpers (11, 12).

light – heavy, bright – dark

The *campo* is a space that has remained undeveloped amidst the surrounding mass of houses, simple in its geometry. It derives its distinct design from the aforementioned relationship to the volume of the church (9). The soaring facade of the church seems to raise the air space above the *campo* into the sky as well (10). It surrounds the heavy, dark volume of the church as a lighter, brighter layer of space. The open area of the square comes "alive" as counterpart to the solid, closed mass of the church volume (11, 12).

11

12

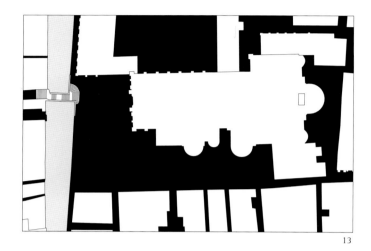

13

innen – außen

Beim Eintritt in die Kirche verkehren sich die Vorzeichen, und damit die «Positiv-negativ-Korrelation» der erwähnten Eigenschaften (13). Während die Kirche von außen als feste und dunkle Masse in Erscheinung tritt, überrascht beim Durchschreiten des Eingangsportales die großzügige Weite der lichtdurchfluteten Halle (14, 15). Die Masse hat sich in einen riesigen Hohlraum verwandelt, das dunkle Feste in einen hellen offenen Raum, das zuvor Schwere in aufstrebende Leichtigkeit.

Entsprechend verkehren sich die Eigenschaften des Campo. Der Platzraum wird durch die Kirchenfenster in eine gestaltlos helle Masse verwandelt. Zunächst endet der durchdringbare Raum an der inneren Oberfläche der Außenmauern.

inside – outside

As we enter the church, the symbols are reversed, thereby inverting the "positive-negative-correlation" of the aforementioned characteristics (13). While the church has the presence of a solid, dark mass on the outside, we are surprised, as we pass through the entrance portal, by the generous breadth of the light-flooded hall (14, 15). The mass has metamorphosed into a vast void, the solid darkness into bright openness and the heaviness into soaring weightlessness.

The properties of the *campo* are reversed accordingly. Seen through the church windows, the square is transformed into an amorphous, bright mass. To begin with, the permeable space ends at the inner surface of the exterior walls.

14

15

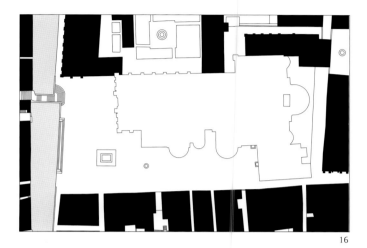

16

17

Erinnerung

Allerdings wird der Raum des Campo aus der Erinnerung mit ins Innere der Kirche hineingenommen. Dadurch verändert sich die Wahrnehmung. Campo und Kirchenhalle verbinden sich zu einem einzigen großen Platzbereich. Die dicken Außenmauern des Gebäudes schrumpfen zu einer relativ dünnen, in verschiedene Richtungen gefalteten Zwischenwand. Auf der einen Seite erstreckt sich das umgestülpte Negativ der anderen (16).

Unterstrichen wird dieser Sachverhalt durch eine weitere Eigenschaft: Die Position des Hauptaltars entspricht gespiegelt dem Ort des von Andrea del Verrocchio gearbeiteten Reiterstandbildes Bartolommeo Colleonis auf dem Campo (16–19).

memory

The space of the *campo* travels with us into the interior of the church as a memory. This changes our perception. *Campo* and church hall merge into a single large area. The massive external walls of the building shrink into a relatively thin dividing wall folded into various directions. One side represents the inversion of the other (16).

This is further emphasized by yet another characteristic: the position of the main altars corresponds to the projection of the position of Andrea del Verrocchio's equestrian monument of Bartolommeo Colleoni on the *campo* (16–19).

18

19

Campo
Santa Maria Formosa

Calle Lunga S.M. Formosa

S. M. Formosa

M 1:1000

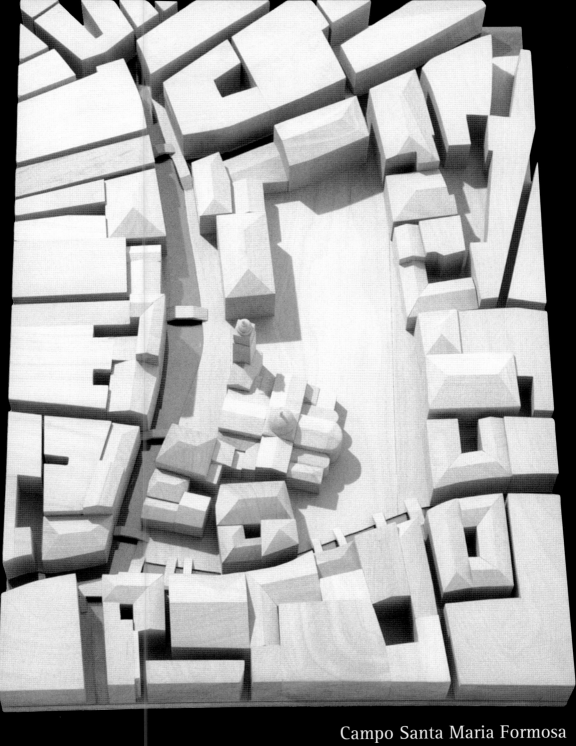

Campo Santa Maria Formosa

Feldraum und Körperraum
Field Space and Body Space

In der Physik erhält der Feldbegriff seine Bedeutung, indem eine physikalische Größe (Temperatur, Strömung, Gravitation, elektrische Ladung usw.) in Abhängigkeit von den Raumkoordinaten betrachtet wird. In ähnlicher Weise gibt es Räume, in denen unsere Befindlichkeit primär von unserer Position im Raum abhängig erscheint, insbesondere vom Abstand zu den Begrenzungen. Sie unterscheidet sich je nach Feldbereich. Mitte, Ränder, Pole und andere ausgewiesene Zonen sind durch Lage, Maß oder Richtung definiert. Der Boden ist die Ebene, auf der sich Positionen als Orte mit unterschiedlichen Eigenschaften angeben oder projizieren lassen. Raumwirkungen, Spannungsverhältnisse oder spezifische Erfahrungen ergeben sich einerseits aus abstrakten Feldrelationen, hinter denen die konkrete Materialität in den Hintergrund tritt. Andererseits werden sie durch unser eigenes Handeln überlagert, durch Standortwahl, Bewegung und Ausrichtung, die wir als Akteure auf dem Feld ins Spiel bringen: Der Raum wird so zum «Feldraum», unser Körper zur «Spielfigur», er nimmt Positionen ein und stellt Richtungsbezüge her. Je mehr er reine Position wird, desto mehr tritt er als konkreter Körper zurück.

Ganz anders dagegen wirkt der Raum, in dem unsere Erfahrungen durch den Bezug zu den konkreten Dingen in ihm geprägt werden. Als Person finden wir uns darin nicht abstrakt verortet oder über geometrische Relationen in eine Beziehung gebracht, sondern stehen im konkreten Gegenüber zu den Gegenständen des Raums, stehen zwischen Massen, in der Konfrontation als Körper mit anderen Körpern. Unsere Standortbestimmung erfolgt nicht durch Angabe von Maßen, sondern aus der Massenbalance mit den Bauwerken. Wir befinden uns im Spannungsgefüge zwischen den im Raum verteilten plastischen Körpern, von denen einer unser eigener ist.

In physics, a field is defined by considering a physical parameter (temperature, flow, gravitation, electrical charge etc.) in relation to spatial co-ordinates. Similarly, there are spaces where our sensory perception is primarily dependent on our position within the space, especially our distance to the spatial boundaries. Our perception differs in each field area. Centre points, boundaries, poles and other specified zones are defined by location, dimension or orientation. The floor or ground is the level where positions are marked or onto which they can be projected as locations with differing characteristics. Spatial effects, ratios of tension or specific experiences result from abstract field relations that delegate the concrete material properties to the background. They are also overlaid by our own actions, by the position, movement and orientation we choose and bring into play as actors on the field, thereby transforming the space into a "field space" and our body into a "piece" that takes up positions and creates directional links. The more it becomes a pure position, the more it recedes as a concrete body.

The space in which our experiences are shaped by relating to the concrete objects in it has an entirely different effect. As human beings we don't have a sense of abstract placement or of being in the context as part of a geometric relationship; instead, we enter into direct dialogue with the objects of the space, stand between masses, in confrontation as a body among other bodies. Our positioning is not the result of indicating measures and dimensions, but of the balance of masses with the buildings. We are part of the configuration of tension between the plastic bodies distributed within the space, one of these bodies being our own.

Deutlicher als an allen anderen Rändern wird der Campo Santa Maria Formosa an den beiden Schmalseiten jeweils durch eine Basislinie begrenzt. Beide Linien sind durch prägnante Palastfassaden besetzt und bilden zwei gegenüberliegende Fronten, die in ihrer Polarität das Feld des Platzes aufspannen - wie zwei Spielfeldränder, von deren Basis her der Raum des Spielfelds seine Spannung bezieht. Wir können uns dieses aufgespannte Feld zunächst leer vorstellen. (1–4)

1

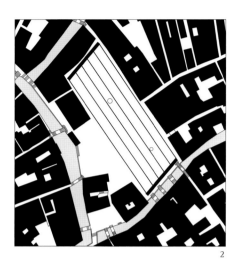

2

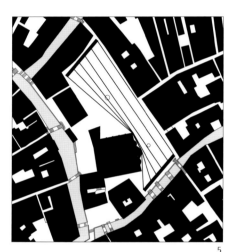

Der Baukörper der Kirche kann dann als erster Spieler betrachtet werden, der auftritt und sich ins Feld zwischen beiden Fronten schiebt. Der Raum gewinnt Tiefe in der Staffelung zwischen den flachen Platzwänden im Hintergrund und dem Baukörper der Kirche. Dieser ist – so wie jedes weitere Objekt im Raum und jede auftretende Person – den Kräften ausgesetzt, die zwischen den polaren Fronten wirksam sind, und bezieht daraus seine prekäre Stellung. (5–8)

5

6

Einmal fest postiert, dominiert dieser Baukörper die eine Platzhälfte so, dass sie zum «Körperraum» wird: Als Schwerezentrum beherrscht der Kirchenbau die Ordnung der Dinge um sich als Körpermassen. Zur anderen Platzhälfte hin nimmt seine plastische Raumwirkung ab. Dort bleibt der Platz Feld, definiert von den begrenzenden dünnen Fassaden, wie von Kulissen, Konturen einer leeren Grundfläche, auf der die auftretende Person sich wie im Vakuum einer leeren Bühne bewegt. (9–12)

9

10

166

More pronounced than elsewhere, the Campo Santa Maria Formosa is delimited by a base line on the two narrow ends. Both lines are occupied by distinctive palace facades and form opposite fronts whose polarity charges the field of the square – in the manner of the boundaries on a playing field that provide the basis from which the space of the playing field derives its tension. To begin with we can imagine this stretched out field as empty (1–4).

The body of the church can be viewed as the first player, who enters and advances into the field between the two fronts. The space gains in depth in the staggered arrangement between the flat walls of the square in the background and the body of the church. The latter – like all other objects in the space and every "player" making his or her entrance – is exposed to the forces between the polar fronts, deriving its precarious position from this dynamic (5–8).

Once fixed in place, this dominant fabric dominates one half of the square in a manner that transforms it into a "body space": as the gravitational centre, the church determines the order of the objects around it as body masses. Its three-dimensional effect diminishes in the direction of the other half of the square. There, the square remains simply a field, defined by the thin facades on its boundaries as if they were stage sets, contours around a void in which the entering person moves as if in the vacuum of an empty stage (9–12).

167

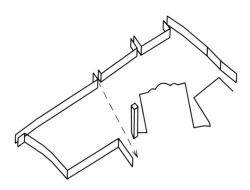

13

15

Auch wenn man dem Weg folgt, der aus der Calle Lunga Santa Maria Formosa mündend, die Platzfläche in der Mitte teilt und gegenüber auf die Torfigur zuläuft, die von Campanile und Hauskante gebildet wird, ist man versucht, den Platz in zwei Hälften zergliedert zu lesen. Die dominanten Palastfassaden im Hintergrund jeweils rechts und links unterstreichen die Symmetrie der beiden Platzhälften (13). Ebenso macht die Raumfolge, die von der Bewegung tangiert und dem Blick abgetastet wird, wenn man der Wegbahn am östlichen Platzrand folgt, diese Gliederung zwischen zwei kontrastierenden Raumzonen deutlich (14):

Die erste präsentiert sich als leere Fläche. Der Blick reicht ungehindert vom Randweg hinüber bis zu den anderen Seiten und durchmisst, frei über die Fläche schweifend, den Raum in voller Tiefe (15).
Die andere hingegen ist besetzt, der Spaziergänger sieht über unterschiedliche Tiefendistanzen hinweg auf Baukörper, die das Raumvolumen vielfältig modellieren und seinen Blick sich wo möglich verfangen lassen (16).

Even when we follow the path that begins at the junction with the Calle Lunga Santa Maria Formosa, runs across the middle of the square and towards the gate formed by the *campanile* and block corner at the other end, we are tempted to read the space as being divided in two. The dominant palace facades to the left and right in the background underscore the symmetry of the two halves of the square (13). By the same token, the spatial sequence touched by the movement and the eye on the route along the eastern edge of the square, illustrates this arrangement between two contrasting spatial zones (14):

The first presents itself as an empty area. The view flows unfettered across to the other sides, taking in the whole area and measuring the full depth of the space (15).
But the other zone is occupied and, across a variety of depths, the passer-by sees other buildings that modify the spatial volume in a variety of ways and perhaps even catch his or her eye (16).

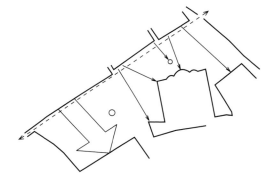

14

16

Feld- und Körperwirkung unterstützen sich gegenseitig: Der Körperraum erhält durch das leere Feld einen räumlichen Nachhall, während das Feld in der Nähe der Körpermassen noch flacher wirkt. Beide treten nie absolut auf, sondern erscheinen als Tendenzen, die mehr oder weniger stark vorherrschen oder sich überlagern. Betrachtet man jetzt den *gesamten* Platz noch einmal aus der Perspektive einer Person, die ihn betritt, dann kann der Campo von dieser Person primär als «Feldraum» erfahren werden, gleichermaßen aufgespannt zwischen den Palastfassaden wie zwischen diesen und der Kirchenfassade. Mit jeder Position, welche die Person in diesem Spannungsfeld einnimmt, setzt sie sich den Feldkräften aus. Sie kann aber, wie eine Spielfigur durch die Spielzüge auf dem Spielbrett, ihre bevorzugten Standorte bestimmen (17).

Die Befindlichkeit dieser Person wird dagegen, gemäß der anderen auf dem Platz wirksamen Tendenz, stärker determiniert, wenn sie sich mit den Körpern konfrontiert sieht, sich also in den Zwischenräumen aufhält. Der gesamte Platz kann demnach auch als ein Gefüge von Teilräumen gelesen werden, denen Körpermassen gegenüberstehen, vor allem wenn man die Vorplätze und Zwischenräume rings um die Kirche als gleichrangig mit allen anderen Flächen betrachtet. Damit ist die auftretende Person Konfrontationen und Einfügungen ausgesetzt, die ihrem Körper Widerstand entgegensetzen und einen plastischen Bezug aufbauen. Jeder Teilraum, jeder Baukörper bildet ein Element, an dem sie sich durch Herumgehen um die Kirche abarbeitet (18).

The effects of field and body support each other: the body space seems to resonate in the empty field, while the field appears even flatter than it actually is in proximity to the mass of the bodies. Neither has an absolute presence; instead, they make their mark as trends that are more or less dominant or overlapping. Looking at the *entire* square from the perspective of a person stepping into it, the *campo* can be experienced first and foremost as a "field space", stretched between the palace facades and between these and the church facade. At each position the person takes up within this field, he or she is exposed to the various forces at play. But, like moving a piece on a board game, he or she can choose the favourite positions (17).

17

The sensory perception of the person, however, is subjected to greater influence, in accordance with the other tendency at play on the square, when confronted by the other bodies, i.e. when the "player" takes up position in the interstices. In this manner, the entire square can be read as a construct of partial spaces faced by masses of bodies, especially when one considers the forecourts and interstices around the church as equal to the other areas. The person entering into the square is therefore exposed to confrontations and insertions that offer resistance to his or her own body and establish a three-dimensional reference. Each subspace, each building fabric acts as an abrasive element as he or she walks around the church (18).

18

169

S. Francesco

Campo
S. Francesco
o de la
Confraternita

Campo
de la
Chiesa

M 1:1000

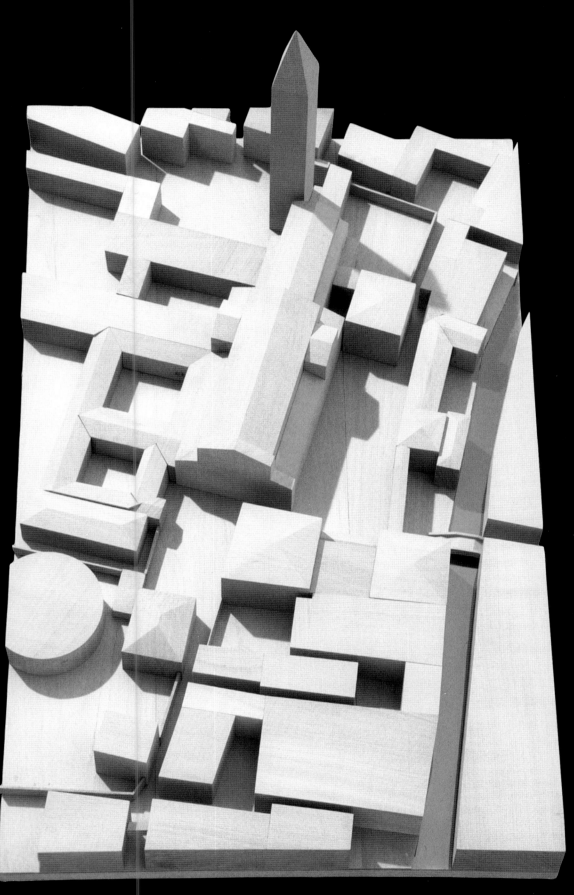

Campo San Francesco o de la Confraternita

Einschluss und Ausschluss
Inclusion and Exclusion

Ein- und Ausschlüsse bedingen sich gegenseitig.

Das Eingeschlossene wird mittels einer Hülle von seiner Umwelt abgetrennt. Dadurch wird es gesichert, verwahrt, versteckt, in jedem Falle aber von einem Äußeren, dem es entzogen wurde, seinerseits ausgeschlossen.

Umgekehrt wird das Ausgeschlossene ausgegrenzt und durch ein Medium des Einschlusses ferngehalten, an dessen Oberfläche es zurückgewiesen wird. Das Äußere wird durch diesen verschließenden Mantel aber zugleich geschützt und bewahrt vor dem Innenliegenden, manchmal Unbekannten. Zuweilen werden die Seiten auch vertauscht. Das Eingeschlossene wird zum Ausgeschlossenen und umgekehrt.

Eine besondere Bedeutung besitzt dabei das Medium, das als Grenze oder Übergang ein- wie ausschließend zugleich ist, weshalb es immer zweideutig bleibt, geprägt durch die Eigenschaften beider Seiten. Das Innere kann sich in der Hülle abbilden. Zuweilen drückt sich die Form bis nach außen durch. Dann wirkt sie im Äußeren raumbildend. Dasselbe kann in umgekehrter Richtung gelten.

Allerdings besitzt die Hülle auch für sich selbst besondere Eigenschaften. Ihre Form, Oberflächenqualitäten wie Härte, Farbe, Helligkeit usw. schaffen nicht nur Raum, sondern – davon abhängig – ebenfalls eigentümliche atmosphärische Qualitäten und spezifische Raumcharaktere. Das räumliche Medium ist zugleich Mittel des Ausdrucks. Es wirkt abweisend oder aufnehmend und nötigt dazu, Abstand zu nehmen oder aber näher zu rücken.

Die Hülle jedenfalls wird um etwas herumgeschlagen. Sie ist dadurch Ein- und Ausschluss zugleich.

Inclusions and exclusions are mutually dependent.

The inclusion is separated from its environment by means of an envelope. This protects, preserves and hides it, in particular from an exterior from which it had been withdrawn and which, in turn, is excluded.

Conversely, the exclusion is set aside and kept at bay by means of the inclusion whose surface it faces. At the same time, the exterior is also protected by this enclosing cloak and preserved from what lies in the interior, sometimes unknown.

At times, the "protagonists" switch sides. The inclusion becomes the exclusion and vice versa.

A medium that is simultaneously in- and exclusive in its role as border or transition – always ambiguous for that reason, and typified by the characteristics of both sides – has a special significance. The interior can manifest itself in the envelope. Sometimes, the inner form penetrates through to the outside. Then it acts as a space-forming agent on the exterior. The same can be true in reverse.

But the envelope also has unique properties. Its shape, colour, brightness and surface qualities such as hardness, not only create space but – dependant on these qualities – also produce unique atmospheric qualities and spatial characteristics. The spatial medium is simultaneously a means of expression. It resists, accommodates and keeps us at a distance or draws us in.

In any case, the envelope is wrapped around a core: it is both inclusion and exclusion.

Einschlüsse

Dem ersten Augenschein nach handelt es sich bei der Platzfolge um die Kirche von San Francesco um eine Reihe in
sich gekehrter Freiräume. Dort wo die Gebäudemassen Venedigs etwas auseinander treten, entsteht Raum für – je
nach Auffassung – einen oder mehrere Campi, die ihre Eigenschaften und Charaktere wesenhaft aus der besonderen
Lage zwischen dem Kirchenkörper und den jeweils gegenüberliegenden Gebäuden erhalten, von denen sie umhüllt
werden (3).

Als Außenräume gewinnen die Campi dabei den Charakter
und die Atmosphäre von städtischen Innenräumen (2-5).
Die beiden Kreuzgänge nördlich der Kirche (3) sowie deren
Inneres selbst (1) verstärken diesen Eindruck und erweitern
ihn sowohl räumlich als auch zeitlich beim Hindurchgehen.
Zwischen die Gebäude hineingelegt und dort eingeschlossen, bleibt der Rest der Stadt sozusagen «vor der Tür» (6).

1

2

Inclusions

At first glance, the spatial sequence around the church of S. Francesco appears to be series of introspective open spaces. This gap in Venice's mass of buildings offers space for one or more *campi*, whose properties and characteristics derive largely from the unique position between the church and the buildings that surround or envelop the *campi* (3).

As exterior spaces, the *campi* take on the character and ambience of urban interiors (2-5). The two cloisters to the north of the church (3) as well as the church interior itself (1) enhance this impression, increasing it in space and time as we walk through the area. We leave the rest of the city behind, "at the doorstep" so to speak (6).

4

5

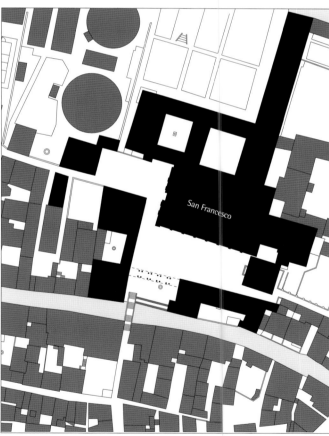

3

6

175

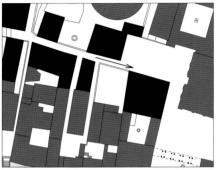

7

8

Eintritte

Der Eindruck des Eintretens in einen «Innenraum» wird durch die lang gezogenen schmalen Zugänge verstärkt, welche das Ankommen über eine bedeutende Zeitspanne hinweg verzögern, wenn auch von weitem bereits die Kirchenfassade (7-8) bzw. deren Chor (9-10) zu sehen sind. Das plötzliche Verlassen der engen Wegbahnen erscheint schließlich wie ein unvermitteltes Eindringen in jene beiden Campi, die wie mineralische Einschlüsse oder Hohlräume in Gesteinen zwischen den umstehenden Gebäuden liegen.

Entrances

The impression of entering an "interior" is emphasized by the elongated narrow access routes that delay the arrival across a significant stretch of time even though the church facade (7-8) or its choir (9-10) are visible from afar. In the end, the sudden exit from the narrow routes appears like an abrupt penetration into the two *campi* that lie like mineral inclusions or cavities between the surrounding buildings.

9

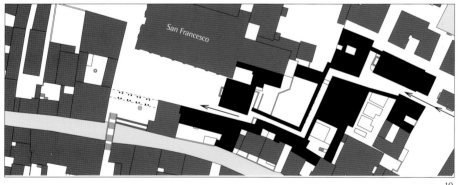

10

13

14

12

11

Der Zugang von Süden besitzt zudem eine Besonderheit (11). Am Ende einer wiederum langen Geraden muss eine Brücke überquert werden (12), die auf einem kleinen Vorplatz aufsetzt, der wie ein Entrée dem Hauptraum oder Saal vorgelagert ist (13). «Entrée» und «Saal» sind durch eine doppelte Kolonnadenreihe voneinander getrennt, welche die Hülle um den «Innenraum» plastisch-körperhaft aufweitet und den Eintritt ein weiteres Mal verschleppt (14).

Das Hindurchgehen durch diese Kolonnadenreihe wird als Übergang erlebt (14). Sowohl zum Außen als auch zum Innen gehörend, wird die räumliche Tiefe der Hülle an dieser Stelle zu einem doppeldeutigen Zwischenbereich, der aus der Erinnerung des Zugangsweges und der Erwartung des Eintritts in den «Innenraum» lebt. Durch den Stützenschleier hindurch gelangt man schließlich «hinein». Das Saalartige des Einschlusses entsteht durch die relativ große Homogenität der Wände, d.h. der Fassadengestaltung und vor allem der nahezu ohne Unterbrechung umlaufenden roten Farbe (5).

Moreover, the entrance from the south side has a unique feature (11). At the end of another long straight, we cross a bridge (12) and arrive in a small forecourt that precedes the main space like a vestibule (13). "Vestibule" and "hall" are separated by a double row of colonnades that physically expands the envelope around the "interior", once more delaying the moment of actual entry (14).

We experience the walk through this row of colonnades as a transition (14). Part of both exterior and interior, the three-dimensional depth of this envelope is transformed into an ambiguous transition zone, that "lives" through our memory of the access route and our anticipation of entering into the "interior". Passing through the veil of columns, the pedestrian finally reaches the "inside". The hall-like character of the inclusion is the result of the relative homogeneity of the walls, that is, the facade design and above all the nearly uninterrupted swath of red colour all around (5).

Die Erfahrung des «Innenraumes» bzw. Einschlusses schlägt an mehreren Stellen in ihr Gegenteil um. Die Übereckposition einiger Gebäude (15), begleitet von einer aus dem örtlichen Kontext heraustretenden Fassadengestaltung und -farbe, betont «konvexe», d.h. hervor- und herausspringende, sich körperhaft und skptural in den Freiraum hinein entwickelnde Formmomente der Architektur. Dadurch entsteht des öfteren der Eindruck des Ausschlusses oder des Abgewiesen-werdens von etwas, das hinter der Fassade liegt. Die «Innenräume» der Campi werden dann tatsächlich zu Außenräumen.

Vor allem die helle, weiße Marmorfassade der Kirche San Francesco ist für diesen Eindruck verantwortlich, da sie etwas Besonderes und Wertvolles einzuschließen und vom Umfeld abzusondern scheint. Der Campo ist Teil des ausgeschlossenen Äußeren (16).

Ein weiterer Sachverhalt verstärkt diese Wahrnehmung: Vom vorgelagerten, relativ kleinen Campo aus ist nur etwas mehr als die Hälfte der Kirchenfront einsehbar.

Der Rest schiebt sich hinter ein Gebäude und verschwindet in dem dazwischen verbleibenden schmalen Weg (15, 16).

Our experience of the "interior", i.e. the inclusion, is reversed at several points. The corner position of some buildings (15), accompanied by a facade design and colour that stand out from the local context, emphasizes "convex", that is, projecting and forward leaping moments of the architecture that evolve three-dimensionally and sculpturally into the open space. This frequently creates an impression of exclusion or of being turned away from something that lies behind the facade. The "interiors" of the *campi* are truly transformed into exterior spaces in these instances.

The bright, white marble facade of the church of S. Francesco plays an important role in creating this impression, since it seems to surround and separate a precious element from the surrounding area. The *campo* is part of the excluded exterior (16).

This perception is enhanced by another factor: we can see barely half of the church front from the relatively small campo it overlooks.

The rest is pushed behind a building and disappears in the narrow path that remains in the space between (15, 16).

15

16

17

18

Gleichzeitig aber schiebt sich die Kante des Eckgebäudes in den Weg des Fußgängers (17). Zwischen dem betreffenden Gebäude und der Kirche entsteht dadurch eine Übereckbeziehung, die durch die Bewegung des Betrachters auf dem Platz aktualisiert, d.h. erlebbar gemacht wird. Denn um die Fassade vollständig einzusehen, muss man bis an die Mauern der Kirche herantreten (18).

Die dann eingenommene Position verzerrt in hohem Maße den Blick auf die Fassade, welche aufgrund der perspektivischen Verzerrung scheinbar weit in die Tiefe hinein fortläuft und dort an irgendeiner Stelle scharfkantig abbricht, um Raum für einen weiteren, südlich der Kirche gelegenen Platz zu lassen (19).

Nur um den ersten Körper herum und an der Marmorfassade entlang führt der schmale, offen gelassene Weg zur anderen Seite der Kirche (20).

At the same time, the edge of the corner building juts into the path of the pedestrian.

A corner relationship is thereby created between that building and the church, a relationship that is actualized, i.e. rendered experiential, through the observer's movement (17). For we have to step right up to the church wall for a full view of the facade (18).

Naturally, this position greatly distorts the view of the facade, which seems to recede as a result of our distorted perspective, breaking off there at a sharp angle at some point to yield to a wider square, the Campo de la Chiesa (19).

We have to bypass this edge and squeeze along the marble facade to reach the other side of the church (20).

19

San Francesco

20

21

22

Dort wiederholt sich das Beschriebene unter umgekehrten Vorzeichen. Das erwähnte Eckgebäude reiht sich zwar «anstandslos» in die westliche Querwand des Campo ein (21). Jetzt aber ist es die Kante der Marmorfassade von San Francesco, welche spitz in den Raum hineinragt und dabei das zuvor eingeleitete Motiv der «Ecke» noch einmal raumbildend aufnimmt (22).

In der Folge wird das Thema an weiteren Orten wiederholt. Durch Standortveränderungen auf den Campi «lösen» sich Gebäude aus den Platzwänden, wodurch Übereck-Situationen erzeugt werden (23).

Die Erfahrung des Ausgeschlossen-Seins wird damit erneut bestätigt. An den Kanten der Gebäude «prallt» das Gehen ab. Die in sich gekehrten Campi scheinen sich zu freigelassenen Resträumen, unbeachteten Ausschlüssen bei der Organisation des Raumes verwandelt zu haben.

At that point, the process we have just described is repeated, albeit in reverse. The corner building mentioned above is easily accommodated by the western partition of the *campo* (21). Here, the corner of San Francesco's marble facade juts sharply into the space, thereby reprising the previously introduced "corner" motif in a space-forming manner (22).

The theme is reprised in other areas of the square. As we change position on the *campi*, buildings "detach" from the surrounding walls and create new corner situations (23).

This only serves to confirm the sense of exclusion. One's stride "rebounds" from the edges of the buildings. The introspective *campi* seem to have been transformed into remainders, overlooked exclusions in the overall arrangement.

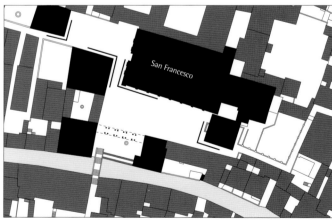

23

24   25

An anderen Stellen wird sich aber auch dieser Eindruck   At other points, even this impression is reversed. As soon as we
wieder in sein Gegenteil wenden. Eine geringe Perspektiv-   change the perspective, no matter how minutely, or turn ever
verschiebung oder eine Körperdrehung genügen, um den   so slightly, we once again experience the exclusion as inclusion
Ausschluss wieder als Einschluss zu erleben (24, 25).   (24, 25).

Riva degli Schiavoni

S. Giovanni
in Bragora

Campo de la Bragora

M 1:1000

Campo de la Bragora

Drinnen und draußen
Being Inside and Outside

Kann man bei einem städtischen Platz, der ja ein Außenraum ist, von «drinnen», von einem «Drinnen-Sein» sprechen? Wann bietet die Außenseite der Häuser ein Innen? Es fällt auf, dass gewisse städtische Plätze, ohne den Charakter eines Innenraums oder auch nur eines Hofs anzunehmen, uns das Gefühl vermitteln, drinnen zu sein, während wir doch draußen sind. Andere Plätze vermitteln dieses Gefühl nicht, dort sind wir nur draußen, auf dem Platz.

Was macht dieses Drinnen-Sein aus? Die Erfahrung des Drinnen machen wir, indem wir sie gegen die Erfahrung des Draußen abgrenzen. Während wir in etwas drin sind, haben wir eine Vorstellung davon, was und wie es draußen ist. Beide Erfahrungen sind komplementär und bedingen sich gegenseitig. Im Einzelfall ist die punktuelle Wahrnehmung des Draußen Bedingung für eine spezifische Form der Innen-Erfahrung.

Can one speak of "being inside" in the context of an urban square, i.e. an external space? When does the exterior side of houses offer an inside? Certain urban squares give us a feeling of being inside, although we are clearly outside, without taking on the character of an interior space or even a courtyard. Other squares do not convey this sense; in them we are simply outside, on the square.

What constitutes the feeling of "being inside"? We register the experience of being inside by differentiating it from the experience of the outside. While inside, we have an idea of what and how the outside is. Both experiences are complementary and interdependent. In an individual case the selective perception of outside is the condition for a specific form of the experience of inside

Der Campo de la Bragora ist ein um-schlossener kompakter Raum, kein Hof mehr, weit genug, um ein Platz zu sein (1). Seine Ausdehnung reicht aus und er atmet genug Luft, um gegen die Gassen und engen Räume Offen-heit zu bieten. Und doch vermittelt er aufgrund verschiedener Faktoren das Gefühl des zum Draußen-Sein gegen-sätzlichen Drinnen-Seins:

1. Gewöhnlich übersieht unser Auge, wenn wir den Kopf nicht bewegen, nur ein begrenztes Blickfeld. Nach oben reicht es in der Regel etwa so hoch, dass wir eine Platzwand unge-fähr bis zum Dachgesims überblicken, wenn wir uns im doppelten Abstand ihrer Höhe befinden. Der Platzraum wirkt dann sehr geschlossen. Beträgt der Abstand das Dreifache der Höhe, gerät ein Stück Himmelsausschnitt in den Blick, und der Platz beginnt sich zu öffnen, ohne seine Kompaktheit zu verlieren.[2] Da auf dem Campo de la Bragora die Distanzen zu den Platz-wänden etwa das Doppelte bis Drei-fache der durchschnittlichen Platz-wandhöhen betragen, überwiegt hier der Eindruck von Geschlossenheit bei zugleich maßvoller Weite (2).

1

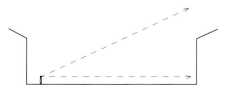

2

The Campo de la Bragora is a compact, enclosed space, but more than a court-yard since it is wide enough to be a square (1). It has sufficient breadth and air space to offer a measure of openness in contrast to the surrounding lanes. And yet a variety of factors contribute to creating a sense of being outside that is clearly distinct from being inside. These are:

1. Generally speaking, the human eye has only a limited range of vision when we look out without turning our head. In the vertical direction this range tends to reach approximately to the cornice of a wall on the square, provided we are at a distance that is twice the height of the wall. In this instance, the space of the square appears to be very much closed in. However, when the distance is increased to three times the height of the wall, a piece of the sky is included in the field of vision and the square begins to open up without losing any of its compactness.[2] Since the distances on the Campo de la Bragora are double to triple the average height of the walls facing onto the square, the dominant impression is one of enclosure com-bined with a harmonious sense of openness (2).

2. Wer sich auf dem Platz bewegt, ist von einer lückenlosen Platzwand umgeben, die nur durch schmale Schlitze von maximal zwei Metern Breite unterbrochen ist (3). Die umgebende Platzwand klafft auch an den Raumecken nicht auseinander. Vielmehr überschieben sich die im Winkel aufeinander treffenden Wandflächen so, dass der Blick vom Inneren des Platzes her dort aufgefangen oder nur durch schmale Spalten nach außen durchgelassen wird (4, 5). Die Wände werden von großen, zusammenhängenden Formaten gebildet: symmetrisch geordnete Fassaden (6), mit annähernd quadratischem Umriss, deren Regelhaftigkeit zur geschlossenen Wirkung des Platzraums beiträgt. Je zwei dieser Flächen bilden winkelförmige Einheiten in den Platzecken, die wiederum durch schmale Fugen und leichte Frontversprünge als selbständige Figuren voneinander abgesetzt sind, aber im Ganzen eine ausgewogene Komposition ergeben. Dazu trägt auch das ausgeglichene «Auf- und Ab» ihrer Traufhöhen bei.

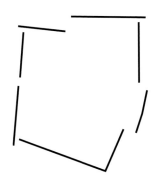

3

4   5

2. Anyone moving about on the square is surrounded by a hermetic wall, perforated only by narrow slits that are at most two metres wide (3). Even at the corners of the square the surrounding wall doesn't open into wide gaps; instead, the wall surfaces meet at angles that overlap so that the view from the interior of the square is either of a wall or at most of a very narrow slit to the space beyond (4, 5). The walls are composed of large, continuous formats: symmetrically structured facades (6) with a nearly square outline, whose regularity contributes to the hermetic effect of the space in the square. Each pair of these surfaces forms angles at the corners of the square, which in turn are set off from one another by means of narrow gaps and slight projections as independent figures, while the overall impression is one of a harmonious, balanced composition. This impression is reinforced by the steady rise and fall in the eaves' height.

M 1:1000   6

187

3. Nach Art von Innenraumecken tendieren diese winkelförmigen Einheiten dazu, Raum einzuschließen und abzugrenzen. Diese Wirkung wird um so intensiver erfahren, als jedes Winkelelement seine eigene Innenraumqualität besitzt. Denn durch seine Eigenständigkeit infolge der trennenden Höhen- und Frontversprünge und durch unterschiedliche Gestaltung, Maßstäblichkeit und Gestik weist jeder Teilraum eine eigene prägnante Figur auf. Ähnlich wie die Winkelfiguren aus zwei senkrechten Wandscheiben schließen auch die Winkel, welche jede Hauswand mit dem unmittelbar vor ihr liegenden Ausschnitt des Platzbodens bildet, ein Stück Raum ein (7). In den Winkeln der Platzecken wird daher derselbe Ausschnitt des Platzbodens als «Raumschatten» von den zwei übereck stehenden Fassaden beansprucht und erhält – falls beide prägnant genug sind – von daher seine besondere räumliche Dichte (8).

Beide Winkelformen sind an einer Binnengliederung des gesamten Platzraums beteiligt.

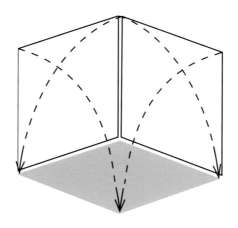

7

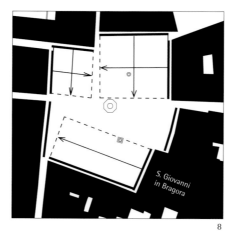

S. Giovanni in Bragora

8

3. Like corners in a room, these angled units tend to enclose and delimit an internal space. The effect is experienced all the more intensively as each corner is imbued with an interior spatial quality of its own. For as a result of the autonomy provided by the differentiating modifications in height and projection, as well as the varied composition, scale and gesture, each partial space is characterized as a unique figuration. Similar to a corner created by two vertical wall panels, the angles formed by each house front with the section of the pavement of the square immediately in front of it also surround a section of space (7). Thus the same section of the floor of the square (marked as a "spatial shadow") is claimed by the two facades meeting at right angles at the corners of the square and – if both are sufficiently distinct – the section derives from this constellation its spatial density (8).

Both configurations contribute to the internal structure of the entire space of the square.

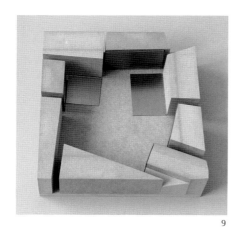

9

Das Modell (9) veranschaulicht durch den Mechanismus des Herunterklappens der Fassade die konkurrierende Beanspruchung von Platzfläche durch die Fassaden als «heruntergeklappte Raumschatten».

Auf dem Campo de la Bragora sind drei der kontrastierenden Binnenzonen besonders hervorzuheben:

The mechanical model (9) illustrates the competing demands made on the area of the square as a result of the facades as "spatial shadows that are folded down" by means of showing a number of different conditions.

Three of the contrasting internal zones on the Campo de la Bragora deserve particular mention:

10

11

12

a) Streng geformt und kompakt wirkt der Raum, der von der großflächigen Palastfassade ganz beherrscht und mit einer zweiten großen Hausfront im Winkel eingeschlossen ist. Zur Platzmitte hin ist er von einer Baumgruppe begrenzt. Zwischen den Kanten, mit denen die zwei Gebäude zusammentreffen, liegt gleichwohl einer jener schmalen Spalte, durch die das vorbeiziehende Leben der Straße in den statisch ruhenden Platz hereinschaut und das ambivalente Gefühl des Drinnen bei starker Beziehung zum Draußen hervorruft (10).

b) Zwiespältigen Raumcharakter besitzt die Zone, die von den im Winkel stehenden Fronten der benachbarten Platzecke gebildet wird. Die beiden Fassaden sind von unterschiedlichem Charakter: die linke sehr gesetzt in der Kontur eines reinen Quadrats, die rechte mit lebendiger Höhenentwicklung. Bei beiden ist die «Raumschatten»-Wirkung etwa gleich stark ausgeprägt. Sie beanspruchen daher den selben vor ihnen liegenden Raum, prägen dessen Charakter aufgrund ihrer jeweiligen Physiognomie aber unterschiedlich (11).

c) Dagegen schließt die Kirchenfassade zusammen mit der gestreckten Bewegungsbahn ihrer Vorfläche den Raum nicht seitlich, sondern fast nur nach vorne und nach oben hin ein. Dazu trägt auch ihre emporstrebende Fassadengestalt bei. Der Kirchenraum öffnet sich mit dem Portal zum Platz und macht dieses Platzfeld zur Auftrittsbahn. Wird der Platz aber als Innenraum begriffen, dann läuft diese Raumbahn auf das Kirchenportal, das auffälligste Tor des Campo, als Ausgang zu, der jedoch in einen – öffentlichen – Innenraum führt (12).

a) The space that is entirely dominated by the expansive palace facade and enclosed in an angle with the second largest facade appears rigorous and compact in nature. Towards the centre of the square it is bordered by a stand of trees. Between the edges, with which the two buildings converge, we come upon one of those narrow gaps through which the lively activity on the nearby street seems to resonate into the static, tranquil square, giving rise to the ambivalent sense of interiority combined with a strong connection to the outside (10).

b) The zone formed by the facades of the neighbouring corner set at an angle is marked by an ambiguous spatial character. The two facades are very distinct in character: the one to the left is stocky, set into the contour of a pure square; the one to the right features a lively articulation of height. The effect of "spatial shadow" is more or less equally strong in both. Hence they lay claim to the same amount of space in front of them, albeit imbuing the corresponding spaces with a different character as a result of their distinct physiognomy (11).

c) By contrast, the church facade together with the elongated path of movement created by its forecourt does not enclose the space laterally, but almost exclusively in a forward and upward direction. This is further enhanced by the verticality of the facade composition. The church space opens onto the square through the portal, transforming this area of the square into a processional route. However, when we interpret the square as an interior space, the same path can be read as an exit leading from the church portal, the most noticeable gate on the *campo*, guiding us to a public interior space (12).

13

14

15

4. Das Innen des Platzraums zeigt sich in einer besonderen Gestimmtheit. Es ist stiller, und es herrscht eine andere Akustik als draußen. Man verhält sich anders, bleibt stehen, blickt sich um. Da das Draußen-Sein zum Drinnen-Sein nicht nur Gegensatz, sondern auch notwendige Ergänzung ist, kann das Drinnen-Sein nur erlebt werden, wenn gleichzeitig auch das Draußen-Sein erfahren wird. Die Platzwände erscheinen dünn wie Kulissen. Oft ist nur die Vorderseite verputzt, die Fassaden wirken wie aufgeklebt. Da auf dem Platz nur die Fronten in Erscheinung treten, scheinen die Gebäudekörper bereits dem Außenraum anzugehören (13). Außerhalb dieser dünnen Platzwände wird eine weitere Welt wahrnehmbar. Sie scheint hinter der Raumbegrenzung auf: Durch eine Gasse erspäht man nicht allzufern das touristische Treiben auf der Promenade der Riva (14), durch eine andere Spalte die Ladenstraße des Quartiers (15). Der am Ende der Sackgasse kaum wahrnehmbare Kanal macht das Wassernetz der Stadt gegenwärtig. Passanten, die den Platz durchqueren, treten hier wie Vertreter dieser Außenwelt auf einer Bühne auf, tragen Spuren von dieser lebhaften fremden Welt heran, aber hinterlassen keine eigenen.

Auf diesem Platz bleibt es ruhig. Er wirkt wie eine aus einzelnen dünnen Begrenzungsflächen zusammengesetzte Schatulle, ein ausgesparter Hohlraum, eine Luftblase, ein Reservat, in dem eine eigene, langsamere Zeit herrscht, in sich ruhend und kaum beeinflusst von dem Außen in unmittelbarer Nähe.

4. The interior of the square presents a different mood. It is quieter here, and the acoustics are distinctly different. One is naturally inclined to act differently, to pause and take in the surroundings.

Since "being outside" is not only a contrast of "being inside" but also a necessary complement, they can only be experienced in conjunction. The walls of the square seem as insubstantial as stage props. Frequently, on the front is plastered, the facades seem as if glued on top. Since all we see on the square are the facades, the volumes of the buildings already appear as part of the exterior space (13). Beyond these thin walls of the square, a different world is perceptible. It peaks through the spatial enclosure: through one lane we catch a glimpse of the tourists on the nearby promenade along the Riva (14), through another gap the merchant street of the quarter (15). The barely perceptible canal at the end of a cul-de-sac serves as a reminder of the water network that runs through the city. Pedestrians crossing the square seem to be representatives of this outside world who have stepped onto a stage, bringing elements of that lively, foreign world into the space and yet leaving no trace of it behind when they exit.

Here, tranquillity reigns. This square is like a casket composed of individual, thin dividing panels, a hollow space, an air bubble, or perhaps a refuge where a different sense of time and a slower pace, reign, completely autonomous and almost impervious to influence from the outside that is in such close proximity.

Campo l'Arsenal

Fondamenta de l'Arsenal

Fondamenta dei Forni

Riva Ca' di Dio

Bacino di S. Marco

Riva San Biagio

M 1:1000

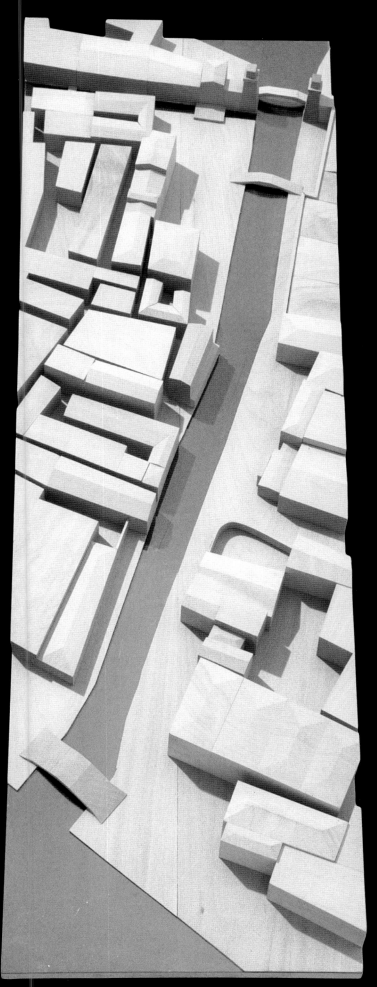

Arsenale

Hier-Sein und Dort-Sein
Being Here and Being There

Die allgemeine physische Konstitution des Menschen nimmt eine erste Aufteilung des Raumes in gesonderte Bereiche vorweg. Unmittelbar unterschieden werden vorne und hinten, links und rechts sowie oben und unten, wobei letzterem Begriffspaar eine Sonderstellung zukommt, da die Lotrechte bereits durch die Schwerkraft festgelegt ist und durch Positionswechsel nicht wie die anderen Richtungen in der Ebene beliebig variiert werden kann. Ausgangspunkt dieser anthropologischen Einteilung des Raumes ist demnach der jeweils konkrete und einzelne Körper, der das Zentrum eines Koordinatensystems bildet, von welchem aus die Umgebung erschlossen und begriffen wird.[3]

Für sich genommen, bleibt dieses Koordinatensystem jedoch eine abstrakte Annahme. Erst aus dem notwendigen Wechselspiel mit einer ebenfalls konkreten räumlichen Umgebung erhält man Rückschlüsse auf die jeweils besondere Beschaffenheit des Wie und Wo des eigenen Standpunktes.[4]

Die Erfahrung des Im-Raume-Seins ist daher eine Erfahrung des Sowohl-als-auch. Das Hier versteht sich aus «dieser» besonderen Relation zu dem Dort des äußeren räumlichen Umfeldes; das Dort entsteht zugleich als gegenwendige Projektion der individuellen Konstitution des Hier auf das Gegenüber der räumlichen Beschaffenheit. Insofern ist das Hier-Sein zugleich eine Weise des Dort-Seins und umgekehrt.

The human physique is such that we divide space into separate areas. We distinguish front and rear, left and right, top and bottom. The final pairing has a special significance, since the vertical is determined by the force of gravity (that is, unlike the other directions, it is not subject to variability). Therefore, the starting point for this anthropological division of space is the individual body that forms the centre of a system of coordinates and which is used to explore and interpret the surroundings.[3]

On its own, this system of co-ordinates is but an abstract assumption. The "being-in-space" takes on concrete meaning only when the specific "how" and "where" of observation are considered in relation to their interaction with an equally concrete spatial environment.[4]

"Being-in-space" is therefore an experience of "not only/but also". The *here* is read in the context of "this" special relationship with the *there* that is the surrounding space; the there is the simultaneous product of projecting the individual condition of the here onto its counterpart in the spatial composition. Thus being here is a form of being there, and vice versa.

195

Vom Tor des Arsenale bis an die Lagune verläuft ein Kanal als lange schmale Spalte. Die ansonsten recht homogene, unregelmäßig von Kanälen durchzogene Häusermasse Venedigs (sieht man vom Canal Grande einmal ab) klafft an dieser Stelle, wie nach einem Messerschnitt, scharf auseinander. Links und rechts der Öffnung sind die Gebäude jeweils unterschiedlich weit zurückgewichen, wodurch in einem leicht S-förmig geschwungenen Raumbereich über den Kanal hinweg Freiräume und Plätze unterschiedlicher Dimensionen entstehen (2).

Die Spalte dient daher ebenso als Spange, welche die einzelnen, durch den Schnitt erzeugten Raumbereiche nicht nur trennt, sondern in Längs- und Querrichtung zu strukturierten Einheiten aneinander bindet. Charakteristisch ist die längs des Schnittes und darüber hinweg mögliche Erfahrung des Hier-Seins und zugleich Dort-Seins. Denn an jeder Stelle entlang dieses Spaltes kommt auch das Gegenüber, das am anderen Ende oder auf der anderen Kanalseite Liegende notwendig als konstitutives Moment der unmittelbaren Raumerfahrung vor Ort in Betracht. Zwei Weisen des «Hier-und-zugleich-Dort-Seins» lassen sich nachweisen.

A canal stretches like a long, narrow crevasse from the gate of the Arsenale to the lagoon. At this point, the cluster of houses – a fairly homogeneous mass in other areas of Venice, where it is criss-crossed by an irregular pattern of canals (with the exception of the Grand Canal) – opens suddenly into a wide gap as if cut by a sharp incision. To the left and right of the gap, the buildings recede to varying degrees, distributing open spaces and squares of random dimensions across an area that describes a gentle S-curve. (2)

Hence the crevasse also serves as a clasp that not only divides the individual spaces created by the incision, but also joins them into units that are structured longitudinally and laterally. The experience of being both here and there along the length of the incision and beyond is a characteristic feature of this site. At each point along this crevasse, the counterpart (that is, whatever lies at the far end or on the other side of the canal) is, by its very nature, another formative factor in the spatial experience. We can record two modes of being here and simultaneously being there.

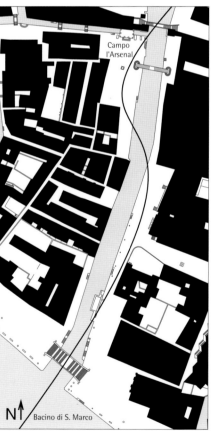

1

2

196

1. Hier-und-am-anderen-Ende-Sein

Aufgrund der beinahe geraden Führung des Kanals ist das Tor bereits von der Lagune aus zu sehen. Durch den scharfen Schnitt zwischen die Häuser wird die Front des Arsenale gerahmt und tritt dadurch – für den Vorübergehenden – als Fassade bis an die Lagune heran (1, 3). Aus der anderen Richtung gesehen, erweitert sich der Vorplatz des Arsenale den Kanal entlang bis hin zur Lagune, da diese – ebenfalls von den Gebäuden links und rechts eingefasst – zum Panorama vor dessen Mauern gehört (3, 4).

An welcher Seite auch immer man sich aufhält. Man ist hier und dort zugleich, hier an der Lagune, zugleich aber dort vor dem Tor des Arsenale, wodurch der ausgedehnte Raum dazwischen zusammenschrumpft, um sich erst beim Durchschreiten wieder in die Länge zu ziehen (3).

1. Being Here and at the Far End

Because the canal follows an almost straight line, the gate can be seen even from the lagoon. The sharp incision between the houses creates a frame around the front of the Arsenale, projecting this area forward – at least in the eyes of the observer – like a facade that reaches all the way to the lagoon (1, 3). Seen from the other direction, the forecourt of the Arsenale grows progressively wider along the canal, in the direction of the lagoon, since the latter – which is also bordered by buildings to the left and to the right – is part of the panorama in front of the gate (3, 4).

Whichever side the observer is on, he is always simultaneously here and there: "here" at the lagoon and "there" in front of the gate to the Arsenale. The space that stretches between these markers contracts and expands again only as the observer walks across it (3).

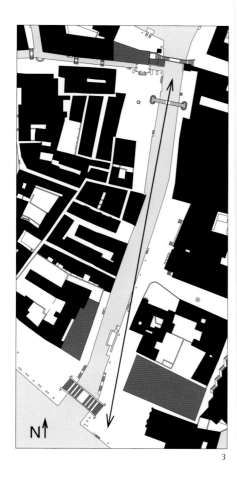

3

4

197

2. Hier-und-auf-der-anderen-Seite-sein

Links und rechts der Spalte weichen die Gebäude verschieden weit zurück. Dadurch gliedert sich der erwähnte, S-förmig geschwungene Raumbereich in zwei nahezu gleich große Hälften – einen Schwung und einen Gegenschwung –, welche von den hell markierten Gebäuden flankiert werden (2, 7, 10). Der so gebildete Rahmen dient als Fassung, der beide Uferseiten aneinander bindet.

Wieder macht man die Erfahrung, hier und zugleich auch dort zu sein, und zwar auf zweierlei verschiedene Weise:

a) diagonal

Man befindet sich hier auf dem Platz vor dem Arsenale, aber auch schräg gegenüber, weiter südlich, dort wo die Gebäude auf der anderen Uferseite etwas weiter zurücktreten, während sie hier, auf dieser Seite den direkten Fußweg zur Lagune versperren (5-7). Das «Vor und Zurück» der einfassenden Fassaden dient als Leitmotiv, das, über die Uferwechsel und die Längserstreckung der Platzbereiche hinweg, für einen verstehbaren Zusammenhang sorgt. Wie bei einem Vexierbild sind beide Bereiche als aufeinander verweisende Komplemente der Raumerfahrung – des hin- und herspringenden Hier und Dort – voneinander abhängig.

Das Gleiche gilt auch in umgekehrter Richtung (8–10).

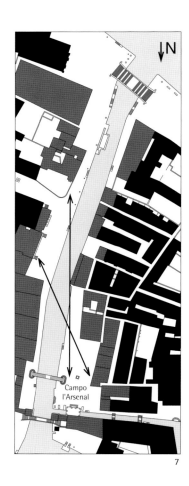

7

5

6

198

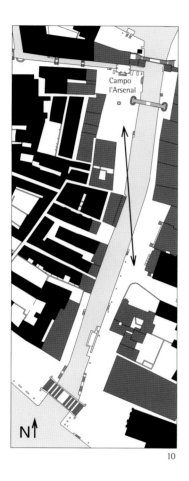

10

2. Being Here and on the Other Side

To the left and right of the crevasse, the buildings are recessed to varying degrees. This divides the aforementioned S-shaped area into two nearly identical halves – the first and second half-curve of the "S" – flanked by the brightly marked buildings (2, 7, 10). The result is a kind of frame, that connects the two embankments to each other.

Once again, we are faced with the experience of being here and simultaneously there; moreover, this experience is manifest in two ways:

a) diagonally

The observer is both here on the square in front of the Arsenale and diagonally across, farther south, where the buildings are slightly more recessed (in contrast to this side, where they obstruct access to the lagoon) (5-7). The forward and backward movement of the surrounding facades provides the leitmotif, which creates a readable context that goes beyond the shift from embankment to embankment and the longitudinal expanse of the open spaces of the squares. The two areas are interdependent; like pieces in a puzzle, they need to read off each other to be understood spatially, leaping back and forth between here and there.

The same is true in the opposite direction (8-10).

9

8

b) gegenüber

Man befindet sich hier auf dieser Uferseite, zugleich aber auch dort, jenseits des Kanals, wo die rahmenden Fassaden auf der anderen Seite der Spalte in ein Wechselspiel zu den Hauswänden diesseits treten (11-13). Das Dazwischen reicht von Hauswand zu Hauswand, wodurch über die Spalte hinweg ein gemeinsamer Raum eingefasst wird (14, 16).

Das Spiel des Vor und Zurück der Fassaden wird von den Zwischenräumen aufgenommen, die sich im Rhythmus der zueinander verspringenden Körper den Spalt entlang «bewegen» (s. das nebenstehende, abstrahierende Interpretationsmodell) (15).

11

N↑ Bacino di S. Marco

12

13

b) opposite

Standing on one side of the canal, we are simultaneously there, on the other side, where the facades that border the crevasse enter into a dialogue with the house fronts on this side (11-13). The "in-between" stretches from house front to house front, creating a common space across the crevasse (14, 16). The playful back and forth of the facades continues in the intervening spaces, which "move" along the crevasse in rhythm to the projecting and recessed volumes (see schematic model on facing page) (15).

14

16

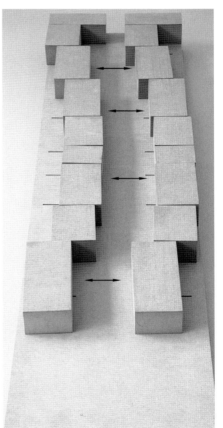

15

S. Pietro

Campo S. Pietro

Canale di S. Pietro

M 1:1000

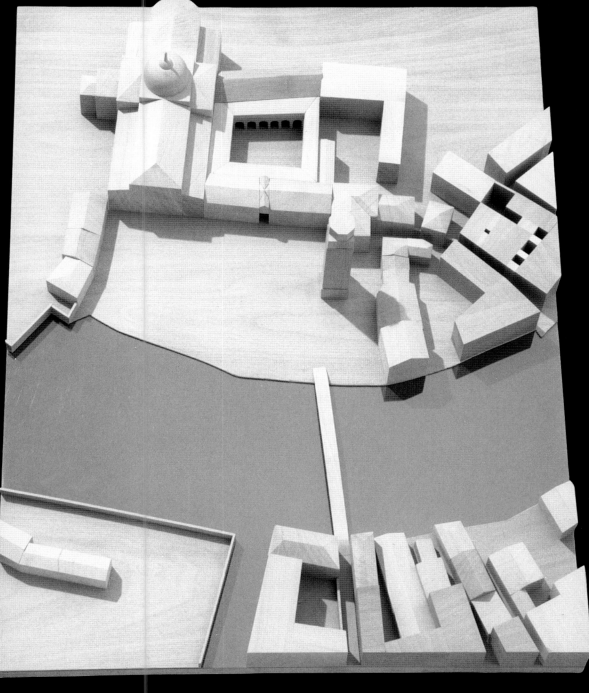

Campo San Pietro

Eintreffen und Aufnehmen
Arrival and Reception

Eintreffen und Aufnehmen sind zunächst abstrakte Begriffe, die sehr unterschiedliche konkrete Phänomene charakterisieren können: Funktionsweisen von Dingen, alltägliche Ereignisse, menschliche Bewegungen oder Gebärden.

Auch ein konkretes Platzgefüge lässt sich in einer prinzipiellen Annäherung mit diesen Begriffen beschreiben, wenn man die abstrakten Relationen heranzieht, die das Eintreffen mit dem Aufnehmen verbinden: Es handelt sich nämlich auch hier um gegensätzliche Vorgänge, die in einem komplementären Verhältnis stehen. Sie unterscheiden sich zwar durch den aktiven und zielgerichteten Charakter des einen im Vergleich zum passiven und erwartend offenen Charakter des anderen, doch sie bedingen sich aufgrund ihrer gegenseitigen Abhängigkeit. Das eine wird durch das andere verständlich gemacht und gesteigert. Beide werten sich gegenseitig auf:

Die Geste des Aufnehmens wirkt spannungssteigernd, wenn sie zunächst offen lässt, worauf sie sich richtet, wenn unbestimmt bleibt, was eintreffen wird. Genauigkeit und Differenziertheit erlangt sie erst, wenn etwas Spezifisches tatsächlich eintrifft: Personen, Ereignisse, eine bestimmte Form des Weges.

Soll der Akt des Eintreffens umgekehrt als aktiver und dynamischer Vorgang nicht nur vieldeutig im Ungefähren landen, muss artikuliert werden, wohin er treffen soll, ob und wie er aufgenommen wird. Eine zielgerichtete Bewegung wird durch den Ort bestimmt, an dem sie eintrifft.

Arrival and reception are abstract terms that may describe a variety of different concrete occurrences: the function of objects, common events, movement or gestures.

The specific design of a square can also be related to these terms if we draw on the abstract relationships that are common to both: for once again we are faced with contrasting, but interdependent processes. While the first is active and goal oriented and the second passive and open, they are inextricably linked. The latter makes sense of the former and enhances it. In combination, each is amplified as follows:

The gesture of reception is more exciting if it does not indicate right away what it is directed at when its destination is unspecified. Precision and differentiation come into play for example in an urban context, only when something specific actually does arrive: persons, events, a certain shape in the path.

Conversely, to prevent an ambiguous or haphazard expression of the active and dynamic event of arrival, one must identify the destination, i.e. whether and how it should be received. A goal-oriented movement is defined by its destination.

Der Campo San Pietro wird von diesen beiden komplementären Gesten bestimmt. Brücke und Kanal bringen etwas zunächst Unbestimmtes von außen in den Platzraum hinein (1). Der Platz selbst dagegen reagiert aufnehmend und gegenhaltend.

Eintreffen

Durch den Hauptzugang über die Brücke wird der Platz von außen her geprägt. Er kann als Endpunkt einer Folge von Wegetappen erfahren werden, die die ankommende Person durchläuft, um endlich in der abschließenden Phase auf dem Platz selbst einzutreffen.

Durch eine lange, in der dichten Bebauung eng gefasste Gasse nähert sich der Weg der Stelle, an der sich der Raum breit öffnet und in geradliniger Weiterführung die Brücke ansetzt (2). Lange bevor man das Ende der Gasse erreicht, ist jene bereits sichtbar, und so entsteht durch die symmetrische Rahmung und das breite Stufenpaket ein Portaleffekt (3). Beim allmählichen Näherkommen werden in diesem Rahmen zuerst der Campanile von San Pietro und dann die Kirchenfassade sichtbar.

The Campo San Pietro is defined by these two complementary gestures. Bridge and canal bring an indeterminate "something" from the surrounding area into the square (1). The square itself reacts by absorbing and resisting these elements.

Arrival

The square is characterized from the outside by its main access artery across the bridge. The entire square can be experienced as the termination of a series of stages through which we pass before finally arriving on the square proper in the stage.

The path leads through the long approach lane, closely framed by the dense development around it, to the point where the space widens and the bridge sets out as a straight continuation of the path (2). Visible from afar, the symmetric frame and the wide set of stairs create the effect of a portal (3). As we draw near, we first see the *campanile* of San Pietro and then the church itself.

2

3

1

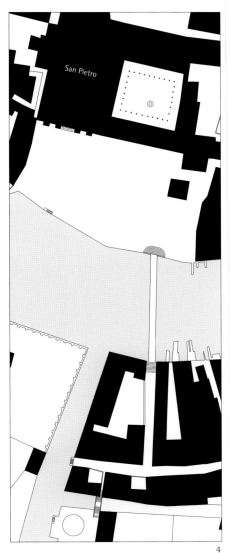

San Pietro

4

Über die Stufen und den Anstieg des Brückenbogens erhält der Weg einen weiteren Steigerungseffekt. Die Wegachse stößt mit der Brücke aus der Bebauung heraus, über den Kanal hinweg und in den Platzraum hinein (4). Sie beschreibt dabei einen leicht ansteigenden Bogen, der sich schließlich auf den Platz hinabsenkt. Gleichzeitig öffnet sich der Raum weit auf jenen anderen Bogen hin, den der quer durchfließende Kanal beschreibt. Beim Überqueren der Brücke wird er als ein Stück durchziehende Außenwelt erfahren. Aus der Gasse hinaus wird man durch seine Weite und seinen kontinuierlichen Schwung kurzfristig mitgenommen und hinausgeführt aus der Stadt, bevor man wieder in den schützenden Platz gegenüber eintritt, der jedoch an diesem Raumdurchfluss, diesem Durchzug von Weite, teilhat. Das symmetrische Ausschwingen des Kanals spannt einen Bogen auf, der Bewegung, Bootsverkehr, also ein Stück Außenwelt vorbeiziehen lässt und gleichzeitig auf dem Platz darbietet.

The path is rendered more dynamic by the steps and the rising arch of the bridge. It creates an axis, jutting out from the buildings together with the bridge and into the space of the square as it crosses over top of the canal, rising and falling in a gentle arch (4). At the same time, the space opens wide onto the other arc described by the canal that flows through it in the transverse direction. As we cross the canal, it is experienced as a piece of the outside world passing through. Stepping out of the *calle*, the breadth and continuous sweep of the canal carries us along for a short stretch in the direction that leads out of the city, before entering once again into the shelter of the square, which nevertheless shares this "flow", this passage of expanse. The even in and out of the canal creates an arch that lets movement and boat traffic on the canal flow past, a piece of the outside world, presenting the spectacle for view from the square.

5

Auf dem Campo San Pietro angekommen, wird die Brücke in einen Brückenkopf umgeformt, der auf der Platzfläche mit einem dicken Stufenpolster aufsetzt (5). Der Besucher betritt den Platz nicht unversehens, sondern setzt gut vorbereitet und vorsichtig den ersten Fuß auf ihn. Die besondere Ausformung des Brückenkopfs auf der Platzkante artikuliert das abgefederte Auftreffen.

Die Brücke kann wie ein Fühler begriffen werden, der entlang des Kanalbogens im suchenden Tasten das Ufer sondiert, bevor er es berührt. Wir müssen uns dies wie einen Mechanismus vorstellen, dessen Betätigung das Abtasten im Schwenk des Bogens in Verbindung mit der federnden Grundberührung auslöst (6, 7).

Upon reaching the Campo San Pietro, the bridge turns into a bridgehead landing softly on the floor of the square (5). We arrive fully prepared on this square: carefully, consciously, we step down onto the pavement. The unique design of the bridgehead where it joins the edge of the square articulates the cushioned "suspension" of this landing.

The bridge can be understood as a feeler that carefully explores the embankment along the curve of the canal before actually landing on it. We should imagine it as model that is analogous to a mechanism, whose activation triggers the probing along the curve in connection with a cushioned landing on the ground (6, 7).

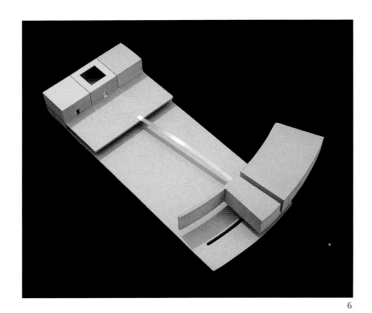

6

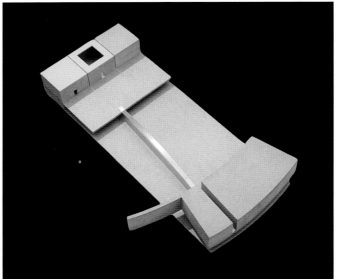

7

Die gekrümmte Mauerkante des Kanalufers markiert die sensible Nahtstelle, an der sich die Polarität von Eintreffen und Aufnehmen auf besondere Weise durch die Bogenform verdeutlicht (8). Während sich die rückwärtige Platzbegrenzung konkav aufnehmend krümmt, wölbt sich der Platz in der Beulung der Ufermauer zum Wasser hin (9). Dort exponieren wir uns gegenüber allem Ankommenden. Wir befinden uns noch im Bereich des geschützten Platzes und doch schon in der Bewegung des im Bogen vorbeiziehenden Außenraums. Auf die konkave Figur der Platzwand antworten die entgegengesetzt gekrümmte Kurve des ankommenden und zugleich weiterziehenden Kanals mit der begleitenden hohen Arsenalmauer gegenüber.

The rounded edge of the embankment along the sweep of the curve marks the sensitive seam where the polarity of arrival and reception is especially evident (8). While the rear wall of the square is concave, the square itself turns towards the water in the convex curve of the embankment (9). There, we are exposed to all that arrives. Here, we are still within the sheltered area of the square and yet already caught up in the movement of the outside world passing by on the canal. The concave shape of the wall in the depth of the square has its counterpart in the opposite curvature canal, arriving and flowing onward, accompanied by the tall arsenal wall on the other side.

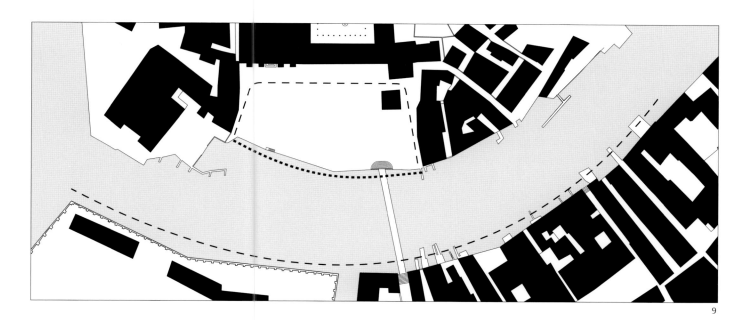

Aufnehmen

Gegenüber den äußeren Komponenten (axiales Einstoßen, tangentiales Vorbeiziehen) reagiert die Platzfigur selbst rezeptiv. Das rahmende U wirkt als umfassende Geste, die sich öffnend und aufnehmend dem Eintreffenden zuwendet. Die zunächst einheitliche Figur gliedert sich entlang der Platzrückwand in drei unterschiedliche Zonen (10):

Reception

In contrast to the external components (the sudden entrance along the axis, the traffic passing by or through on the tangential line), the shape of the square itself reacts in a receptive manner. The U-shape of the frame is an embracing gesture, openly welcoming those who arrive. What appears like a uniform area at first, is in fact divided into three different zones (10):

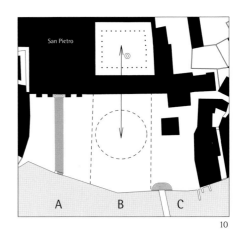

10

Zone A

Die Vorzone der alten Bischofskirche San Pietro (11) wird von der mächtigen weißen Fassade beherrscht, die vor sich ein Raumfeld beschirmt, das durch den axialen Weg vom Portal zum Wasser streng geordnet wird. Dieses Platzfeld ist ritualisierte Ein- und Austrittsbahn zwischen dem Kirchenraum mit der im Inneren anschließenden Raumachse und den Stufen am Wasser für das Ankommen und Abfahren. Die Haltung des Aufnehmenden ist hier aufrechtes Entgegenschreiten. Wer hier eintrifft, kommt ihm auf der Bahn entgegen.

Zone A

The zone in front of the old episcopal church of San Pietro (11) is dominated by the massive white facade that screens an area structured by the axial path from the portal to the water. This field in the square is the ritual entrance and exit route between the church, with its own internal axis and the steps at the water's edge for arrival and departure. The gesture of reception is one of stepping forward in an upright posture. Everyone and everything reaches this reception along this path.

11

Zone B

Die mittlere Zone des Platzes wird nur ganz verhalten von der Platzrückwand her bestimmt. Dort befindet sich das ehemalige bischöfliche Palais mit dem von Arkaden umgebenen Innenhof. Der Platzraum erweitert sich somit in den Arkadenhof hinein, der ihm eine Art von kontemplativem Resonanzraum anfügt (12). Dessen räumlicher «Nachhall» ist auf dem Platz draußen spürbar. Damit klingt auch die aufnehmende Geste der ganzen Platzfigur mit einer hintergründigen Erweiterung nach.

Zone B

The middle zone of the square is only marginally influenced by the rear wall. The former bishop's palace with its arcaded courtyard is located in this zone. Thus the space of the square extends into the courtyard, which adds a contemplative area (12). The spatial "echo" of this area is felt even in the square in front. In this manner the welcoming gesture of the entire square resonates in an extension to the rear.

12

Zone C

Der Körper des Campanile kann als Auslagerung von Baumasse in den Platz hinaus betrachtet werden, so wie der Innenhof als Raumeinlagerung innerhalb der rückwärtigen Bebauung. Während Kirchenraum und Hof hinter der Platzwand zurücktreten, tritt der Turm als imponierende Gestalt aus der plastisch gegliederten Platzrückwand hervor und bietet diese Geste zum Nachvollzug an (13, 14).

Der gesamte Platzcharakter wird so in vier Gestaltelementen ausgedrückt: So wie die ragende Figur des Campanile die Positur aufrechten Stehens nahe legt, so macht die Kurve des Kanals die vorbeiziehende Bewegung sinnfällig, so ist die U-Gestalt der Platzwand umgreifende Empfangsgeste, und so artikuliert der Bogen der Brücke die Ankunft auf dem Platz.

Zone C

The volume of the *campanile* can be read as the built mass extending into the square, much like the courtyard can be interpreted as an open space integrated into the built area to the rear. While church space and churchyard step recede behind the wall of the square, the bell-tower stands out against the articulated rear wall of the square as an imposing figure and invites us to emulate this gesture (13, 14).

The overall character of the square is expressed through four design elements: the upright figure of the campanile suggests the verticality of standing; the curve of the canal echoes the movement passing by; the U-shape of the wall expresses an encompassing gesture of welcome; and the arch of the bridge symbolizes the arrival on the square.

13

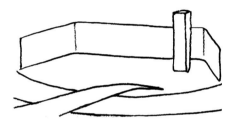

14

Anmerkungen

1 *Pittura metafisica* (ital. *Metaphysische Malerei*) ist die Bezeichnung für eine Art der Malerei in Italien am Anfang des 20. Jahrhunderts, vertreten insbesondere durch Giorgio de Chirico und Carlo Carrà. Isolierte Objekte vor Architekturkulissen auf leeren Plätzen werden in extrem starken Licht-Schatten-Kontrasten dargestellt, deren Herkunft manchmal unklar bleibt. Damit wird eine geheimnisvolle Atmosphäre erzeugt.

2 Untersuchungen von H. Maertens haben ergeben, dass das Blickfeld, das unser Auge ohne Bewegung des Kopfes übersieht, ca. 27 Grad in der Senkrechten beträgt. Daraus leiten K. Lässig u. a. Folgerungen für die Empfindung von Enge und Weite in Stadträumen ab.

H. Maertens, *Der optische Maßstab oder die Theorie und Praxis des ästhetischen Sehens in den bildenden Künsten.* Bonn 1877; Konrad Lässig u. a., *Straßen und Plätze. Beispiele zur Gestaltung städtebaulicher Räume.* Berlin 1969, S. 22, 31

3 Siehe: Aristoteles, *Metaphysik*; I. Kant, *Von dem ersten Grunde des Unterschiedes der Gegenden im Raume* (1768); H. Schmitz, *Der leibliche Raum*

4 M. Heidegger, *Sein und Zeit*; H. Plessner, *Anthropologie der Sinne* (1970) (siehe auch «Dazwischen» oder das Bespielen des architektonischen Raumes)

5 G.W. Leibniz, Monadologie. Stuttgart 1954.

Notes

1 *"Pittura metafisica"* ("metaphysical painting") refers to a painting style practised in Italy at the beginning of the 20th century. Giorgio de Chirico and Carlo Carrà are the principal representatives of the movement. Isolated objects in front of architectural backdrops are represented in stark light-shadow contrasts, whose provenance is sometimes unclear, creating a mysterious atmosphere.

2 Studies by H. Maertens have shown that the range of vision of the human eye without turning one's head is approx. 27 degrees in the vertical direction. Based on these findings, K. Lässig et al. draw their conclusions with regard to human perception of narrow and open spaces in urban settings.

Maertens H., *Der optische Maßstab oder die Theorie und Praxis des ästhetischen Sehens in den bildenden Künsten.* Bonn, 1877. See also: Konrad Lässig et al.., *Straßen und Plätze, Beispiele zur Gestaltung städtebaulicher Räume.* Berlin 1969, pp. 22, 31

3 cf.: Aristotle, *Metaphysics;* I. Kant, *Von dem ersten Grunde des Unterschiedes der Gegenden im Raume* (1768); H. Schmitz, *Der leibliche Raum*

4 M. Heidegger, *Being and Time;* H. Plessner, *Anthropologie der Sinne* (1970) (see also the relevant sections in the chapter "The In-Between or Playing to Architectural Space")

5 G.W. Leibniz, Monadologie. Stuttgart 1954.

Die Situationen
The Situations

Die ersten Versuche der Systematisierung stadträumlicher Merkmale und der Zusammenstellung eines Repertoires von Gestaltelementen des Stadtraums beginnen 1889 mit Camillo Sitte. Seine Schrift «Der Städtebau nach seinen künstlerischen Grundsätzen»[1], eine Sammlung von Beispielen städtischer Plätze und ihrer Merkmale, verfolgt das Ziel, im Rahmen einer «praktischen Ästhetik» die Gesetzmäßigkeiten für die ästhetische Wirkung von Plätzen und Stadtanlagen darzustellen. Die normative und gleichzeitig romantisierende Haltung Sittes lässt ihn nach Gestaltmerkmalen und Prinzipien suchen, von deren Berücksichtigung er sich die Hervorbringung eines idealen, malerischen Stadtbildes verspricht: Geschlossenheit, Freihalten der Mitte, Unregelmäßigkeit, Gruppierung und Formtypen (Höhen-, Breiten-, Tiefenplätze), das heißt Form- und Anordnungseigenschaften, denen der Stadtbewohner im betrachtenden Genuss gegenübertritt.

Kevin Lynch dagegen, ein anderer Systematiker der Stadtgestalt im 20. Jahrhundert, bemüht sich um analytische Wissenschaftlichkeit. Vor allem von der Wahrnehmungs- und Kommunikationstheorie her stellt er Kriterien einer Bildhaftigkeit des Stadtraums zusammen, eine Systematik von Zeichen, Orientierungshilfen, visuellen Marken, Stadtbildtypen und Bildkomponenten. Obwohl Kevin Lynch in seinem Buch «Das Bild der Stadt»[2] von Orientierungs- und Wahrnehmungsmechanismen ausgeht, liegt der Schwerpunkt der Schrift doch ganz bei der äußeren Gestalt der Stadt. Für ihre Verbesserung werden Vorschläge mit dem Ziel der Orientierungs- und Wahrnehmungsoptimierung gemacht.

Die meisten systematischen Arbeiten zur Gestalt des Stadtraums im 20. Jahrhundert folgen entweder dem «baukünstlerischen» Impetus von Camillo Sittes Studie, so etwa die von Wolfgang Rauda[3] und Heinz Wetzel[4], oder aber gehen wie Kevin Lynch von einem analytisch-wissenschaftlichen Ansatz aus, wie etwa die Stadtgestaltungstheorie der siebziger Jahre, vor allem in Deutschland.[5]

Gordon Cullen, ein weiterer «Klassiker» systematischer Stadtgestaltung, legt seiner Schrift «Townscape, das Vokabular der Stadt»[6] einen reichhaltigen Katalog stadträumlicher Merkmale und Phänomene zugrunde, aus dem er Empfehlungen für die städtebauliche Praxis ableitet. Seine Arbeit verbindet poetisch-lyrische Elemente mit einem sehr pragmatischen Ansatz, der wie ein Rezept gelesen werden kann.

In 1889 Camillo Sitte was the first to undertake a systematic overview of the characteristics of urban space and to compile a repertoire of urban design elements. His treatise "The Artistic Principles of Urban Development"[1], a compendium of examples of urban squares and their characteristics, aimed to describe the laws that govern the aesthetic effect of town squares and other urban spaces in the context of "applied aesthetics". Sitte's attitude – which aimed to establish a standard but was nevertheless romantic in approach – inspired him to look for design characteristics and universal principles that would provide a basis for creating an ideal, picturesque urban image: compactness, an open centre, irregularity, groupings, types (squares of height, breadth and depth). In short, characteristics in form and arrangement that would be capable of pleasing the eye of the urban inhabitant.

Conversely, Kevin Lynch – the 20th-century system theorist of urban image – strives for an analytical approach. Lynch categorizes the visual criteria of urban space primarily on the basis of the theory of perception and communication, that is, a system of signs, orientation aids, visual markers, urban types and image components. Although Kevin Lynch's work "The Image of the City"[2] is based on mechanisms of orientation and perception, the principal focus of the volume is on the external image of the city, offering suggestions for improvement with a view to optimal orientation and perception.

In the twentieth century, most systematic works on the shape of urban space follow either in the footsteps of the "artistic architectural" impetus that inspired Camillo Sitte's investigation (e.g. Wolfgang Rauda[3] and Heinz Wetzel[4]) or the analytical-scientific vein of Kevin Lynch, e.g. the urban design theory of the 1970s, especially in Germany.[5]

In his work "Townscape, the vocabulary of the city"[6], Gordon Cullen, another "classic" writer on systematic urban design, generates a rich catalogue of urban characteristics and phenomena from which he draws practical conclusions for recommendations in urban planning. His work combines poetic-lyrical elements with a pragmatic approach.

What all these works have in common is the search for an ideal image of the city. This ideal image is to be achieved through an analysis of governing laws, or rather, rules that are recognized as relevant, and more specifically by means of a targeted manipulation of design characteristics in the built environment.

214

Allen diesen Arbeiten ist die Orientierung an einem idealen Bild von Stadt gemeinsam. Ziel ist dessen Herstellung auf der Basis der in der Analyse erkannten Gesetzmäßigkeiten und Regeln, was durch zielgerichtete Manipulation an den Gestalteigenschaften des Gebauten erreicht werden soll.

Konnte jedoch Camillo Sitte noch anstreben, aus seiner Sammlung schöner alter Platzanlagen eine «Summe von Regeln» abzuleiten, «bei deren Befolgung dann ähnliche treffliche Wirkungen erzielt werden müssten»[7], oder konnte Kevin Lynch noch unbeschwert ein konsistentes «Bild der Stadt» als «ein klares Bild der Umwelt»[8] durch die Zusammenstellung von dessen Elementen zu erzielen hoffen, so haben wir mittlerweile die Fragwürdigkeit normativer Empfehlungen für die Stadtgestaltung erkannt.

Daher hat der Versuch, Gemeinsamkeiten wiederkehrender Situationen auf den Campi Venedigs herauszulesen, der im Folgenden hier unternommen werden soll, auch nicht das Ziel, Regeln aufzustellen, und soll keinesfalls ein Beitrag zu zeitgenössischen städtebaulichen Problemlösungen sein. Das methodische Isolieren von Einzelsituationen ist hier anders motiviert:

Die an den Anfang gestellten Beobachtungen zur zeitgenössischen Art unseres Umgangs mit Raum unter den drei Stichworten Szene, Emergenz und Gewebe handeln alle von Vereinzelungsphänomenen. Wenn wir unserem Handeln Bedeutsamkeit nicht mehr durch einen raumzeitlich übergreifenden Lebensrahmen verschaffen können, sondern nur durch den Wert des einzelnen ereignishaften Augenblicks – durch die ästhetisierende Geste in Szene gesetzt –, in dem wir uns autoreflexiv als Handelnde im Raum erfahren; wenn – gezielt oder beiläufig – dieses Ereignis sich aus dem Zusammentreffen von objektiv-räumlichen und subjektiv-handelnden Faktoren fallweise wechselnd als Singularität ergibt, ohne eindeutig dauerhafte Festlegung; wenn schließlich in einem verzweigten Beziehungsgefüge ohne die Hierarchie einer großen Ordnung kleine Einheiten Bedeutung gewinnen, zusammengesetzt aus Komponenten von Raum und Handeln, dann lässt sich daraus die Tendenz ablesen, der einzelnen Situation und dem einzelnen Element eine größere Wertschätzung zu widmen als dem großen Zusammenhang.

Nachdem mit dem postmodernen Denken die großen Legitimationssysteme an Autorität und Gültigkeit verloren haben und der Verlust der übergreifenden Ordnungen nicht

While Camillo Sitte could hope to extract a "sum of rules" from his collection of beautiful old town squares, "adherence to which would surely lead to similarly successful effects"[7], and Kevin Lynch may have been justified in expecting to achieve a consistent "image of the city" as "a clear image of the environment"[8] by collecting the elements that constitute such an environment, we have since learned that standardized recommendations for urban planning are questionable at best.

The effort to uncover what recurring situations on the *campi* of Venice have in common – the subject of part two of this volume – is thus not an attempt to formulate any rules, nor is it intended as a contribution to finding contemporary solutions for problems in urban planning. On the contrary, the motivation for the methodical focus on individual situations is an entirely different one:

The observations on contemporary ways of interacting with space that introduce this study under the three keywords of *scene, emergence and fabric*, deal wholly with isolating and separating phenomena.

When actions no longer gain meaning through a time-independent framework of life, but only through the value of the individual, event-filled moment – staged with the help of a gesture that provides the aesthetics – which makes us feel like actors in the space.

When this moment creates a singular event out of the convergence of objective-spatial and subjective-active factors, without any clear and lasting definition.

When, moreover, small units of or comonents of space and action gain significance in a mesh of references that answers to no hierarchy of a single, overarching order.

When all these factors converge, we become aware of a trend that gives greater value to the individual situation and the individual element than to the overarching context.

Ever since post-modern thought has diminished the authority and validity of the major systems of legitimization, and we have ceased to bemoan the loss of overarching orders, the field is wide open for the value of the individual. In architecture and in urban space, this appreciation benefits individual spatial situations. They no longer derive their value from being subordinate to a greater urban order. Instead, we can celebrate the experience of space and find worthy platforms for our actions in even the smallest "architectural" units.

This provides fertile ground for a growing sensibility towards nuances, for mechanisms in which subtle variations and minute shifts in the spatial configuration are echoed in an

mehr bedauert wird, ist der Blick für den Wert des Enzelnen frei geworden. In Architektur und Stadtraum kommt diese Wertschätzung der jeweiligen räumlichen Situation zugute. Sie hat ihren Wert demnach nicht nur als untergeordneter Bestandteil einer städtebaulichen Großordnung. Vielmehr ist es ohne diese möglich, das Erlebnis auszukosten, worin der Raum in kleinsten Einheiten des «Architektonischen» unserem Handeln eine würdige Plattform bietet.

Auf diese Weise wird auch eine Sensibilität für die Nuancen begünstigt, für die Mechanismen, mit denen minimale Variationen und kleine Verschiebungen in der Konfiguration der Räume durch ebenso feine Differenzierungen der räumlich-szenischen Wirkung beantwortet werden.

Die im Folgenden zusammengestellte Auswahl von Einzelsituationen, die auf venezianischen Campi vorkommen, hat ihren Zweck erfüllt, wenn sie diese neue Aufmerksamkeit für das Einzelne auf der Ebene der stadträumlichen Erfahrung zustande bringt.

equally minute differentiation of the spatial-scenic effect. The following selection of individual situations on the Venetian *campi* will have fulfilled its intended purpose if it succeeds in inspiring this new attention to detail in the urban experience.

1 Camillo Sitte, Der Städtebau nach seinen künstlerischen Grundsätzen. Basel, Boston, Berlin 2001 (Vienna 1909)
2 Kevin Lynch, The Image of the City, Cambridge/Mass. 1960
3 Wolfgang Rauda, Lebendige Städtebauliche Raumbildung. Stuttgart 1957
4 Heinz Wetzel, Stadt Bau Kunst. Gedanken und Bilder aus dem Nachlass. Stuttgart 1962
5 e.g.: Michael Trieb, Stadtgestaltung. Theorie und Praxis. Düsseldorf 1974
6 Gordon Cullen, Townscape. London 1961
7 Camillo Sitte, op. cit., p. VII
8 Kevin Lynch, op. cit., p. 14

1 Camillo Sitte, *Der Städtebau nach seinen künstlerischen Grundsätzen.* Basel, Boston, Berlin 2001 (Wien 1909)
2 Kevin Lynch, *Das Bild der Stadt.* Frankfurt a.M., Berlin 1965 (Cambridge/Mass. 1960)
3 Wolfgang Rauda, *Lebendige Städtebauliche Raumbildung.* Stuttgart 1957
4 Heinz Wetzel, *Stadt Bau Kunst. Gedanken und Bilder aus dem Nachlass.* Stuttgart 1962
5 Vgl. zum Beispiel: Michael Trieb, *Stadtgestaltung. Theorie und Praxis.* Düsseldorf 1974
6 Gordon Cullen, *Townscape. Das Vokabular der Stadt.* Basel, Boston, Berlin 1991 (London 1961)
7 Camillo Sitte, a. a. O., S. VII
8 Kevin Lynch, a. a. O., S. 14

Ankündigung

Eine Ankündigung weist auf etwas hin und nimmt es dadurch vorweg. Erst später wird man schließlich zu der Stelle gelangen, welche ein Durchblick, ein kurzer Ein- oder Ausblick im Voraus bereits zeigte. Auf diese Weise markieren über den Dächern hervorragende Türme vorsorglich den Ort der späteren Ankunft. Zumeist jedoch werden sie lediglich als Merk- und Orientierungspunkte aus der Ferne wahrgenommen. Gerade dann aber nehmen sie eine präzise Position im städtischen Gefüge ein. Denn von ihrem Platz aus wirken sie bis in andere Räume hinein. Der Ankündigung folgt in diesem Falle nicht die spätere Ankunft. Sie bleibt ein Versprechen, das man aus der Ferne wahrnimmt und nicht einlöst.

Merk- und Orientierungspunkte

Türme dienen als Merk- und Orientierungspunkte, da sie von weit her sichtbar sind. Noch an weit entfernten Orten spürt man ihre emporragende Kraft und Überlegenheit. Aufgrund ihrer aufschießenden Größe und Erhabenheit wecken sie das Interesse des Beobachters, fordern dabei jedoch nicht unbedingt dazu auf, näherzukommen. Aus größerem Abstand kann man sich an ihnen orientieren. Man denke an die Türme von San Pantalon (2) und Santa Maria dei Frari (1), die bis auf den Campo Santa Margherita «herüberschauen» (3).

Türme überwinden also Distanz und sind hier, an ihrem Standort, wie dort, in der Ferne, präsent.

Announcement

An announcement draws our attention to something and thus precedes it. We reach the place first revealed by a vista, a brief glimpse or a prospect only some time later. Thus towers that peak above the roof line carefully announce the destination to come. For the most part, we simply take note of them as markers or orientation points in the distance. But this is the very moment when they assume a precise position in the urban fabric. From their own location, they exert an effect far into the surrounding spaces. In this case, the announcement is not followed by a subsequent arrival. It is a promise, seen from afar and not redeemed.

Markers and Orientation Points

Towers serves as markers and orientation points since they are visible from afar. Even at a great distance, we can sense their soaring force and superiority. While the towering scale and grandeur awaken interest in the observer, they don't necessarily beckon one to draw nearer. From a greater distance, they serve as orientation points. One need only think of the towers of S. Pantalon (2) and Santa Maria dei Frari (1), which "peak" all the way to the Campo Santa Margherita (3). Thus towers overcome distance and have a presence both at their own location and in the distance.

1

2

3

Durchblicke, Ein- und Ausblicke

In der Vorausschau eines Durchblickes, eines Ein- oder Ausblickes wird ein Interesse geweckt. Es wird auf etwas dahinter liegendes aufmerksam gemacht, das sich hinter einer Häusergruppe wie bei der Kirche der Madonna de l'Orto (vgl. «Ankündigung und Ankommen») oder hinter einer Ecke, wie beim Eintreffen auf dem Campo Santi Giovanni e Paolo verbergen kann. Man denke an den Zugang über die kleine Gasse, die den Kanal entlang von Süden her kommend, schräg vor der Kirche in den Platz mündet (4–5) (vgl. «Hinführung», und dort «Umlenkungen»).

Das Interesse kann im Allgemeinen dem gelten, was auf verschiedenste Weise aus einem Inneren nach draußen scheint: durch Lücken in einer gefäßartigen Umfassung wie beim Campo de Ghetto Novo (6), durch einen verhüllend enthüllenden Stützenschleier wie beim Campo de la Chiesa der Confraternita von San Francesco (7) und ähnlich beim südlichen Eintritt auf den Campo Santi Apostoli (8).

Jeder Fall ist aber auch umgekehrt zu denken. Wo Einblicke gestattet werden, sind in der Regel auch Ausblicke möglich, die nicht minder das Interesse des Betrachters wecken.

Vistas, Glimpses and Prospects

The preview provided by a vista, a glimpse or a prospect arouses interest. It draws attention to what lies behind, something that is hidden by a group of houses as in the case of the church of Madonna de l'Orto (cf. "Announcement and Arrival") or around a corner, as upon arrival on the Campo Santi Giovanni e Paolo. For example, the access to this square via a small lane that runs along the canal from the south and enters the square at an angle in front of the church (4–5) (cf. "Approaches", "Detours").

In general, our interest is awakened by interior features that "shine" through to the outside in many different ways: through gaps in a vessel-like enclosure, for example on the Campo de Ghetto Novo (6); through a veil of columns that is both obscuring and revealing, for example on the Campo de la Chiesa of the Confraternita of San Francesco (7); and similarly when we enter the Campo Santi Apostoli from the south (8).

Each case can also play out in reverse. Wherever we can glimpse an interior, that same interior generally offers prospects of the exterior, which are just as interesting to the observer.

Hinführung

Führungen beeinflussen aufgrund ihrer Leitfunktion das Verhalten. Sie schränken eher ein, als dass sie freien Raum ließen, zur Entfaltung mannigfacher Bewegungsfiguren etwa. Im extremsten Falle sind Führungen gezielte Anleitungen für die diversen Modi des Gehens, Stehens, Sitzens bzw. des Verhaltens im Allgemeinen. Aber selbst dann müssen die betreffenden Räume durch das eigene Tun und Handeln noch bespielt, d.h. durch eigene Anwesenheit aktiviert werden. Die Einschränkung auf wenige Handlungsmodi muss daher – wird Zwanghaftigkeit bei der architektonischen Gestaltung vermieden – keinen Verlust bedeuten. Vielmehr kann darin der eigentümliche Charakter einer besonderen räumlichen Situation, eines herausragenden Ortes liegen.

Im vorliegenden Fall sind Führungen gemeint, die zu einem Platz hin- oder in sein Inneres hineinleiten. Dadurch wird eine weitere Besonderheit erzeugt, da die Erwartung an das Kommende sowie die eingeschlagene Richtung hin zu einem mehr oder weniger bekannten Ziel ein anderes Verhalten (Spannung, Erwartung, Ablehnung) nahe legt als umgekehrt der Austritt, d.h. das Verlassen eines Ortes.

Räumliche Momente der Hinführung sind: Eintrittsbahnen, Umlenkungen, Trichter, Filter.

Approach

By virtue of their guiding function, approaches influence behaviour. Instead of allowing for free room – for a variety of figures of movement to develop, for example – they are rather restrictive. In the most extreme case, approaches contain precise instructions for the different modes of walking, standing and sitting, that is, of behaviour in general. Even then, the relevant spaces must be brought to life through one's own actions, i.e. activated through one's own presence. Thus the restriction to a few modes of action need not translate into a loss, provided there is nothing forced or compulsory in architectural design. Instead, the very restriction may express the particular character of a specific spatial situation, of a distinctive site.

Here, the focus is on approaches to a square or into its interior. This gives rise to yet another unique feature, because the anticipation of what is to come and the chosen direction towards a more or less familiar goal suggest different kinds of behaviour (tension, anticipation, rejection) than exiting, that is, leaving a space would.

The approach contains the following spatial features: entrance routes, detours, bottlenecks and filters.

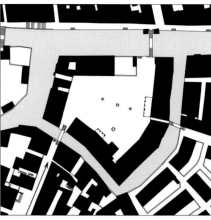

9

10

11

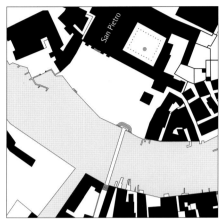

12

Eintrittsbahnen

In der Regel sind Eintrittsbahnen mehr oder weniger schmale, dabei gebogene, gekurvte, abgewinkelte oder auch schnurgerade Führungen, die verschiedene Orte miteinander verbinden. Diese Bahnen erzeugen relevante Raumerfahrungen durch die Betonung eines Bewegungs- oder Verhaltenstypus aufgrund der in ihnen erlebten Enge oder Länge.

Zum Campo San Pietro etwa führt ein langer schmaler Weg, dessen Längserstreckung durch eine Brücke über den Kanal hinweg bis auf den Campo ausgedehnt wird. Diese Brücke ist jedoch bereits ein Umschlagspunkt, auf der die Bewegung zwar, noch durch die schmale Bahn des Steges geleitet, linear nach vorne gerichtet ist. Doch der quer verlaufende Kanalraum, die Auf- und Abbewegung der Brücke, die hoch über den Kanal hinausragt, sowie der breit und in Erwartung daliegende Campo nehmen die lineare Bewegung auf und zerstreuen sie (12-14).

Entrance routes

Generally speaking, entrance routes are more or less narrow approaches that may curve, turn corners or run straight between different sites. These routes create distinct spatial experiences by emphasizing a particular type of movement or behaviour based on the narrowness or the length we encounter in them.

Thus the approach to the Campo San Pietro is a long, narrow path, whose route extends across a bridge over the canal all the way to the *campo*. This bridge, however, already represents a transfer point. Although the movement continues to follow a linear, forward direction – whose course is maintained by the narrow path across the footbridge – the open space of the canal, lying crosswise to the path beneath the bridge, the rise and fall of the bridge soaring high above the canal and the expectant expanse of the *campo* beyond, absorb the linear progress and disperse it (12-14).

13

14

Weitere Beispiele: Campo de Ghetto Novo über die Calle de Ghetto Vecchio (9-11); Campo de la Madonna de l'Orto vom Campo dei Mori aus (19, 20); der Weg zum Campiello Piovan; der südliche Zugang zu Campo San Trovaso.

Further examples: Campo de Ghetto Novo via the Calle de Ghetto Vecchio (9-11); Campo de la Madonna de l'Orto from the direction of the Campo dei Mori (19, 20); the path to the Campiello Piovan; the southern access to the Campo San Trovaso.

Andere Eintrittsbahnen liegen wie eine Tangente am Platz, so dass dessen Fläche nur am Rand gestreift wird und man nicht in dessen Zentrum gelangt. Nicht einmal ganz angekommen, verlässt man den Platz bereits wieder, wie zu beiden Seiten des Campo San Barnaba (15, 16) oder ebenfalls im südlichen Bereich des Campo Santa Margherita.

Other entrance routes lie tangentially to the square, touching its area only at the edge instead of leading into its centre. Barely arrived, we are already leaving the square again, as is the case on both sides of the Campo S. Barnaba (15, 16) or on the south side of the Campo Santa Margherita.

15

Umlenkungen

Durch Umlenkungen wird der unmittelbare Zutritt verzögert. Dabei können sie – wie bei barocken Anfahrten oftmals üblich – das Ziel längst im Auge haben und doch erst einmal daran vorbeiführen, wie etwa vor der Seitenfront von San Nicolò dei Mendicoli (17) oder vor der Hauptfassade der Chiesa dei Carmini (18), wo Kanäle unüberwindliche Hindernisse erzeugen.

In einem anderen Falle erfolgt die Umlenkung noch vor dem eigentlichen Gewahrwerden des Zieles. An der südlichen Schmalseite des Campo Santi Giovanni e Paolo etwa reicht eine Brücke an ein Stück Weg, das wie ein Appendix am Campo hängt, ohne eigentlich zur Platzfläche zu gehören. Dennoch hat man die Weite des Campo und vielleicht einen Zipfel der Kirchenfassade sowie die Front des daneben liegenden Hospitals bereits wahrgenommen, als man gemeinsam mit der Brücke den Kanal überquerte. Die Umlenkung dient hier der Ankündigung (vgl. «Ankündigung»), ohne das Ziel des Weges unmittelbar zu offenbaren.

Detours

Detours delay the moment of direct access. With the goal visible from afar, they may often lead us past it at first – a frequent feature in baroque approach routes – as is the case in front of the side facade of San Nicolò dei Mendicoli (17) or in front of the main facade of the Chiesa dei Carmini (18), where canals create insurmountable obstacles.

In yet another case, the detour occurs before we are even aware of the goal. At the narrow south side of the Campo Santi Giovanni e Paolo, for example, a bridge leads to a short path that dangles from the *campo* like an appendix, without being part of the actual square. Nevertheless, crossing the canal via the bridge, one may catch a glimpse of a thin wedge of the church facade as well as the front of the adjoining hospital. Here, the detour serves as an announcement (cf. "Announcement") without immediately revealing the goal of the path.

16

17

Weitere Beispiele: Fondamenta Briati mit der gegenüberliegenden Kirche Sant'Anzolo Rafaele; Fondamenta Riello und die gegenüberliegende Peschiera.

Further examples: The *fondamenta* Briati with the church of Sant' Anzolo Rafaele on the opposite side; the *fondamenta* Riello and the Peschiera on the opposite side.

18

19

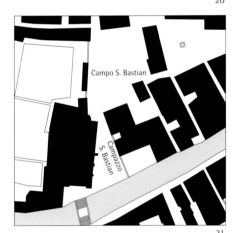

20

21

22

Trichter

Trichter sammeln die Bewegung. Durch die allmähliche Verengung des Volumens konzentrieren sie den Schritt und die Aufmerksamkeit bevor der Gehende zum Schluss wieder in eine davon unabhängige Raumzone entlassen wird. Unterschiede entstehen hauptsächlich durch die Länge des Trichterhalses.

Zwischen dem Campo dei Mori und dem Campo de la Madonna de l'Orto etwa ist er so lang, dass er zu einer «Eintrittsbahn» (vgl. oben) wird, welche die Erfahrung der Einengung und Zusammenführung der Bewegungen überlagert. Durch die Brücke am Übergang zwischen Trichterhals und Campo entsteht zusätzlich eine Art Schwelle (19, 20). Zwischen dem Campo San Bastian und dem gleichnamigen Campazzo dagegen erlaubt die geometrische Überschneidung einen unmittelbaren Übergang aus der Trichterform des ersten in die weite Fläche des zweiten (21, 22).

Bottlenecks

Bottlenecks collect the movement. By gradually diminishing the volume, they focus the pedestrian's stride and attention before disgorging him at the "mouth" into an entirely independent spatial zone. Bottlenecks differ mainly in terms of length.

Between the Campo dei Mori and the Campo de la Madonna de l'Orto, for example, the bottleneck so long that it becomes an "entrance route" (see above), a combined experience of constriction and channelling. Moreover, the bridge at the transition between bottleneck and *campo* creates a kind of threshold (19, 20). Between the Campo San Bastian and the *campazzo* of the same name, the intersection allows for a direct transition from the bottleneck of the first space into the open area of the second (21, 22).

Filter

Filter sind durchlässig und halten zugleich zurück. In der Architektur dienen sie der Kennzeichnung eines räumlichen Überganges, ohne das Davor und das Danach voneinander abzutrennen. Was räumlich und zeitlich vor dem Filter liegt, spielt in das Danach hinein und umgekehrt. Dennoch ist der Filter eine Zäsur, der beide Momente auseinanderhält.

Zeit- und Raumfluss geraten dort ins Stocken, da der Filter beim Ein- und Ausgehen die Vorzeichen von Draußen und Drinnen verdreht. Der Übergang selbst aber ist ein räumliches Moment. Er muss durchschritten, überwunden werden, damit man in das Innere oder das Dahinter gelangt, in das er Einblicke gestattet, das er aber nicht gänzlich preisgibt. Man denke an den südlichen Zugang zum Campo de la Chiesa der Confraternita von San Francesco (23) (vgl. «Einschluss und Ausschluss» und «Ankündigung») sowie an den «Porticus» an der südlichen Seite der Scuola di San Rocco (24, 25).

Filters

Filters are permeable but also act as a barrier. In architecture they serve to mark a spatial transition without separating Before and After. What lies before the filter in time, or in front of it in space, plays into the after and vice versa. Nevertheless the filter is a caesura that separates the two moments.

At this point, time and space are brought up short, since the filter reverses the signals of outside and inside at the moment of entering and exiting. The transition, too, is a spatial moment in itself. We must pass through it and overcome it to reach the interior or the "behind", of which it offers brief glimpses without revealing it altogether. One need only think of the southern access to the Campo de la Chiesa of the Confraternita of San Francesco (23) (cf. "Inclusion and Exclusion" and "Announcement") as well as the "portico" on the south side of the Scuola di San Rocco (24, 25).

23

24

25

Weitere Beispiele: Die Arkaden am südlichen Ende des Campo Santi Apostoli.

Further examples: The arcades at the southern end of the Campo Santi Apostoli.

26

27

Vorplätze

Vorplätze sind Orte der Orientierung und des Einhalts. Diese Übergangsräume gehören schon nicht mehr zum Gewebe der engen Gassen und doch noch nicht zum Raum des Platzes selbst. Oder sie gehören – wenngleich ausgegliedert – beiden an. Zwischen dem Weg durch die Gassen und dem Eintritt in den Platz wird eine Umschlagphase eingeschaltet. Die Bewegungsform in der Gasse, ein zielgerichtetes Streben oder passives Geschobenwerden, hat hier Gelegenheit umzuschlagen in die freie und ruhige Bewegungsart auf einem Platz. Die Eigenschaften des Vorplatzes, das Bereitstellen eines kleinen Raums, seine Ausgliederung aus dem städtischen Umfeld, der häufig damit verbundene Richtungswechsel, bewirken eine Verlangsamung der Geschwindigkeit, ein Zögern, ein Umherblicken und begünstigen damit ein – gleichwohl beiläufiges – Gewahrwerden dieses Umschlags.

Ein Vorplatz kann auf mindestens zweierlei Art zu dem Platz, dem er vorgelagert ist, in Beziehung stehen: durch das vorweggenommene Darbieten eines Überblicks (26) und durch das vorläufige, partielle Vorenthalten des Einblicks (27). In beiden Fällen ist der Vorplatz in einen gestalteten Ereignisverlauf eingebunden, der sich mit der Weiterführung in und durch den Platz fortsetzt.

Überblick

Die für einen Überblick geeignete Lage des Vorplatzes, – erhöht, offen und mit gutem Blickwinkel,– exponiert die ankommende Person derart, dass damit der weitere Eintritt in den Platz

Forecourts

Forecourts are loci for pausing and orienting oneself. These transition zones are no longer part of the network of narrow lanes and not yet part of the space of the square proper. Or else they belong to both – albeit set apart. A transition phase is inserted between the route through the lanes and the entrance into the square. At this point, the mode of movement in the lane – a goal-oriented stride or passive going-with-the-flow – can change pace and adopt the freer and calmer mode of movement on a square. The characteristics of a forecourt – furnishing a small space, setting it apart from the urban environment and changing direction – cause us to slow down, to hesitate and look around and to become aware, even if only in passing, of the transition that is taking place.

A forecourt may relate to the square it precedes in at least two ways: by offering an advance view of the square or by momentarily withholding a view into the square. In both cases, the forecourt is integrated into a carefully designed sequence of events that continues as we follow the route into and through the square.

Vista

The location of a forecourt of the first type is ideal for providing a vista – elevated, open and with a good angle of view – and it exposes the arriving person to such a degree that the

wie inszeniert erlebt wird (vgl. «Eintritt als Auftritt»). Das Hinab- oder Hineinschreiten wird zelebriert. Gleichzeitig ist als erster Eindruck von dieser Stelle aus bereits eine geraffte Vorwegnahme der Bewegungsführung möglich. Das räumliche «Programm» des Platzes wird im Überblick angekündigt, bevor es vollzogen wird.

subsequent entrance into the square is experienced like a staged performance (cf. "Scene Entrance"). The act of stepping down or into the square is celebrated. At the same time, the first impression gained from this position provides a kind of shorthand preview of the route the movement will follow. The spatial "program" of the square is announced in the vista prior to execution.

28

Beispiele: Die leicht erhöht liegende südliche Platzzone des Campo San Polo (an der Kirchenapsis), die meisten an einem Platz liegenden Brückenpodeste, die mehr als nur Schwelle (vgl. «Tor und Schwelle») sind, indem sie Platz genug zum kurzen Verweilen bieten, insbesondere bei den Campi Santi Giovanni e Paolo, Madonna de l'Orto, Sant' Alvise, dei Frari, Santa Fosca (26), San Barnaba (28, 29).

Examples: The slightly raised southern zone of the Campo San Polo (adjoining the church apse), most bridgeheads on squares that are more than mere thresholds (cf. "Gate and Threshold") by offering sufficient space to linger for a while, especially on the *campi* Santi Giovanni e Paolo, Madonna de l'Orto, Sant' Alvise, dei Frari, Santa Fosca (26) and San Barnaba (28, 29).

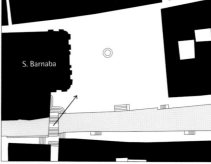

S. Barnaba

29

Vorenthalten

Der eher abgeschlossene Typ des Vorplatzes, der das Erreichen des Platzes spannungsvoll hinauszögert und vorbereitet, vermittelt doch immer auch eine Vorahnung der räumlichen Weiterentwicklung oder gestattet einen kleinen Durchblick: das genusssteigernde Spiel von Verbergen und Preisgabe. Während der Vorplatz noch Gelegenheit gibt, sich von der Enge des Gassennetzes frei zu machen, ist schon etwas vom hellen Licht, der Weite und dem Leben des Platzes zu sehen und zu hören.

Withholding

The more closed type of forecourt, which delays and prepares the arrival on the square in a suspenseful manner, still communicates a premonition of the spatial development to come or allows at least a glimpse of what lies beyond: a pleasurable game of hide and seek. While the forecourt still offers an opportunity to escape the constricting network of narrow lanes, we can already see and hear some of the brightness, openness and animated life on the square.

30

Für diesen zweiten Typ gibt es viele Beispiele. An dieser Stelle seien erwähnt: Der Campo San Piovan als Vorplatz zum Campo San Giacomo da l'Orio und der westliche Vorplatz des Campo Santa Maria Formosa; in kleinerer Dimension der Vorplatz östlich des Campo Santi Apostoli (30, 31) und nördlich des Campo San Polo (27); als gestaffelte Sequenz Campiello Querini-Stampalia mit einer Folge von kleinen Vorplätzen bis zum Campo Santa Maria Formosa. Südlich des Campo San Polo folgen die erwähnte Vorzone vom ersten Typ und ein Vorplatz vom zweiten Typ aufeinander.

There are many examples of this second type. Among others: the Campo San Piovan as forecourt to the Campo San Giacomo da l'Orio and the western forecourt to the Campo Santa Maria Formosa; on a smaller scale, the forecourt east of the Campo Santi Apostoli (30, 31) and north of the Campo San Polo (27); as a staggered sequence the Campiello Querini-Stampalia with a series of small forecourts all the way to the Campo Santa Maria Formosa. To the south of the Campo San Polo, the preliminary zone described as type one above, and a type two forecourt follow one another.

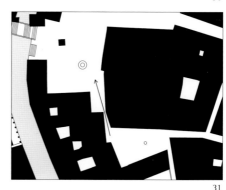

31

225

32

Tor und Schwelle

Der Eintritt in einen Platz lässt sich mit dem Überschreiten einer Schwelle vergleichen, wenn er als klarer Schnitt an einer markierten Stelle erlebt wird. Er gleicht einem Tor zum Hof oder einer Tür zum Haus, wenn er darüber hinaus den Durchtritt durch eine Engstelle verlangt. Innen und außen von Platz und Umgebung werden durch solche Schwellen- und Torelemente deutlicher voneinander geschieden als bei anderen Raumübergängen in der Stadt. Die zwei Hauskanten zu beiden Seiten einer Gassenmündung können wie Pylone, zwischen denen die Engstelle eines Tors passiert wird, das Überschreiten einer Brücke kann wie das Übertreten einer Schwelle aufgefasst werden. Dieser an sich gewöhnliche Sachverhalt, der an fast jeder Gassenmündung und jeder kleinen Brücke zu bemerken ist, erscheint in einigen Fällen wirkungsvoll inszeniert, indem er durch weitere architektonische Mittel durchgestaltet wird.

Gate and Threshold

The act of entering into a square can be compared to crossing a threshold when it is experienced as stepping across a clear line at a marked point. When the entrance compels us to pass through a bottleneck, it resembles the gate of a courtyard or the door of a house. Threshold and gate elements of this type differentiate between the interior and exterior of a square and its surroundings more distinctly than other spatial transitions in the city. The house corners flanking an intersection of lanes can be read as pylons between which we navigate through the narrow passage of a gate; the act of walking across a bridge can be understood as stepping across a threshold. While this scenario is commonplace at nearly every junction of lanes and every small bridge, there are some cases where it is staged to great effect by means of additional architectural features.

Tor

Auf dem Campo Sant' Angelo (32) wird der Hauptzugang durch seine Lage in der zentralen Platzachse aus den anderen Gassenmündungen hervorgehoben. Durch die Axialität des Eintritts zwischen den beiden ebenfalls symmetrisch angeordneten Zisternenpodesten, Geländerfassungen und Brunnen erscheint der abrupte Wechsel vom Dunkel einer beliebigen Gasse zur geordneten Raumfülle des Campo wie ein befreiender Empfang gestaltet (vgl. «Eintritt als Auftritt»). Ein ähnliches Erlebnis vermittelt am südlichen Zu-

Gate

On the Campo Sant' Angelo (32), the main entrance is emphasized in relation to the other lane entrances to the square by its location on the central axis of the square. The centred position of the entrance between the symmetrically paired raised platforms, railings and wells, transforms the sudden transition from the darkness of an anonymous lane into the well-ordered expanse of the *campo* into an open reception (cf. "Scene Entrance"). The combination of lane entrance with bridge and the frame provided by the parapet at the Campo San Trovaso (33) creates a

33

gang zum Campo San Trovaso (33) die Koppelung der Gassenmündung mit der Brücke und der Fassung durch die Brüstungsmauer, wenn sich die lichtüberstrahlte Perspektive auf das axial liegende Podest und die Kirchenfassade auftut. Die Koppelung der Elemente Stufen, Geländer, Brücke und Gassenspalte erreicht am Campo San Canzian durch die axiale Strenge besonders bildhafte Prägnanz (34).

Weitere Beispiele: Calle Mondo Novo und Calle Lunga Santa Maria Formosa als Zugänge zum Campo Santa Maria Formosa.

similar experience when the light-flooded vista onto the axial platform and the church facade opens up in front of our eyes. On the Campo San Canzian, the combined components of steps, railing, bridge and lane opening are invested with a unique visual presence by virtue of the rigorous axial arrangement of the whole (34).

Further examples of lane entrances that resemble gates: Calle Mondo Novo and Calle Lunga Santa Maria Formosa as access routes to the Campo Santa Maria Formosa.

34

Die bauliche Anlage eines Trichters (vgl. «Hinführung») spitzt die Dramatik des Übertritts von einem sich verengenden in einen weiten Raum noch weiter zu.

Beispiele dafür sind der Campo dei Mori und das Südende vom Campo Santa Margherita (35).

The funnel model (cf. "Approach") adds even more drama to the transition from a constricting into an expanding space.

Examples for this dynamic are found on the Campo dei Mori and at the southern end of the Campo Santa Margherita (35).

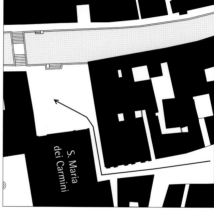

S. Maria dei Carmini

35

Pylone

Übernimmt der Campanile als Pendant zu einer Hauskante die Rolle des Pylons, wird das Tor zeichenhaft manifestiert. Beim Zugang zu den Campi San Polo, Santa Maria Formosa und San Giacomo da l'Orio (36) ist diese Situation jeweils mit dem vom Turm beherrschten Vorplatz gekoppelt.

Pylons

When the *campanile* (or bell-tower) takes on the role of a pylon as counterpart to a building corner, the gate becomes a symbol. At the entrances to the *campi* San Polo, Santa Maria Formosa and San Giacomo da l'Orio (36), this composition is combined in each case with a forecourt dominated by the bell-tower.

36

37

38

39

40

Löcher

Der plötzliche Wechsel vom Dunkel der Gassen zur hellen Weite des Platzes tritt an jedem der *sotoportego* genannten Durchgänge besonders kontrastreich auf. Man kommt wie durch ein Loch aus der dunklen Enge der Bebauung in den befreiend offenen Raum hinaus. Bei den Campi San Barnaba (37, 38) und de Ghetto Novo hat ein solcher Zugang infolge seiner zentralen Lage die Wirkung des unerwarteten Eindringens von «hinten in die Mitte». Am südlichen Zugang zum Campo Santi Apostoli wird der jähe Übertritt durch Arkaden gefiltert und gerahmt.

Brückenköpfe

Neben dem gewöhnlichen Schwelleneffekt, den jede Brücke am Rand eines Platzes beim Überqueren eines Kanals als Grenzüberschreitung bietet, sind einige Brückenköpfe durch weitere bauliche Elemente zu komplexeren Torsituationen ausgebaut: So verlangen die Torhäuschen an der Brücke zum Campo de Ghetto Novo (39) einen weiteren Stopp, bevor die Grenze überschritten wird. Die großen Stufenblöcke der Campi Santi Giovanni e Paolo und San Pietro (40) bilden zusammen mit der flankierenden Umwehrung Orte, an denen der Ankömmling seinen Fuß mit Bedacht auf den Platz setzt.

Entsprechende Stellen finden wir auch beim Zugang zu den Campi San Cassiano, San Pantalon, dei Carmini und de Ghetto Novo.

Holes

The sudden shift from the dim lanes into the bright expanse of a square is especially rich in contrast at each so-called *sotoportego* (a covered colonnade or passageway with accommodation above). It is as if we have crawled through a hole from the dark, narrow space between buildings into a liberating, open area. On the *campi* San Barnaba (37, 38) and de Ghetto Novo, the centredness of this type of entrance has the effect of an unexpected penetration "from the rear into the middle". At the southern access to the Campo Santi Apostoli, the abrupt transition is softened and framed by arcades.

Bridgeheads

Aside from the usual threshold effect, which every bridge creates at the edge of a square upon crossing a canal, some bridgeheads are elaborated into more complex gate-like features by means of additional architectural features. Thus the small gatekeepers' lodges at the bridge to the Campo de Ghetto Novo (39) compel us to stop one more time before stepping over the boundary. The monumental steps to the *campi* Santi Giovanni e Paolo and San Pietro (40), in combination with the surrounding flanks, become sites where the pedestrian steps onto the square with care upon arrival.

Similar situations greet us upon entering the *campi* San Cassiano, San Pantalon, dei Carmini and de Ghetto Novo.

Eintritt als Auftritt

«Auftritt» ist der Begriff, der im Theater für das Erscheinen eines Akteurs auf der Bühne verwendet wird. Er «tritt auf» den Boden (der Bühne) und zeigt sich damit öffentlich. Genauso zeigt sich öffentlich, wer auf den Boden eines städtischen Platzes tritt. Dass dieses Auftreten zu einem «Auftritt» im theatralischen Sinne wird, bewirken verschiedene Merkmale, die häufig auf den venezianischen Campi vorkommen. Auf unterschiedliche Art wird durch die Architektur ein szenischer Rahmen geschaffen, in dem das Erscheinen einer Person mehr ist als ein belangloser Vorgang. Vielmehr verleihen dieser szenische Rahmen und die Wertschätzung, mit der für die eintretende Person ihr Erscheinen verbunden ist, dem Akt des Eintretens und Auftretens eine Bedeutsamkeit, die entweder nur beiläufig oder aber dramatisch erlebt werden kann. Würden wir den Weg durch die Stadt als «Drama» betrachten, dann wäre das «Stück», das wir dabei erleben und zugleich selber spielen, in «Auftritte» gegliedert, je nach dem sehr unterschiedlichen Szenencharakter, der uns auf jedem Platz anders auftreten lässt.

Erscheinen

Jedes Portal in einer Kirchen- oder Palastfassade ist nicht nur Eingang in das Gebäude, sondern bietet auch aus dem Gebäude heraus eine repräsentative Form des Zutritts zu dem davor liegenden Raum. Liegt der Prozessionsweg im Inneren eines Kirchenraums in der Achse des Portals, dann kann er als der erste Abschnitt einer Bewegungsabfolge betrachtet wer-

Scene Entrance

Making a "scene entrance" is the theatrical term for the moment when an actor appears on the stage. He "enters" and "steps out" onto the floor (the stage), thereby making his public appearance. Anyone stepping onto the floor of an urban square also makes a public appearance. The fact that this stepping out is often transformed into stepping onto the "scene" in the theatrical sense of the word is the product of a variety of characteristics frequently found on the Venetian *campi*. Through various means, the architecture provides a scenic framework within which the appearance of a person is more than a casual event. Rather, this scenic framework and the appreciation accorded to the person making his or her appearance, add significance to the act of entering and stepping onto the scene that can be experienced in one of two ways: accidental or staged. Were we to regard the path through the city as "drama", then the "piece" we experience and simultaneously perform would be divided into "scenes" depending on the vastly differing scenic characteristics that compel us to enter each square in quite a different manner.

Appearance

Every portal in a church or palace facade is more than a mere entrance into the building: when we step out of the building, it offers a formal access into the space that lies in front of the building. When the processional in the interior of a church lies on the axis of the portal, it can be understood as the first stage in a series of movements that is continued in the transition through the

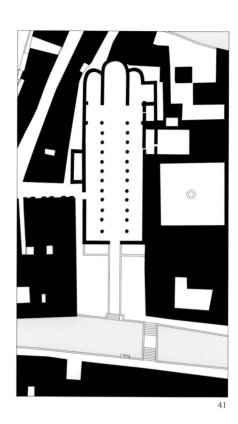

41

42

den, die mit dem Durchtritt vom dämmrigen Kirchenraum in die helle Außenwelt durch die Fassadenwand hindurch fortgesetzt wird. Wer im Rahmen des Portals erscheint, hat die gesamte Fassade als Bildhintergrund im Rücken und ist durch die Stufen davor erhöht.

In Venedig gibt es für ein solches Erscheinen unzählige Beispiele. Hier seien genannt: Santi Giovanni e Paolo (43, 44), San Nicoló da Tolentino, San Rocco, Santa Maria dei Carmini (41, 42) oder Il Redentore.

facade wall from the dim church interior into the bright exterior. Standing in the frame of the portal, we are raised into an elevated position by the steps in front of the church and have the entire facade behind us as a backdrop.

Venice abounds with examples of this kind of appearances. To name but a few: Santi Giovanni e Paolo (43, 44), San Nicoló da Tolentino, San Rocco, Santa Maria dei Carmini (41, 42) and Il Redentore.

43

44

Eintritt in den Platz

Zum Auftritt wird ein solcher Vorgang aber erst, wenn der Eintritt in den Platzraum, der sich nun eröffnet, ebenfalls als wesentlicher Teil dieser Bewegungsfolge erlebt wird. In vielen Fällen schließt sich eine im Belag hervorgehobene axiale Wegbahn an, die auf einer in der Achse liegenden Treppe zum Wasser hinführt und damit die Form des Durchschreitens durch diesen ganzen Platzbereich prägt. In anderen Fällen wird nun ein Platzfeld betreten, das als ornamental gegliederte Fläche den Charakter eines ausgelegten Teppichs hat, «auf» den man hier «tritt».

Beispiele für eine axiale Wegbahn sind die Campi dei Carmini, San Pietro und Santi Giovanni e Paolo (43, 44), Beispiele für einen «ausgerollten Teppich» sind: Campo Madonna de l'Orto, Campo de l'Abbazia sowie die Vorzonen von Santa Maria della Salute und von San Giorgio Maggiore in Isola (45).

Scene entrance

Such a simple process only becomes an act of stepping on a scene when entering the open area of the square that opens out in front of us, is also experienced as an essential part of this series of movements. In many cases, the entrance is immediately followed by an axial path – marked on the pavement – that leads down to the water via a set of stairs that lie on the same axis, thereby setting the tone for the movement across the entire area of the square. In other instances we step onto a field of the square: that is an ornamentally structured area, like a carpet that has been "rolled out" for us.

Examples for axial paths are found on the *campi* dei Carmini, San Pietro and Santi Giovanni e Paolo (43, 44); examples of the "rolled-out carpet" phenomenon described above are found on: Campo Madonna de l'Orto, Campo de l'Abbazia, as well as the zones in front of Santa Maria della Salute and San Giorgio Maggiore in Isola (45).

45

«Auf»-Tritt

Auch die Brückenpodeste, die einerseits als Vorplatz betrachtet werden können (vgl. «Vorplätze»), sind andererseits Etappen eines inszenierten Zutritts zum Platz, «auf» den man hier, von «oben» kommend, tritt. Der Auftritt setzt sich in einigen Fällen in der axialen oder durch Belagsmuster vorgezeichneten Weiterführung fort. In anderen wird er durch den Schwung der Brücke selbst dynamisiert.

Beispiele für den ersten Fall bieten die Campi San Boldo (46), Santi Apostoli, Santi Giovanni e Paolo (44) und der südwestliche Vorplatz des Campo Santa Maria Formosa; für den zweiten die Campi San Pietro (47) und San Vidal mit dem Zugang von der Accademia-Brücke.

Podeste - Bühnen

Auch die Podeste, die von den Zisternensockeln für das «Hinauftreten» angeboten werden, sowie die verschiedenen Arten markierter Bodenfelder können als «Parkett» verstanden werden, auf das man sich in besonderer Weise begibt. Manchmal empfangen der ganze Campo oder große Teile seines Raums den Ankömmling wie einen Akteur, der die Bühne betritt, vor allem wenn dieser sich einer Art von Auditorium oder Tribüne gegenübersieht und sich zudem vor einem kulissenhaften Fassadenhintergrund wiederfindet.

Beispiele für Podeste: Die Campi San Marcuola (48), San Trovaso, San Benedetto und Anzolo Rafaele; für markierte Bodenfelder: die Campi de la Carità, San Giovanni Evangelista (49), de l'Abbazia. Durch die Wechselwirkung von Sehen und Gesehen-Werden wird der ganze Platz zur Bühne, so bei den Campi dei Carmini, San Trovaso und San Polo (50).

"Landing" stage

The bridge landings, which can be regarded as forecourt (cf. "Forecourts"), are also a phase in a staged approach to the square "onto" which we step, in these cases, from "above". In some cases, the landing stage is carried forward into the axial path or the path prescribed by the patterns on the pavement. In other cases it is articulated by the arc of the bridge.

Examples of the first case: the *campi* Santi Apostoli, Santi Giovanni e Paolo and the south-western forecourt to the Campo Santa Maria Formosa; of the second: the *campi* San Pietro and San Vidal accessed from the Accademia Bridge.

Platforms - stages

Platforms, around wells for "stepping up" or the different kinds of marked fields on the pavement, can also be understood as a kind of "stage floor", onto which we step in a special way. Sometimes the entire square or at least large areas of the space on the square receive us like actors stepping onto a stage, especially when we are faced with a kind of auditorium or grandstand and backed by a stage-set-like backdrop of facades.

Examples of platforms: the *campi* San Marcuola (48), San Trovaso, San Benedetto and Anzolo Rafaele; of marked fields on the floor: the *campi* de la Carità, San Giovanni Evangelista (49), de l'Abbazia. The alternating effect of seeing and being seen turns the entire square into a stage, for example on the *campi* dei Carmini, San Trovaso and San Polo (50).

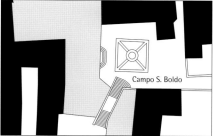
Campo S. Boldo

46

47

48

49

50

51

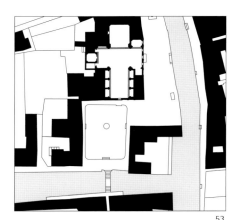

52

53

54

Bahnen

Die rein motorische Eigendynamik des Gehens hält die träge Masse des Körpers in annähernd geradliniger Bewegung. Doch schon beim Eintritt in den Platz wird das Gehen häufig durch vorgezeichnete Bahnen gestaltend gefasst und kann sich in ein Schreiten verwandeln. Der Bewegungsrhythmus des Körpers wird durch eine Abfolge kleiner Form- oder Raumeinheiten (etwa durch die Stützen- und Bogenfolge in der Umgebung der Rialtobrücke, vgl. «Das Gewebe») skandiert, oder der Weg wird im Wechsel von engen und weiten Raumabschnitten gegliedert (vgl. «Sequenz»). In jedem Fall erhält die schlichte Erfahrung des geradlinigen Gehens Gestalt und gewinnt an Intensität, wenn sie durch rhythmische Gliederungen artikuliert wird, die in der Architektur des Stadtraums sichtbar gemacht werden.

Achse

Im Gegensatz zu der linearen, kanalisierten Form des Wegs in den Gassen (oder dem Prozessionsweg im Inneren des Kirchenraums) ist der Bewegungsverlauf beim Hinaustreten auf den sich weitenden Platz zunächst nicht vorgezeichnet. In einigen Fällen aber bildet die Eintrittsstelle einen Pol einer Achse, die sich bis zu einem zweiten Pol als Endpunkt eines Weges aufbaut. Deren Gliederung beginnt meist mit einem torartigen Platzeintritt, einem Portal, Stufen, einem Podest oder einem Vorplatz; dann folgen in einer Linie unterschiedliche Wegabschnitte. Schließlich bilden häufig eine Brücke oder die Stufen hinab zum Kanal mit dem Durchtritt

Paths

The simple motor dynamic of walking keeps the inert mass of the human body in an approximately straight, forward movement. Yet even at the moment of entry into the square, we are often drawn into a predetermined course and may switch from walking to striding. The rhythm of the body's movement is influenced by a sequence of small formal and spatial units (for example, the series of columns and arches near the Rialto Bridge, cf. "The Fabric"); or the path is structured by alternating narrow and wide subsections (cf. "Sequence"). In each case the simple experience of walking in a straight line takes on a shape and intensity, if it is articulated through rhythmical dividing elements made visible in the architecture of the urban space.

Axis

In contrast to the linear, channelling type of path in the lanes (or the processional in the church interior), the course of movement is initially undetermined when stepping out onto the widening square. In some cases, however, the point of entrance is one pole of an axis that progresses towards a second pole as the end point of a path. The structure of the axis usually begins with a gate-like entrance to the square, a portal, steps, a platform or forecourt; this is followed by various sections of path strung along in a line. Finally, a bridge or steps down to the canal with a passage through an opening in the embankment frequently form the end point. In the direction of the axis, the

durch eine Öffnung in der Uferbrüstung den Endpunkt. Den Hintergrund nehmen in Achsrichtung eine Kirchen- oder Palastfassade mit dem Portal oder der Eintritt in eine Gasse ein.

Weg- und Blickachsen sind architektonische Ordnungsmittel, die zu einem fernen Gegenüber eine räumliche Beziehung aufspannen, der sich rechts und links unterordnen. Der Raum wird daher in der Vorstellung zunächst ganz durchmessen, bevor durch das Beschreiten auch die körperliche Erfahrung von unterschiedlichen Haltungen wie Enge, Weite usw. vollzogen wird. Gleichzeitig verleiht die Axialität als etabliert repräsentatives Ordnungsmuster der Bewegung eine gewisse Form der Würde. Die einzelnen Wegphasen sind durch die baulichen Mittel (Rahmung, Stufen, Podeste, gefasste Wegabschnitte usw.) häufig so behandelt, dass sie als Aufwertung elementarer Bewegungen erlebt werden. Der Wegverlauf tendiert damit zu einer ritualisierten Bewegungssequenz, deren Sinn im Auf- und Abgehen variiert werden kann, beim flüchtigen Durcheilen aber nur unterschwellig aufscheint.

background is filled in by a church or palace facade with the portal or entrance into a lane.

The axes of paths and vistas are architectonic means of creating order that develop a spatial relationship to a distant counterpart, a relationship in which left and right are subordinate. Thus the space is fully measured in the mind's eye before the act of walking in and through it makes the physical experience of different aspects such as narrowness, width etc. a reality. At the same time, the axial quality adds a measure of dignity to the movement in its function as an established, formal pattern of structure and order. The individual stages of the path are frequently elaborated with architectonic means (frames, steps, platforms, enclosed sections etc.), in a manner that is experienced as an enhancement of principal movements. The progress of the path takes on the character of a ritualized sequence of movement whose sense can be varied as one walks back and forth, but which is barely perceptible if we simply rush across the square.

55

56

Beispiele für platzbestimmende Achsen findet man auf dem Campo San Lorenzo (51, 52), der das Bahn-Thema auch in seiner gerichteten Raumform widerspiegelt, auf dem Campo dei Carmini und dem südlichen Vorplatz von San Trovaso (53, 54). Andere Varianten kommen als untergeordnete Elemente von Plätzen beim Weg von San Pietro zum Kanal vor (55), sind etwa auf der Längsachse vor dem Bruderschaftsgebäude auf dem Campo San Francesco (56) oder im Nordwestteil des Campo Santi Apostoli anzutreffen. Auf dem Campo Santo Stefano wird das Motiv der Bahnen vielfältig variiert (57) (vgl. «Bahnen und Schübe»).

Examples of square-defining axes are found on the Campo San Lorenzo (51, 52), which also reflects the "path-topic" in the directional definition of its shape, on the Campo dei Carmini and the southern forecourt of San Trovaso (53, 54). Other variations are found as subordinate elements of squares: on the path from San Pietro to the canal (55), or in the longitudinal axis in front of the Confraternita on the Campo San Francesco (56) or the northwest section of the Campo Santi Apostoli. On the Campo Santo Stefano, the motif of paths is repeated in many variations (57) (cf. "Route and Thrust").

57

58

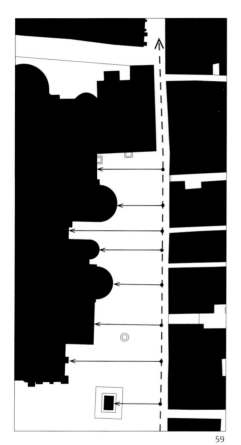

59

60

Leitwand

Eine gerade Wegbahn, die nicht von der Polarität einer Achse bestimmt wird, stellt der tangentiale Wegverlauf dar, der schleifend an der Seite in den Platz hineinführt und an einer geraden Fassadenflanke der Platzlängsseite entlangstreicht, bevor er an einer weiteren Platzecke den Raum verlässt. Die Fassadenfront und nicht die Achse bildet als Leitwand den Halt für die Bewegungsführung. Statt durch die Symmetrie der meistens durch die Mitte verlaufenden Achse wird die Raumerfahrung von der Asymmetrie der einseitigen Blickwendung und Orientierung in den Raum des Platzes hinein geprägt. Von der geschützten Randzone her, mit der Platzwand im Rücken, wird der ganze Platz wie aus der Distanz wahrgenommen. Der Rand wird zur strengen Bezugslinie für die Querausdehnung des Raumes. Von ihr her bemisst sich die plastische Wirkung der gegenüberliegenden Platzwände mit ihren Vor- und Rücksprüngen, ihren Fassadenwölbungen und -einzügen (59). Damit wird der gerade Wegverlauf asymmetrisch in weite und enge Abschnitte gegliedert, die der geradlinig strengen Bewegungsform eine rhythmische Modulation hinzufügen.

Beispiele: die Leitwände an der Nordseite des Campo Santa Maria Formosa und an der Südseite des Campo Santi Giovanni e Paolo (58-60). Manchmal sind Leitwände auch gekrümmt (vgl. hierzu «Kurven»).

Guiding Wall

The tangential course of the path, which loops into the square from the side and follows a straight facade on the longitudinal side of the square before leaving the space at another corner, represents a straight path that is not defined by the polarity of the axis. The support for the progress of movement is provided by the facade front and not by the axis. Instead of being characterized by the symmetry of the generally centred axis, the spatial experience is defined by the asymmetry of the one-sided direction of the view and the orientation into the space of the square. From the sheltered zone on the edge, with the wall of the square at one's back, the entire square is perceived as if from a distance. The boundary becomes a definitive reference for the lateral expansion of the space. This line establishes the plasticity of the walls on the opposite side of the square with their projections and recesses, their concave and convex facade elements (59). This divides the straight course of the path asymmetrically into wide and narrow sections, which add a rhythmic modulation to the rigorously straight movement.

Examples: the guiding walls on the north side of the Campo Santa Maria Formosa and on the south side of the Campo Santi Giovanni e Paolo (58-60). At times, the guiding walls are curved (cf. "Curves").

Kurven

Im Unterschied zum geradlinigen Bewegungsverlauf, den eine geometrisch-formale Ordnung vorgibt, werden wir durch Hindernisse, denen wir ausweichen, oder durch Gegenstände unseres Interesses, denen wir uns zuwenden, auf krumme Wege gebracht. Nicht der Pol einer Achse, nicht die Bahn vor unseren Augen, sondern die Reaktion auf die konkreten Dinge seitlich am Weg, die Wechselwirkung von Abstoßung und Anziehung, lenkt die gekrümmte Bahn durch den Platzraum. Lässt man die Situationen beiseite, in denen durch die unregelmäßige Verteilung baulicher Objekte nur ein unentschiedener Bewegungsverlauf zustande kommt, dann sind vor allem diejenigen von Interesse, bei denen die bauliche Struktur Bewegungskurven von prägnanter Gestalt begünstigt.

Beispiele für unentschiedene Bewegungsverläufe bieten die Campi Santa Maria Nova und Anzolo Rafaele. (104, 105)

Umgriff

Einen prägnanten Verlauf aber erhält die Bewegung zum Beispiel durch eine konkav gebogene Platzwand: Wenn wir an der äußeren Fassadenschale des Campo San Giacomo da l'Orio (61) oder an der östlichen Platzwand des Campo San Polo (63) entlanggehen, wird bei jedem Schritt die geradlinige Bewegung von der Wand abgedrängt (62). Anders als bei der ungehinderten Bewegung entlang einer geraden Leitwand werden wir bei jedem Schritt geradeaus einer möglichen Berührung mit dem materiel-

Curves

In contrast to a straight progression of movement, defined by a formal, geometric order, obstacles or distracting objects of interest divert us from the route. The curved path follows a course that is not determined by the pole of an axis, but by the reaction to concrete objects along the path, by the alternating effect of repulsion and attraction. Situations in which paths follow a vague course imposed by the irregular distribution of built components aside, instances where the architectural composition creates distinct, curving movements are especially interesting.

Examples for "wandering" types of movement are found on the *campi* Santa Maria Nova and Anzolo Rafaele (104, 105).

Embrace

Movement can be especially distinctive, for example, as a result of the concave curve of a wall on the square. As we walk along the outer facade shell of the Campo San Giacomo da l'Orio (61) or the length of the east wall on the Campo San Polo (63), the wall prevents us from following a straight course with each step (62). Contrary to the unhindered progress along a straight boundary wall, every step forward confronts us with a potential contact with the material resistance of the wall, causing us in each instance to turn slightly

61

62

63

235

64

len Widerstand der Wand ausgesetzt und jeweils zur leichten Drehung in den Platzraum hinein veranlasst. So verleiht der wiederholte Drall unserer Bewegung ein permanentes Drehmoment, aus dem heraus der ganze Raum in einem großen Umgriff erschlossen werden kann, immer in Tuchfühlung mit dem berührungsnahen Gegenstand der Wand. Aus wiederholten Wendungen wird eine große Geste.

towards the interior of the square. In this way, the repeated torsion creates a permanent rotational moment in our movement, which allows us to discover the entire space in a single great embrace, always keenly aware of the tactile proximity of the wall. A series of rotations is transformed into a grand gesture.

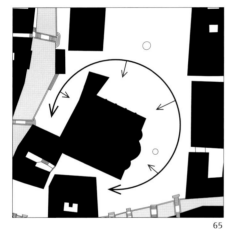

65

66

Zentripetales Moment

Eine andere Drehbewegung deckt sich weitgehend mit der oben beschriebenen, sie wird aber von einem anderen räumlichen Moment, das wir jedoch gleichermaßen als Rotationsfigur wahrnehmen, verursacht. Diese Drehbewegung kommt nicht durch die Führung einer äußeren Leitwand, sondern durch die Orientierung an einem Zentrum zustande. Die Krümmung wird diesmal nicht durch das Wegdrehen von der Außenwand bewirkt, sondern von der kontinuierlichen Zuwendung zur Platzmitte und der Aufmerksamkeit für das, was sich dort befindet. Nähert sich die kreisende Bewegung, angezogen etwa durch die reich gegliederte Baukörperskulptur eines zentralen Bauwerks, dieser Mitte, dann verläuft der zirkulierende Weg im unmittelbaren Einflussbereich von dessen Außenwand (vgl. «Zirkulieren»).

Beispiele: die Campi San Giacomo da l'Orio (64) und Santa Maria Formosa (65, 66).

Centripetal force

Another rotational movement is largely the same as described above; here, however, it is caused by another spatial force, which we simultaneously perceive as a rotational figure. This rotational movement is not the result of being guided along an outer boundary wall, but of the orientation in reference to a central core. Here, the curvature is not caused by turning away from the outer wall but by continuously turning towards the centre of the square and giving attention to the object that occupies the centre. When the circulating movement closes in on this centre – attracted, for example, by the elaborately articulated volume of a central structure – then the circulating path lies within the immediate influence of the external wall of that structure (cf. "Circulating").

Examples: the *campi* San Giacomo da l'Orio (64) and Santa Maria Formosa (65, 66).

Verzögerung

Die Bewegungslinie dicht an dieser nunmehr konvex gekrümmtem Leitwand bietet allerdings nicht mehr die umgreifende Geste, die den Platz im Ganzen zu erfassen versucht, sondern verzögert im Gegenteil eine umfassende Raumerschließung. Das gilt im Übrigen auch für äußere Platzwände, die einen konvexen Bogen beschreiben, wie auf dem Campo Santa Margherita (67, 68). Der geradlinige Bewegungsverlauf wird nun durch den Widerstand der Wand nicht zum Abdrehen gezwungen. Vielmehr wird der Blick, der hier immer nur einen Teil des Platzes erfasst, mit jedem Schritt zum Schwenken veranlasst. Denn nur so kann er im Wechselspiel von Sichtentzug und verzögerter Darbietung dem weiteren Platzverlauf um das Hindernis der Wandkrümmung herum folgen.

Ausholen und Einschwenken

So sind die Faktoren, die den gekrümmtem Weg beeinflussen, meistens von der Seite wirkende räumliche Kräfte, andrängende Massen, Ziele der Aufmerksamkeit oder nachgebende Spielräume. Sie bringen auch den großen S-förmigen Bogenschwung zustande, der den Raumverlauf von Campo l'Arsenal zur Riva charakterisiert. Auf ähnliche Weise holt der Bewegungsbogen, der am Kanal auf den Campo San Trovaso zuführt, zuerst mit der Kurve der Fassaden aus und lässt uns dann mit der Brücke auf den seitlichen Vorplatz einschwenken, auf dem die Kirchenfassade zurückweichend Raum gibt (69).

Delay

At this point, the line of movement runs close to the now convex guiding wall. But here it no longer proffers the embracing gesture that attempts to capture the square in its entirety; instead it delays full access to the space. The same is true for outer square walls that describe a convex curve, such as on the Campo Santa Margherita (67, 68). The resistance of the wall does not coerce the straight course of movement into turning away. It is the eye that is invited to swerve with each step, seeing only a section of the square at any given moment. For this alternating game between obscured view and delayed disclosure is the pedestrian's only means of comprehending the progress of the square as he rounds the obstacle of the curved wall.

Striking out and turning in

Most of the time, the factors that influence the curved path are lateral spatial forces, masses crowding in, goals or targets that attract our attention or accommodating open spaces. These forces are also behind the large S-shaped curve that characterizes the spatial development from the Campo l'Arsenal to the Riva. In a similar way the arc of movement that leads from the canal in the direction of the Campo San Trovaso starts off with a curve in the facades. Crossing the bridge, it turns inward onto the forecourt on the side, where the church facade recedes to provide space (69).

67

68

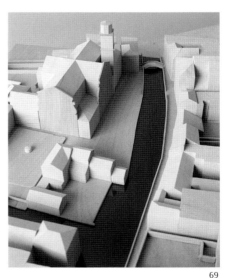

69

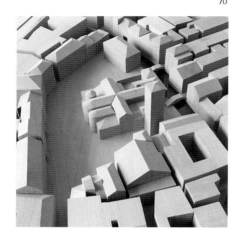

70

72

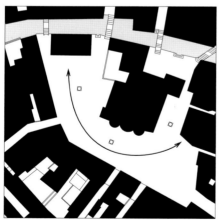

73

Zirkulieren

Das Zirkulieren bedarf eines Mittelpunktes, um den herum eine Bewegung entsteht, wobei an dieser Stelle nicht von einer perfekten Kreisfigur im geometrischen Sinne ausgegangen wird. In der Architektur kann dieser Mittelpunkt imaginärer Natur sein. Es bedarf also keines tatsächlich als Mittelpunkt ausgezeichneten Ortes, der eine zirkuläre Bewegung erst erlauben würde. Auch Grundrissfiguren oder die Stellung der Platzwände bilden sozusagen von der Peripherie her die Voraussetzung für eine Kreisbewegung auf einem Platz. Dabei ist keineswegs gesagt, dass zirkuläre Bewegungen auf wenigstens partiell kreisförmige Grundrisse angewiesen sind. Grundlegender ist die Konzentration um eine wenn auch unbestimmte Mitte, um welche die Bewegungen in irgendeiner Weise angeordnet sind. Auch kann diese Mitte irgendwo außerhalb des eigentlichen Platzes liegen oder umgekehrt über dessen Grenzen hinaus in städtische Bereiche hineinwirken, in denen ein Wegenetz schmaler Gassen eine eher lineare Bewegung fordert.

Zirkulieren um eine besetzte Mitte
Die Zirkelfigur verweist unmittelbar auf ihre Mitte, von der aus sie beherrscht wird. Gebäude können die Funktion eines Mittelpunktes übernehmen. Dann werden wir veranlasst, sie zu umrunden, um sie ganz erfassen zu können. Die zirkulierende Bewegung orientiert sich in diesem Fall an der dinghaften Präsenz der Gebäudehülle und der Abfolge ihrer plastischen Gliederungseinheiten.

Circulating

Circulating requires a centre around which a movement develops. It is important to note that in this case we are not referring to a perfect circle in the geometrical sense. In architecture, this centre may be imaginary in nature. In other words, there is no need of a concrete location marked as the centre in order to promote circular movement. The plan itself or the positioning of the walls on the square may create the peripheral condition, so to speak, for circular movement on a square. This is by no means to say that circular movements are dependent on plans that are at least partially round. What is far more essential is the focus on a centre, no matter how undefined, around which the movements are arranged in some manner. Moreover, this centre can even lie outside the actual square or, conversely, exert its influence beyond the boundaries of the square into other urban districts whose network of narrow lanes demands a more linear movement.

Circulating around an occupied centre
The figure of a circle points directly to the centre that dominates it. Buildings can assume the function of a centre point. In such cases we are compelled to circumnavigate them in order to understand them fully. The circulating movement orients itself on the concrete presence of the building skin and the sequential progression of its plastic dividing elements.

Auf dem Campo San Giacomo da l'Orio (70–73) etwa kreist der Platzraum zunächst um die Apsiden, welche durch ihre Ein- und Auswölbungen dessen zirkuläre Bewegung als skulpturales Spiel begleiten. Die Ausbuchtungen und Einschnürungen werden als Abstoßung und Anziehung erlebt. Neben dem Kirchengebäude nach «hinten» wegführende, die Kreisfigur verlassende Gassen setzen das eingeleitete Zirkulieren fast um den ganzen Kirchenkörper herum fort.

Zirkulieren um eine leere Mitte
Unbesetzt bleibende Platzmitten scheinen zuweilen unerreichbar – wie der so nahe und doch unbetretbare innerste Raumbereich der klösterlichen Kreuzgänge. Ähnlich ist der Campo San Polo (74-75) in zwei Platzbereiche gegliedert, indem einer langen, konvexen «äußeren» Führungswand, welche die Bewegung um die leere Mitte bestimmt, ein weites «inneres» und, so möchte man meinen, unbegehbares Feld entspricht (vgl. «Bühne und Tribüne»).
An anderer Stelle ist die Mitte durchaus erreichbar und als solche auch raumbildend. Auf dem Campo de Ghetto Novo etwa ist die Konzentration auf die zwischen den gefäßartig umarmenden Gebäuderiegeln eingeschlossene Mitte unmittelbar augenfällig und offensichtlich (76-77). Dennoch drängt sie sich als solche nicht auf. Die Bewegung bleibt zwanglos, da der gesamte Platzbereich – von Hauskante zu Hauskante – als der große, ausgedehnte Mittelpunkt des Geschehens vor Ort erlebt wird.

On the Campo San Giacomo da l'Orio (70–73), for example, the space on the square circulates at first around the apses whose convex and concave shapes form a playful sculptural accompaniment to the circular movement. The rounded projections and concave niches are experienced as repelling and attracting elements, respectively. Lanes next to the church structure, which lead off towards the "rear" and leave the circular figure behind, perpetuate the dynamic of circulating around almost the entire fabric of the church.

Circulating around an empty centre
Unoccupied centres of squares sometimes appear completely out of reach – like the close and yet out-of-bounds innermost space of monastic cloisters. The Campo San Polo (74-75) is similarly divided into two areas: a broad "inner" and – as one might feel – inaccessible field corresponds to a long, convex "outer" guiding wall, which defines the movement around the empty centre (cf. "Stage and Grandstand").
In other examples, the centre is by no means accessible and therefore also space-forming. On the Campo de Ghetto Novo, for example, the focus on the middle located between vessel-like walls of the surrounding blocks is immediately apparent (76-77). Nevertheless, it doesn't impose itself. The movement remains natural, since the entire area of the square – from house front to house front – is experienced as the large, extended centre of activity.

74

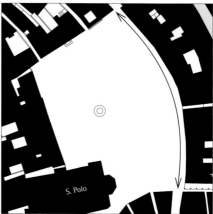
75

76

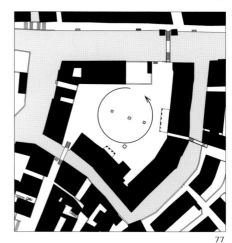
77

78

79

Sequenz

Sequenzen entstehen durch Reihungen, Wiederholungen, Verkettungen usw. Das unmittelbare Pendant räumlicher Abfolgen liegt wesentlich in den Modi des Gehens.

Das nächste Umfeld des Gehenden wird beherrscht von den Bewegungstakten seiner Schritte, den Weisen des Schreitens, Schlenderns, Flanierens oder Marschierens, aber auch des Anhaltens und Stehens, wodurch die Eigenschaften des jeweiligen Ortes über ein darauf bezügliches Verhalten im Raume aktualisiert werden.

In einem etwas größeren Maßstab wird das Gehen wiederum modifiziert durch Rhythmisierungen des Wegeverlaufes oder der Raumfolge, durch die jeweils besonderen Arten der Verknüpfung von Raumeinheiten und der Ausbildung der Übergänge usw. (vgl. «Das Gewebe» (78–80)).

Einem ersten, durch das Ausgreifen der Schritte sowie durch die körperliche Gerichtetheit nach vorne beherrschten Raumbereich entspricht daher eine über das unmittelbare Aktionsfeld hinaus wirksame Raumzone, die eigene übergeordnete Bewegungsrhythmen und damit einhergehende Modi des Verhaltens erzeugt.

Sequence

Sequences are created by rows, repetitions, chains etc. The various modes of walking are direct reflections of spatial sequences.

The immediate surroundings of the pedestrian are dominated by the rhythmical movement of his steps, the various manners of walking, striding, strolling or marching, but also by coming to a halt and standing, thereby actualizing the characteristics of the location in question through a particular behaviour in the space in response to the location.

On a somewhat greater scale, the act of walking is in turn modified by the rhythms in the course of the path or by the spatial sequence, the unique connections between spatial units and the articulation of the transitions etc. (cf. "The Fabric" (78–80)).

The initial section of space, dominated by the forward stride of each step and the physiological forward orientation of the walker, has a complement in a spatial zone whose effects reach beyond the immediate field of action and which creates its own, principal rhythms of movement and the corresponding modes of behaviour.

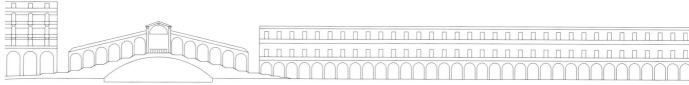

80

Bewegungstakt

Der Takt der Schritte, das Links-rechts des Ausschreitens rhythmisiert die unmittelbare Umgebung des Gehenden. Architektonische Elemente wie Säulenreihen, Loggien, Laubengänge usw. können diesen Takt widerspiegeln (vgl. Ruga dei Oresi (81)) und ihn als Grundmuster der Motorik für das Eigengefühl des Gehenden verstärken, indem der wiederkehrende Wechsel der Beinbewegung als eine dynamische Umsetzung der Säulenfolge verstanden wird. Unterstützt wird der Takt des Gehens durch das Ein und Aus des Atems, der mit dem An- und Abheben der Bögen korrespondieren kann.

The beat

The beat of our steps, the left/right of walking, adds rhythm to the immediate surroundings of the walker. Architectonic elements such as rows of columns, loggias, colonnades etc. may reflect this beat (see Ruga dei Oresi (81)) and reinforce it as a fundamental pattern of motor behaviour for the pedestrian's own sense of self, interpreting the recurrent, alternating stride as a dynamic translation of the sequence of columns. The beat of our steps is underscored by the in and out of breathing, which can correspond to the "lift-off" and "landing" of the arches.

81

Raumfacetten

Raumfacetten gliedern zusammenhängende Raumzonen in kleinere Einheiten, ohne dabei den Gesamtzusammenhang aufzulösen. Im Gegenteil entsteht deren charakteristische räumliche Qualität durch das Zusammen- und Widerspiel der einander überlagernden und miteinander konkurrierenden Facetten (vgl. die Platzfolge vor dem Arsenale (82)). Verantwortlich für das Entstehen von Raumfacetten sind Versprünge im Raum, Zonierungen durch Verengung, Erweiterung, eingestellte Baukörper usw.

Das Gehen vor Ort aktualisiert die Raumfacetten mit- und nacheinander. Die Erinnerung fügt sie zu einer zusammenhängenden Raumzone.

Spatial facets

Spatial facets divide continuous zones into smaller units without dissolving the overall cohesion. On the contrary, the characteristic spatial quality of these smaller units is the direct product of the inter- and counteraction of the overlapping and competing facets (cf. the spatial sequence in front of the Arsenale (82)). Spatial facets are created by shifts in the space, zones created through narrowing, widening, inserted volumes etc.

Walking on location sets the spatial facets in motion. Memory combines them into a continuous zone.

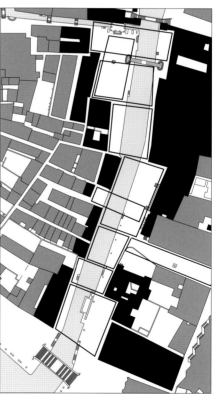

82

241

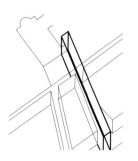

83

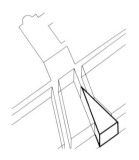

84

85

Raumketten

Die Aneinanderreihung einfacher stereometrischer Freiraumvolumina zerlegt die Erfahrung vor Ort in nacheinander geschaltete relevante Einzelmomente, von denen jedes bereits eine abgeschlossene und für sich erfahrbare Raumeinheit ist, die wiederum eigene Binnenstrukturen entwickelt (vgl. den Weg vom Campo dei Mori zum Campo de la Madonna de l'Orto (83-86); vgl. «Ankündigung und Ankommen»). Dennoch entstehen aufgrund der spezifischen Verknüpfung der Kettenglieder einprägsame Raumfolgen, welche über die Erinnerung an das Erlebte und die Erwartung an das Kommende zu einer zusammenhängenden, aber in sich prägnant gegliederten räumlichen Erfahrung zusammengefasst werden.

Weitere Beispiele: Die Raumketten der Campi de la Carità, San Vidal, Santo Stefano, Sant' Angelo und dei Carmini, Santa Margherita und San Pantalon bzw. Campo San Barnaba.

Spatial chains

When simple, stereometric open spaces are strung along in a chain, the on-site experience is dissected into a series of relevant individual moments, each of which represents a spatial unit that is an entity in itself, can be experienced as such and in turn develops its own internal structures (cf. the path from the Campo dei Mori to the Campo de la Madonna de l'Orto (83-86); cf. "Announcement and Arrival"). When the links in the chain are connected in a specific manner, they combine into memorable spatial sequences: of our memory of what we have just experienced and the anticipation of what is still to come joins these sequences into a single, cohesive experience, despite the distinct internal division.

Further examples: The spatial chains of the *Campi* de la Carità, San Vidal, Santo Stefano, Sant' Angelo and dei Carmini, Santa Margherita and San Pantalon i.e. Campo San Barnaba.

86

242

Streuung

Keiner der Campi ist ausschließlich Ort des ziellosen Schlenderns. Alle erscheinen wenigstens in Teilen entweder durch die Konfrontation mit beherrschenden Bauten oder sich aufdrängende Bewegungsfiguren und -richtungen geordnet. Und doch lösen sich an einigen Stellen diffuse Zonen wie Leerstellen aus dieser Ordnung. Die Prägnanz einer Konfiguration geht in Streuung über. Wenn weder Leitelemente oder Hindernisse unser Gehen lenken noch unser Stehen durch Umgreifen oder Konfrontation räumlich qualifiziert wird, dann werden wir auf die Selbstbestimmung unserer Position im Raum zurückgeworfen. Die Freiheit oder die Verlegenheit, Ort und Richtung zu wählen, verhelfen unserem Gehen und Stehen daher zu besonderer Aufmerksamkeit. Weniger als Charakter eines ganzen Platzes, aber als Komponente tritt in gewissen Zonen einiger Plätze ein Zustand der frei schwebenden Befindlichkeit ohne Bewegungsziel und Richtung ein. Diese Wirkung kann durch verschiedene Faktoren zustande kommen:

Feldcharakter

Es kommt vor, dass einfach konturierte leere Platzflächen schematisch und unentschieden wirken, wenn sie im Kontrast zu benachbarten Räumen stehen, die von plastischen Baukörpern beherrscht werden. Zum Beispiel wird der freie, ungegliederte Bereich in der Nordhälfte des Campo Santa Maria Formosa (87-89), der nur von flach wirkenden Fassaden umgeben ist, durch den Gegensatz zur lebendigen, von plastischen Massen be-

Dispersion

None of the *campi* is merely a location for strolling aimlessly. All are subject, at least in some sections, to an order imposed by figures or directions of movement or by the confrontation with dominant buildings. Still, there are some areas where diffuse zones step out from this order like voids. The memorable impact of a particular configuration transmutes into dispersion. When the direction we take is determined neither by distinctive elements nor by obstacles, when there is no spatial quality – either by an enclosure or a confrontation – to moments when we are standing still, then we are thrown back to determining our own position in the space. The freedom or the "embarrassment" of having to choose a direction adds a keenness to the act of walking and standing. On some of the squares, certain zones communicate a sense of free-floating without goal or direction, a sense that is less the character of the entire square but one component among others. The effect may be the result of different factors:

Field character

Empty areas on a square with simple contours may seem diagrammatic or vague when they stand in contrast to neighbouring spaces that are dominated by sculptural volumes. Thus the open, unstructured area in the northern half of the Campo Santa Maria Formosa (87-89), surrounded only by flat facades, is transformed into an abstract area in contrast to the liveliness of the design on the remainder of the square, defined by plastic masses. The neutrality

87

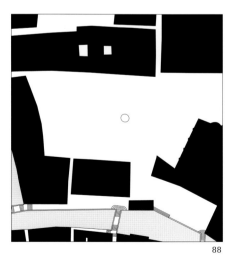
88

243

89

90

91

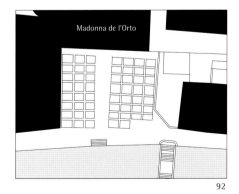

92

stimmten Form der übrigen Platzfigur zur abstrakten Fläche. Durch die neutrale Gestalt des einem Quadrat ähnlichen Vierecks kann sie wie ein disponibles Koordinatenfeld empfunden werden. Auf ihr sind wir nicht einer prägnanten Raumgestik ausgesetzt, wie sie durch die Umschließungsgeste der Arkadenarchitektur auf der Piazza San Marco gegeben ist. Wir werden auch nicht mit Baukörpern konfrontiert, die uns abstoßend oder anziehend entgegentreten. Vielmehr erscheinen jede Bewegungsrichtung und jeder Standort nur durch die maßliche Relation zu den Rändern bestimmt und daher als freie Positionsbestimmung beliebig wählbar (vgl. die eingehende Beschreibung im Kapitel «Feldraum und Körperraum»).

Ein weiteres Beispiel für ein solches regelmäßiges Feld ist die Rechteckfläche des Campo Santa Margherita (90).

of the rectangle, which is almost a square, allows us to read it as an open field in a grid of co-ordinates. Within this field we are not exposed to a distinct spatial gesture, provided, for example, on the Piazza San Marco by the embracing gesture of the arcades. Nor are we confronted by volumes, which attract or repel. Rather every direction and every position seems to be defined only by its dimensional relation to the boundaries and can therefore be chosen at random as a point of reference (cf. the in-depth description in "Field space and Body space").

Another example for this type of field is the rectangular area on the Campo Santa Margherita (90).

Der Eindruck eines Koordinatenfeldes wird auf einigen Plätzen bildlich durch ein Belagsornament der Platzfläche in Form von Streifen und Gittern konkretisiert. Es ergeben sich einzelne Felder, wie auf einem Schachbrett. Wer eine Position in einem dieser Felder bezieht, kann sich als Spielfigur vorkommen, deren Bewegung den Charakter des Zuges auf einem Spielfeld bekommt. Die daraus resultierende Unentschiedenheit lässt die eigene Verortung zwischen verschiedenen Positionen oszillieren.

Beispiele für solche «Spielfeld»-Markierungen finden sich auf den Campi Madonna de l'Orto (91,92) oder de l'Abbazia, in freierer Form aber auch auf dem Campo Santa Maria de la Salute.

On some squares, the impression of a field of co-ordinates is made visually concrete through an element in the pavement in the form of stripes or grating. What results is individual fields, reminiscent of a chessboard pattern. Taking up position on one of these fields, we can imagine ourselves as a game piece, whose movement takes on the character of making a move in a board game. The indecisiveness that results makes one's own bearing oscillate between different positions.

Examples of such "game-board" markings are found on the campi Madonna de l'Orto (91, 92) and de l'Abbazia, and more freely expressed on the Campo Santa Maria della Salute.

Reichweite der Gestaltkraft

Entscheidend ist auch die Reichweite der Gestaltkraft einer Platzfigur, bezogen auf die Ausdehnung der Platzfläche. Nicht immer reicht die raumbildende Kraft einer Geste aus, um eine große Platzfläche ganz zu prägen. Auf dem Campo San Polo ist die Kurve der östlichen Platzwand die wesentliche raumbildende Figur. Der westliche Platzteil wird durch keine weitere markante Raum- oder Bewegungsfigur geprägt. Wegen der großen Ausdehnung des Platzes reicht jedoch die Umgriffsgeste der raumbildenden Krümmung auf der Ostseite nicht aus, um sich der im Westen liegenden Fläche mitzuteilen. Im Gegensatz zu der im Bogen gefassten Bewegungsführung und Konzentration am Ostrand entspricht der unprägnanten Raumgestalt der Westseite eher eine indifferente Verortung und ungerichtete Bewegung (93).

Ein weiteres Beispiel für ein diffuses Feld, das von den Gestaltmitteln der Platzarchitektur nicht mehr mitgeprägt wird, ist die südliche Platzhälfte des Campo Sant' Angelo. Hier macht sich bemerkbar, dass dieser Teil des Platzes der verwaiste Standort des verschwundenen Kirchenbaus von Sant' Angelo ist (94, 95).

The reach of the formative force

Another important factor is the reach, which the formative force of a square has in relation to total area of the square. The formative force of a gesture is sometimes not strong enough to define a large area completely. On the Campo San Polo, the curve of the east wall of the square is the principal space-forming element. There is no other distinctive element of space or movement to impress its stamp on the western section of the square. The size of the entire square, however, dilutes the encompassing gesture of the space-forming curvature to the east – it simply does not carry over to the area on the western side of the square. In contrast to the focused movement and density near the curve on the eastern side, the bland shape of the western section results in a rather more indifferent bearing and aimless movement (93).

The southern half of the Campo Sant' Angelo is another example of a diffuse field, no longer influenced by the formative elements of the architecture of the square. In this instance, the fact that this area on the square is the abandoned site of the demolished church of Sant' Angelo is palpable (94, 95).

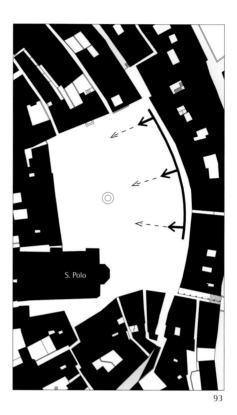

S. Polo

93

94

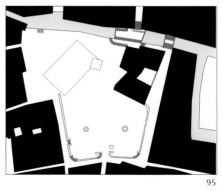

95

96

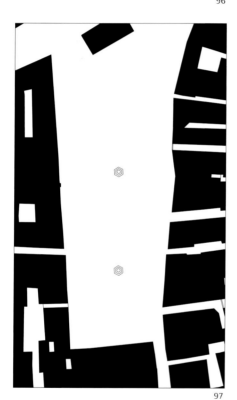

97

98

Proportion

Dabei spielen auch die Proportionen das Platzquerschnitts eine Rolle: Bei geringer Höhe der Randbebauung im Verhältnis zur Ausdehnung der Platzfläche überwiegt bisweilen der Eindruck von unstrukturierter Weite so sehr, dass sich Verortung und Bewegung auf dem Platz ebenfalls der Steuerung durch die Platzfigur entziehen. Beim Campo Santa Margherita kommen zwei Faktoren zusammen: der neutrale Feldcharakter, der sich aus der regelmäßigen, ungegliederten Rechteckform der Platzfläche ergibt, und die Querschnittproportion von Flächengröße und Bebauungshöhe. Die drei- bis viergeschossige Randbebauung bildet zwar eine klare Raumfassung, die große Ausdehnung der Platzfläche schafft im Verhältnis zu jener aber einen Raum offener Weite, der das Feld für frei gestreute, ungehinderte Bewegung eröffnet. Ein großer Teil der Aktivitäten und mobilen Objekte auf diesem Platz schwankt daher in seiner Standortwahl zwischen rein funktionalen Ortsbezügen (Hauptverkehrswege, Gebäudenähe) und einer willkürlichen Positionierung im Feld (96, 97).

Umspringen

Auf einigen Plätzen kann die durch eine klare Figur geprägte, durch Achsen oder Pole gegliederte räumliche Ordnung aus der Bewegung heraus umspringen und in eine gestreute Bewegung münden, sobald man die von der Figur vorgezeichneten Bahnen verlässt, den Bogenschwung auf dem Campo Santa Margherita etwa oder die Hauptachse auf dem Campo Santo Stefano (98).

Proportion

The proportions of the section of square are also important. When the height of the development along the boundary is low in relation to the area covered by the square, the impression of unstructured expanse can become so dominant as to scatter all sense of bearing and movement on the square. Two factors converge to create this sense on the Campo Santa Margherita: the neutral field character created by the regular, undivided rectangular of the square, and the proportional relationship of square area to building height. While the three- to four-storey-high buildings form a clear boundary, the sheer expanse of the square creates a space of such breadth as to allow for random, scattered and unencumbered movement through the space. As a result, the location of most activities and mobile objects on this square oscillate between purely functional spatial references (main traffic routes, proximity to a building) and random placement within the field (96, 97).

Reversal

On some squares, the spatial order defined by a clean figure, axes or poles may experience a sudden reversal in the course of movement and change into a dispersed or scattered movement as soon as we leave the paths created by the figure. This is the case, for example, when we move away from the curved colonnades on the Campo Santa Margherita or leave the main axis on the Campo Santo Stefano (98).

Gelenk

Ein Gelenk stellt im Allgemeinen die bewegliche Verbindung zwischen zwei Teilen dar. Während freilich Stadträume oder Raumteile selbst nicht beweglich sind, werden über die Bewegung von Personen auch Räume miteinander verbunden. Eine solche Verbindung kann dann als beweglich erfahren werden, wenn Formverlauf und Raumanschluss an der Verbindungsstelle nicht eindeutig fixiert, sondern zunächst gestört oder unterbrochen sind und dann durch architektonische Mittel in veränderter Weise wiederhergestellt werden. Der Übergang wird gelenkartig *artikuliert*, indem ein Zwischenglied (lat. *articulum* kleines Gelenk, Glied) eingefügt wird, das ein räumliches oder ein körperhaftes Element sein kann und meistens einen Richtungswechsel oder eine Raumaufspaltung beinhaltet. Für die Bewegung des Passanten bedeutet dies ein Innehalten und eine Veränderung der Bewegungsform oder des Bewegungsverlaufs. Die artikulierte Änderung erfährt eine Aufmerksamkeit, die ein ungehinderter Raum- und Bewegungsverlauf nicht beansprucht. Tritt das Gelenk an Schlüsselstellen eines Raumgefüges auf, dann kann es der entscheidende Ansatzpunkt für den intellektuellen Nachvollzug der räumlichen Struktur sein, indem es den Aufbau des ganzen Gefüges von einem Punkt her lesbar macht.

Angelpunkte

Die besondere Rolle eines solchen Zwischenglieds besteht in der Regel in seiner beidseitig raumbildenden Funktion für jeden der verbundenen Teilräume. Besonders anschaulich wird dieser Zusammenhang an dem klassischen

Hinge

A hinge is the mobile link between two immobile parts. While urban spaces or sections of spaces are naturally immobile in and of themselves, spaces are very much linked by virtue of the movement of people in them. Such a link may be experienced as moveable when the shape of the course and the adjoining space are not clearly fixed at the point of linkage, but appear at first interrupted, only to be reconstructed in a new manner by architectonic means. The transition is *articulated* in a hinge-like manner by inserting an intermediate member (from the Latin *articulum* or small joint), which may be a spatial or physical element and which usually contains a change in direction or division of the space.

For the movement of passers-by, this translates into a pause and a change either in the form of movement or in its direction. The articulated change draws attention in a way that an unimpeded course of the space and movement do not attract. When the hinge makes its appearance at key points within a spatial construct, it can be the decisive point of reference for reading the spatial configuration by making the structure of the entire construct legible from a single point.

Pivotal points

Generally the special role of this kind of intermediate member is to create space on either side of each of the subspaces it connects. This function is beautifully illustrated in a classic example – not on the *campi*, but no less Venetian: the

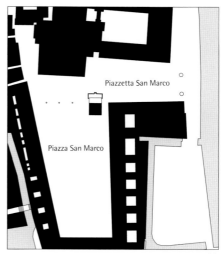

Piazzetta San Marco

Piazza San Marco

99

Beispiel, das zwar nicht von einem der Campi stammt, aber gleichwohl aus Venedig: Der Campanile von San Marco (99) artikuliert die Verbindung von Piazza und Piazzetta so, dass er als körperhaftes Zwischenglied den direkten Übergang zwischen den beiden Platzteilen zunächst teilweise verstellt. Indem er aber einen Bestandteil der Platzkontur für die Piazza wie für die Piazzetta bildet, sind über ihn beide miteinander verbunden. Als Bild eines mechanischen Gelenks kann der Turm wie ein Gelenkbolzen betrachtet werden, an dem die beiden Teile des Platzgefüges eingehängt und schwenkbar gekoppelt sind. Doch nicht nur als Bild ist dieser Mechanismus wirksam: Auch durch unsere konkrete leibliche Disposition ist die Gelenkwirkung erlebbar. Rundum freistehend, ermöglicht der Turm dem Passanten, um ihn herumzugehen und die räumliche Verknüpfung aus der Annäherung von verschiedenen Seiten herzustellen. Brennpunktartig zentriert und verankert er als Blickziel die verschiedenen Raumperspektiven. Durch die Anziehungskraft seiner hochaufragenden Gestalt und Größe zwingt er uns zur ständigen Beachtung und Konfrontation, so dass unsere Bewegung immer an ihm als Dreh- und Angelpunkt fixiert bleibt, wenn wir von einem Platzteil zum anderen wechseln.

campanile of San Marco (99) articulates the connection between *piazza* and *piazzetta* in a manner that the bell-tower as a physical intermediate member partially blocks a direct transition between the two areas of the *piazza*. However, by constituting a component of the contour for both the *piazza* and the *piazzetta*, the bell-tower links the two spaces. As an image of a mechanical hinge, the tower can be interpreted as a hinge pin, joining the two sections of the square. Yet this mechanism is not only effective as an image; we can re-enact the effect in a literal, physical sense. Freestanding on all sides, passers-by can circumnavigate the tower on all sides, thus establishing the spatial connection on the basis of drawing near from different sides. Centred like a focal point, it provides an anchor for the differing spatial perspectives as a visual goal. The appeal of its soaring figure and scale forces us into constant vigilance and confrontation so that our movement remains fixed on the tower as the pivotal point as we change from one area of the square into another.

100

101

Ein Campanile kann diese Gelenkwirkung auch dann hervorrufen, wenn er nicht allseitig, sondern nur auf drei Seiten freisteht, wie auf den Campi San Giacomo da l'Orio und Santa Maria Formosa (100). Dieselbe Rolle übernehmen auf den Campi Anzolo Rafaele (101) und Santa Maria Nova zentral plazierte Wohngebäude (vgl. die Kapitel «Figur und Grund» und «KulissenSchieben») und auf dem Campo Santa Margherita die «Casa dei Varoteri» (102). Auch das Reiterstandbild des Colleoni auf dem Campo Santi Giovanni e Paolo hat eine ähnliche Gliederungsfunktion.

A *campanile* can create the described hinge effect even when it isn't free-standing on all sides, but only on three, as is the case on the *campi* San Giacomo da l'Orio and Santa Maria Formosa (100). Centrally placed residential buildings take on the same role on the *campi* Anzolo Rafaele (101) and Santa Maria Nova (cf., the chapters "Figure and Ground" and "Moving Sets") and on the Campo Santa Margherita the same role is played by the "Casa dei Varoteri" (102). The equestrian monument of Colleoni on the Campo Santi Giovanni e Paolo performs a similar hinge function.

Gelenkräume

Bei der Piazza San Marco sind die beiden Platzteile aber nicht nur über den Baukörper des Campanile, sondern auch über die Zwischenräume miteinander verzahnt, die durch die geschickte Positionierung des Turms entstehen. Seine Seitenflächen stellen nach verschiedenen Seiten *Enface*-Beziehungen her, die Zwischenräume gehören den beiden großen Platzzonen gleichermaßen an.

Häufig vermitteln kleine Platzzonen als «Gelenkräume» zwischen zwei großen Platzeinheiten. Diese Platzzonen sind mit den «Vorplätzen» (vgl. «Vorplätze») als Varianten von Raumeinheiten mit doppelter Zugehörigkeit zu unterschiedlichen räumlichen Ordnungen verwandt.

Eine solche Vermittlung ist zwischen dem Campo Santa Maria Formosa und seinem westlichen Vorplatz (103, 104) und zwischen den beiden Platzteilen der Campi San Trovaso und San Francesco zu beobachten. Der Campo Santi Apostoli kann in diesem Sinne im ganzen als Gelenk betrachtet werden (105) (vgl. «Stelle und Gelenk»).

Ein besonderer Fall sind die als Raumgelenk auftretenden Kirchenräume. Sie übernehmen als öffentliche Räume eine ähnliche Gelenkfunktion für mehrere angelagerte Plätze oder Platzteile wie die entsprechenden Außenräume.

Beispiele dafür sind neben vielen anderen der Kirchenraum von San Canzian, San Trovaso, Santa Maria Formosa (104) und Santa Maria dei Carmini.

Hinge spaces

On Piazza San Marco, the two sections of the *piazza* are not only linked by the structure of the *campanile*; they are also integrated via the intermediate spaces created by the clever positioning of the tower. The sides of the tower promote *enface* relationships in different directions and the intermediate spaces are thus equally part of the two large zones of the *piazza*.

Small zones on a square often mediate between two large elements as "hinge spaces." These zones are akin to the "forecourts" (cf. "Forecourts") as variations of spatial units that belong to two different spatial orders.

One can observe this kind of mediation between the Campo Santa Maria Formosa and its forecourt to the west (103, 104), and between the two zones of the campi San Trovaso and San Francesco. In this sense, the entire Campo Santi Apostoli can be read as a hinge (105) (cf. "Position and Hinge").

Church interiors that act as spatial hinges represent a unique case. As public spaces they assume a similar hinge function for several adjoining town squares or sections of squares as do the corresponding exterior spaces.

Among others, examples are found in the church interiors of San Canzian, San Trovaso, Santa Maria Formosa (104) and Santa Maria dei Carmini.

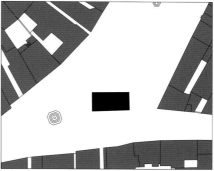

102

103

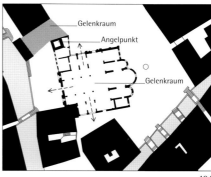

104

105

106

107

108

Im-Raum-Sein

Das jeweilige Im-Raum-Sein kann nicht als abstrakte Definition angegeben werden. Nur aus der konkreten Beziehung zu den Objekten im Raum können die eingenommene Position und die damit verbundenen besonderen Eigenschaften der Raumerfahrung vermittelt und verstanden werden. Erst der Vergleich der eigenen Größe mit den Dimensionen eines Platzes und seiner Gebäude, erst das einprägsame Erlebnis von Licht und Schatten, der Farben usw. vor Ort erzeugt Anschaulichkeit und ein durch die «Wirklichkeit» hervorgebrachtes Verständnis für die räumliche Situation.

Die Gegenüberstellung mit Objekten im Raum bringt im eigentlichen Sinne erst Ort hervor, der durch das eigene Tun und Verhalten aktualisiert, d.h. aus seinem Potential heraus, «bespielt» werden kann. Die Formen der möglichen Gegenüber variieren von Situation zu Situation und damit aber zugleich die eingenommene Stellung, das Im-Raum-Sein. Der Situation gemäß verlässt sich die Orientierung daher auf Fixpunkte oder gerät gemeinsam mit der räumlichen Anordnung der Gebäude ins Fließen.

Fixpunkte
Positionen können anhand von Fixpunkten bestimmt werden. Gewisse Gebäude heben sich aufgrund ihrer Eigenschaften vom Grund des architektonischen Raumes ab und werden zu Referenzpunkten des Aufenthaltes vor Ort. An ihnen «bemisst» man die eigene Stellung, Größe, Ausdehnung

Being-In-Space

Being-In-Space is not an abstract idea unrelated to specific circumstances. A concrete position and the distinct spatial experience it delivers can only be related and understood on the basis of the concrete relationship to the objects in the space. Only a comparison of one's own size to the dimensions of a square and its buildings, only the memorable, on-site experience of light, shadow, colours etc., offers clarity and a "reality-based" comprehension of the spatial situation.

A true sense of location is born from a confrontation with objects in the space, activated by one's own action and behaviour, i.e. the experience of a space to whose potential we can "play". The potential counterparts vary from situation to situation, as does our position, the "being-in-space". In each situation, orientation is therefore either reliant on a fixed point or fluid in response to with the disposition of the buildings.

Fixed points
Positions can be defined in relation to fixed points as co-ordinates. Certain buildings stand out against the architectural background because of their own particular characteristics. They become points of reference for as long as we remain in the location, we "gauge" our own position, size, range etc. in

usw. Von den Fixpunkten aus wird auch der umliegende Raum verstanden und eingeteilt. Meist sind sie Merkpunkte innerhalb der Stadt, die man einfach kennt und die auch als Treffpunkt dienen: z.B. vor einer Kirche (Santa Maria dei Frari (106), Santi Giovanni e Paolo (107), Santi Apostoli (108), usw.), unter den Kolonnaden (des Campo de la Confraternita) (vgl. «Einschluss und Ausschluss» und «Ankündigung»), beim Reiterstandbild – etwa des Colleoni auf dem Campo Santi Giovanni e Paolo (107) – oder bei dem wie eine Skulptur auf dem Platz stehenden Gebäude, wie etwa das Gerberhaus auf dem Campo Santa Margherita (109).

relation to them. We also read and organize the surrounding space from the perspective of these fixed points. For the most part they are familiar landmarks in the city that serve as meeting places: for example the space in front of a church (Santa Maria dei Frari (106), Santi Giovanni e Paolo (107), Santi Apostoli (108) etc.), beneath colonnades (on the Campo de la Confraternita) (cf. "Inclusion and Exclusion" and "Announcement"), at the foot of an equestrian monument – for example, the statue of Colleoni on the Campo Santi Giovanni e Paolo (107) – or near a building that stands like a sculpture on a square, e.g. the tannery on the Campo Santa Margherita (109).

109

Fließender Raum

Natürlich ist im architektonischen Zusammenhang im Grunde jedes Gebäude (von «fliegenden» Bauten einmal abgesehen) an seiner Stelle im Raum fixiert. Dennoch können Gebäude aufgrund ihrer Anordnung und Gestaltung Teil eines fließenden, unsteten Raumgefüges sein, in dem man eher das Gefühl hat zu schwimmen, bzw. beständig die eigenen Koordinaten zu verändern. Die Verteilung der Baumassen um die Kirche S. Anzolo Rafaele (110) etwa lässt eine verlässliche Fixierung nicht zu (vgl. «KulissenSchieben»). Alle Gebäude scheinen auf einer riesigen Fläche miteinander in Bewegung zu sein. Je nach Stellung des Betrachters ändert sich die Konfiguration der Plätze. Lediglich die Kirche kann aufgrund ihrer Größe ein Referenzpunkt sein. Eine ähnliche Erfahrung macht man auf dem Campo Santa Maria Nova (111) (vgl. «Figur und Grund»).

Fluid space

Naturally every building is anchored to its place in the architectural context of the space (mobile buildings aside). However, buildings can also be part of fluid, variable spatial configurations because of their arrangement and design. In such fluid configurations one has a sense of "swimming", of constantly shifting co-ordinates. The arrangement of the building masses around the church of Sant' Anzolo Rafaele (110), for example, makes a reliable, fixed co-ordinate impossible (cf. "Moving Sets"). All the buildings seem to be in motion on a huge area. The configuration of the square changes with the observer's position, and only the church is capable of providing a solid reference point owing to its scale. The Campo Santa Maria Nova offers a similar experience (111) (cf. "Figure and Ground").

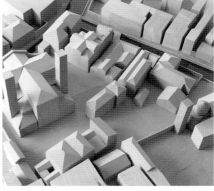

110

111

112

113

114

Erstrecktheit

Im Wechsel der schmalen Gassen und weiten Campi Venedigs wird das Widerspiel von Ausdehnung und Verengung zu einem grundlegenden Thema der Raumerfahrung. Das eigene Körperspiel, d.h. das schrittweise Ausgreifen in den Raum sowie der vorauseilende Blick in dessen Tiefe, wird von den baulichen Gegebenheiten beeinflusst. Dabei ist es nicht von Bedeutung, eine genaue Schrittzahl – etwa die Länge oder die Breite eines Platzes – angeben zu können. Wichtig für die Erfahrung der Erstrecktheit ist das durch das Auge bereits vorbereitete, wissende Gefühl, den Raum zu haben, ein paar, einige oder auch viele Schritte ausgreifen zu können, ganz entgegen der zuvor erlebten Enge etwa.

Dabei ist das Auge stets hier – am Standpunkt des Betrachters – und am anderen Ende des durchmessbaren Raumes zugleich. Die Erfahrung der Erstrecktheit des Im-Raum-Seins bestimmt den eigenen Ort in Relation zu jenem Gegenüber.

Auf einer Wegbahn

Ein Sonderfall der Erstrecktheit ist die Wegbahn, auf welcher der Blick weit nach vorne greifen kann. Die lineare Orientierung nach vorne beschränkt dabei die grundsätzlich mögliche Entfaltung der Bewegung in die Breite. Indem Blick wie Schritt der Wegbahn folgen, werden die unmittelbarsten Koordinaten der Erstrecktheit im Raume aktualisiert: das horizontale Ausgreifen auf der linear nach vorne gerichteten Blick- und Bewegungs-

Extension

In the alternating rhythm between the narrow lanes and wide campi of Venice, the contrast between expanse and constriction is a fundamental aspect of the spatial experience. Our own body language, i.e. stepping out into the space and looking ahead into its depth, is influenced by the conditions provided by the architecture. It's not important to know the exact number of steps, the length or width of a square. What does matter in an experience of extension is the knowledge, gained from looking ahead, that there is sufficient space to take a few or many steps in contrast, for example, to a narrow passage we may have just come through.

In this, the eye is constantly here – at the position of the observer – and simultaneously at the other end of the measurable space. The experience of extension in the "being-in-space" determines one's own space in relation to the counterpart.

Visual path

The visual path, which allows the eye to travel far ahead, is a special case of extension. The linear orientation forward limits any lateral movement, although it would be possible in principle. As eye and steps follow the visual course, the nearest co-ordinates of the extension are activated in the space: the horizontal striding movement along the forward directed axis of sight and movement, which, coming from the depth of the path, is related to one's own body

achse, die, aus der Tiefe des Weges kommend, auf den eigenen Körper und die eigene Position im Raume bezogen wird. Man denke dabei an den Zugang zum Campo San Sebastiano (112–113), zum Campiello Piovan vor der Kirche San Giacomo da l'Orio (114, 115) oder zum Campo Santi Giovanni e Paolo von Westen her.

and position in the space. One need only think of the access to the Campo S.an Sebastiano (112–113), to the Campiello Piovan in front of the church of San Giacomo da l'Orio (114, 115) or to the Campo Santi Giovanni e Paolo from the west.

114

Ein den Weg begleitender Kanal verändert diesen Sachverhalt bereits. Zwar bleibt die lineare Bewegungsrichtung erhalten, der Blick schweift jedoch zur Seite und findet dort Raum, der wiederum auf die Wegbahn Einfluss nimmt. Denn Rhythmen der Gebäudefolgen, Aufweitungen und Verengungen strukturieren das Gehen auch auf einem zunächst hindernis- und widerstandsfreien Weg.

A canal that runs next to the path changes the situation. While the linear direction of movement is maintained, our eyes already travel sideways and discover a space that in turn has an influence on the visual path. For rhythms created by sequences of buildings, widening and narrowing sections structure how we walk, even on a path that is initially barrier and resistance free.

115

Man denke etwa an den Campo San Nicolò dei Mendicoli, der aufgrund der zurückgesetzten Kirche von jenseits des Wassers her einen Raumbereich aufspannt, der bis über den Kanal herüberreicht (116). Entlang des Rio de l'Arsenal ist man aufgrund der Vor- und Rückschübe der Gebäude zu beiden Seiten des Kanals stets zugleich hier – auf dieser Seite – und dort – auf der anderen Seite – (117) (vgl. «Hier-Sein und Dort-Sein»). Entlang der Schnittlinie zwischen der riesigen Fassadenwand der Fondazione de la Misericordia und dem breiten gleichnamigen Kanal befindet man sich aufgrund des entstehenden Winkels zwar einerseits auf dem knappen langen Steg entlang des Gebäudes, andererseits aber zugleich «auf» der großen Fläche des Wassers (118) (s. «Der Saum»)

We need only think of the Campo S. Nicolò dei Mendicoli, where the recessed church creates an open space that stretches from the far side of the canal all the way to the church (116). On the Rio de l'Arsenal the projections and recesses of the buildings on both sides of the canal contributed to a constant sense of being simultaneously here, on this side, and there, on the other side (117) (cf. "Being Here and Being There"). At the intersecting line between the monumental facade of the Fondazione de la Misericordia and the wide canal of the same name, the angle that results creates a feeling of being on the long narrow footpath next to the building, but also "on" the large area of water (118) (see "The Hem").

116

117

118

119

120

121

In die Fläche

Die Erstrecktheit in die Fläche erweitert die Gerichtetheit nach vorne um die beiden Gesichtsfelder links und rechts der eigenen Körperachse. Die Drehbewegung erschließt zusätzlich das vormalige Dahinter. In jedem Falle aber werden Raumqualitäten wie Enge und Weite von den Platzrändern her verstanden, zu denen hin der Raum vom Hier des eigenen Körpers aus aufgespannt und erlebt wird. Die Schritte hin zur anderen Seite des Platzes etwa sind daher immer auch umgekehrt dessen schrittweise Annäherung hin zum Betrachter; (vgl. Campo dei Mori (119, 120)).

Ins «Endliche», ins «Unendliche»

Die Gerichtetheit reicht ins «Endliche», wenn Blick und Schritt von einem bestimmten Objekt oder einem angebbaren Ort her verstanden werden, einem Zielpunkt etwa, einem Gebäude, einem Monument oder der gegenüberliegenden Platzwand usw. Der Campo Santo Stefano beispielsweise bietet dazu mehrere Möglichkeiten (121). Je nach Auswahl verändert sich dort der Modus der Erstrecktheit, d.h. die imaginäre Ausgedehntheit des eigenen Körpers im Raum.

Die Gerichtetheit geht hingegen ins «Unendliche», wenn Blick wie Schritt ihre Position auf einen unbestimmten Grund beziehen. Während der langen Ankunft auf dem Campo San Pietro, noch bevor man die Brücke betreten hat, könnte dies etwa der Fall sein. Der Platz war zuvor nicht einsehbar. Nur schemenhaft konnten Gebäude

Into the area

The reach of the area expands the forward orientation beyond the two visual fields to the left and right of the observer's own axis. The rotation also uncovers what was previously hidden. In each case, however, spatial qualities such as narrowness and expanse are experienced from the perspective of the margins of the square, towards which the space stretches out and is understood from the vantage point of one's own body. The steps towards the other side of the square are thus always simultaneously a gradual drawing near of the space in the direction of the observer; cf. Campo dei Mori (119, 120).

Into the "finite", into the "infinite"

The orientation reaches into the "finite" when the view and path are understood on the basis of a specific object or a definable location, such as a destination, a building, a monument or the wall on the opposite side of the square. The Campo Santo Stefano, for example, offers several such possibilities (121). Depending on which option one chooses, the mode of expanse, i.e. the imaginary range of one's own body in the space, changes.

Conversely, the orientation into the "infinite" occurs when view and route derive their "compass" from an undefined destination. The long approach to the Campo San Pietro, even before one has stepped onto the bridge, is a case in point. We cannot see the square at first. From the far side of the canal, buildings are visible only in a faint outline. The

am anderen Ufer ausgemacht werden. Erst der Gang auf die Brücke klärt die Situation.

Vom Arsenale aus ans Bacino di San Marco gelangend, eröffnet sich der nahezu unbegrenzte Raum der Lagune neben der Insel von San Giorgio Maggiore (122).

situation is resolved only once we mount the bridge.

Reaching the Bacino di San Marco from the direction of the Arsenale, the seemingly infinite space of the lagoon opens up next to the island of S. Giorgio Maggiore (122).

122

124

125

Konfrontation

Konfrontation bedeutet Vergleichung, Gegenüberstellung. Das darin enthaltene lateinische Wort *frons* meint das Gesicht eines Lebewesens (insbesondere des Menschen), aber auch das eines Gebäudes, womit eine repräsentative Fassade angezeigt wird, die öffentlichen Straßen oder Plätzen zugewandt ist. Die *Kon-Frontation* – wörtlich Gesicht an Gesicht sein mit – verlangt daher auch die gegenseitige Zuwendung. Man denke an den Dialog, das Einander-Anschauen oder aber an die Hausfassade, der man gegenübertritt und sie betrachtet, während man bereits in ihr «Gesichtsfeld» eingetreten ist. Auch können zwei oder mehrere Fassaden in ein Wechselspiel zueinander treten. Wo sie sich gegenseitig «anschauen», bilden sie zuweilen Ordnungsmomente, welche die Verhältnisse und Beziehungen im Raum erfahrungsrelevant strukturieren.

Oftmals aber werden in den Raum hervortretende Gebäudevolumina als Analoga des eigenen, raumgreifenden Körpers erfahren. Dann kann unter Konfrontation ebenfalls deren Gegenüberstellung verstanden werden, indem ein Körper am anderen seine raum- wie bildhafte Entsprechung findet.

«Gesicht»

Die Sachverhalte der Konfrontation und der Raum«schatten» sind eng miteinander verbunden. Beider Wirkung und Intensität hängen von der Kubatur des Gebäudes, der Gestaltung der Fassaden und der Stellung im Raum ab. Die Konfrontation als Zuwendung

Confrontation

Confrontation means comparison, exploring differences. The latin frons contained in the word designates the visage of a living being (especially a person), but also the face of a building, that is its public facade overlooking streets and squares. The *con-frontation* – i.e. the being "face-to-face" with – thus requires a mutual turning towards each other. It has of the dynamic of a dialogue, of looking at one another or at the facade of a house, taking up position across from it and gazing at it as soon as we have entered into its field of vision. Two or more facades can also engage in an interactive play. When they "overlook" each other, they sometimes create moments of order that structure the proportions and relationships with the space in a manner that allows us to experience them.

Frequently, however, built volumes projecting into the space seem to mirror one's own space-occupying body. In this scenario, confrontation can also be understood as exploring differences, in that one body or volume finds ist spatial and figurative correspondence in the other.

"Face"

Confrontation and spatial "shadows" are themes that are closely linked. The effect and intensitiy of both are dependent on the volume of the building, the design of the facades and the position in the space. The confrontation (turning a "face" or "visage" towards an obser-

eines «Gesichtes» oder «Antlitzes» wird unmittelbar im Verhältnis zur eigenen Stellung und Position - als ein Gegenüber, Davor, «Auge in Auge» usw. - verstanden. Darin liegt ein offensiver Charakter.

Beispiele dafür sind die Kirchen von San Nicolò da Tolentino (124), Madonna de l'Orto (125), San Maurizio (126) und San Pietro.

ver) is understood in direct relation to the observer's own attitude and position: opposite, in front of, "eye to eye" etc. This confrontation contains an offensive character.

As examples we can point to the churches of San Nicolò da Tolentino (124), Madonna de l'Orto (125), San Maurizio (126) and San Pietro.

126

Pole

Gebäudefassaden, die miteinander aus der Distanz in Beziehung treten, spannen wie Pole den Raum zwischen sich auf. Dazwischen entstehen Felder, die durch diese gegenseitige Abhängigkeit geprägt sind. Die relativ einfach zu beschreibende Konfrontation zweier Pole wird komplizierter und mehrdeutig, sobald weitere Momente in Gestalt relevanter Fassaden die Situation verändern oder aber ein Betrachter ins Spiel kommt, der eine immer nur relative Position beziehen kann. Zudem gibt es zwischen den Polen eine «unendliche» Menge möglicher Standpunkte, an denen die «Kräfteverhältnisse» innerhalb des aufgespannten Feldes je nach Position und Haltung variieren (vgl. Campo Santa Maria Formosa (127), Arsenale (128)).

Poles

Building facades that stand in relation to each other across a distance act like poles on the opposite ends of a tension field of space that stretches out between them. Fields that are characterized by this mutual dependence emerge within such a space. The confrontation of two poles, relatively simple and easily described, becomes more complex and ambiguous as soon as other factors such as facades change the situation or when an observer, who can only take up a relative position, enters the scene. In addition, there is an "infinite" number of possible standpoints between the poles where the "force relationship" within the field of tension vary according to position and attitude (see Campo Santa Maria Formosa (127), Arsenale (128)).

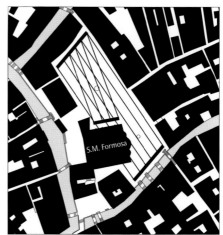

127

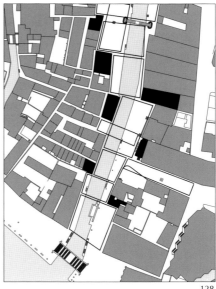

128

130

131

Körperausdehnung und Eigengewicht
Bei der Konfrontation von Volumina tritt die Bedeutung des «Gesichtes» oder «Antlitzes» einer Fassade zurück. Der von einem in den Raum ragenden Körper erzeugte Widerstand wird stattdessen mit der Ausgedehntheit des eigenen Körpers und dessen Eigengewicht in Verbindung gebracht (vgl. Campo Santi Giovanni e Paolo (130)). Das andere Volumen ist – als ausgedehnte Masse – Abbild und Entgegensetzung der eigenen Körperlichkeit, die als Körperhaltung, Anstrengung des Muskelapparates und raumnehmendes Verhalten erlebt wird (vgl. dazu H. Plessner, *Anthropologie der Sinne* (1970)). Mehrere zueinander in Beziehung stehende Gebäudevolumina vervielfachen wiederum die möglichen Weisen des Verhaltens und Sich-Befindens im Raum, nicht aber den zugrunde liegenden Charakter (vgl. die Platzfolge um den Campo Santa Maria Nova und das Kapitel «Figur und Grund» (131)).

Body range and weight
In the confrontation between volumes, the importance of the "face" of a facade diminishes. The resistance created by a body projecting into space is instead understood in relation to the range of one's own body and weight (see Campo Santi Giovanni e Paolo (130)). As an extended mass, the other volume is image and counterpart to one's own corporeality, which is experienced as body posture, exertion of the muscular apparatus and space-occupying behaviour (see H. Plessner, *Anthropologie der Sinne* (1970)). Several building volumes between which such relationships exist exponentially multiply the possibilities for behavrious and being-in-the-space, although they do not change the fundamental character (see Campo Santa Maria Nova in "Figure and Ground" (131)).

258

Raum«schatten»

Der Begriff Raum«schatten» meint an dieser Stelle natürlich nicht die aufgrund der Lichteinstrahlung erzeugten Schatten. Jedes Gebäude besitzt aber einen eigenen unverkennbaren «Herrschaftsbereich». Der Umfang und die Bedeutung der «Hegemonie» auf den angrenzenden Straßen, Gassen und Plätzen differiert von Gebäude zu Gebäude, wird aber in jedem Falle erzeugt durch deren jeweils individuelle Lage, Größe, Geometrie, Fassadengestaltung, Schmuckelemente, Farbe usw.

Von großer Bedeutung ist der Raum, der einem Gebäude zur Verfügung steht, um seine eigentümliche Präsenz an einem Ort zu entwickeln.

Ein weiter, großer Freiraum vor der Fassade erzeugt jedoch keinesfalls automatisch einen bedeutenden, einnehmenden Raum«schatten». Das Gegenteil kann der Fall sein.

Ebenso wenig lässt sich die Fassadenfront eines Gebäudes einfach über die Schnittlinie zwischen Fassade und Bodenbelag aus der Vertikalen in die Horizontale drehen, um somit durch eine geometrische Operation den Bereich des Raum«schattens» auf dem Platz oder der Gasse vor dem Haus zu ermitteln. Der Raum«schatten» entsteht stattdessen durch den Aufenthalt eines Beobachters vor Ort, der im konkreten Gegenüber zu einem Gebäude dessen Dominanzbereich erfährt, in den er «eintauchen» und den er wieder verlassen kann.

Spatial "Shadows"

Naturally, in this context the expression spatial "shadow" is not used in the sense of a shadow cast as a result of incident light. Yet every building has its own unmistakable "domain." The scope and meaning of this "hegemony" over the adjoining streets, lanes and squares differs from building to building. But in each case it is the product of the individual location, size, geometry, facade design, ornamental elements, colour etc.

The space available to a building to develop its own distinct presence on a site is of primary importance. However, a large open space in front of the facade doesn't necessarily create an impressive, attractive spatial "shadow". On the contrary.

Similarly, flipping the front of a building around the intersection between facade and ground from the vertical into the horizontal does not help us to determine the area of the spatial "shadow" on the square or the lane in front of the building by means of a simple geometric operation.

Instead the spatial "shadow" is created by the observer's presence. Standing face to face with the building, he experiences its sphere of dominance, into which he can "dive" and then leave behind.

132

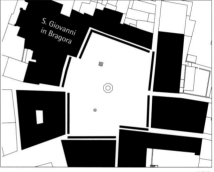

133

134

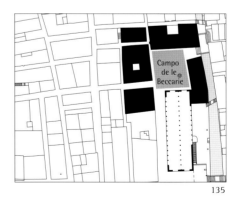

135

136

137

«Schatten»kranz

Relativ homogene Räume sind durch die ungefähre Gleichwertigkeit der vorkommenden Raum«schatten» rings um einen Platz gekennzeichnet. Keine der Fassadenfronten beansprucht eine aus dem allgemeinen Niveau herausragende Bedeutung, durch die Ungleichgewichte oder Brüche im Platzraum entstünden. Dennoch aber hat man – wie auf dem Campo de la Bragora (132, 133) – das Gefühl, vor jedem einzelnen Gebäude in einen gesonderten «Herrschaftsbereich» einzutreten. Zuweilen überschneiden sich die Raum«schatten». Im kleinen Rund des Platzes entsteht somit ein umfassender «Schatten»kranz, der die Erfahrung des Drin-Seins (vgl. «Drinnen und draußen») unterstreicht.

Weitere Beispiele: Campo de le Beccarie (134, 135), Campo de Ghetto Novo (136, 137).

"Shadow" wreath

Homogeneous spaces are characterized by the relative equivalence of the spatial "shadows" surrounding the area. None of the facades stake a claim for importance that would set them apart from the overall image, which would upset the balance or create breaks in the space. Still we have the feeling – as is the case on the Campo de la Bragora (132, 133) – of entering a separate "domain" in front of each building on the square. At times the spatial "shadows" overlap. The result is an encircling "shadow" wreath within the small round of the campo, underscoring the experience of "being inside" (cf. "Being Inside and Outside").

Further examples: Campo de le Beccarie (134, 135), Campo de Ghetto Novo (136, 137).

Ungleichgewichte und Brüche

An anderen Orten treten einzelne Gebäude dermaßen stark hervor, dass sie vermeintlich den ganzen Platzraum oder wenigstens große Bereiche desselben kontrollieren. Die nebenstehenden Gebäude scheinen in solch einem Falle zurückzutreten. Statt eines umlaufenden «Schatten»-kranzes herrscht dann oftmals der Eindruck eines spannungsvollen Ungleichgewichts vor. Platzräume werden auf diese Weise zoniert und in ihrer Bedeutung unterschiedlich bewertet, wie z.B. auf dem Campo San Maurizio (138) oder dem Campo Santo Stefano (139).

Weitere Beispiele: Campo San Pietro, Campo Santa Maria Nova, Campo Sant'Alvise.

Imbalances and breaks

In other locations, individual buildings have such a strong presence that they seem to control the entire space of the campo or at least large areas on the square. The adjoining buildings seem to recede in these cases. Instead of an encircling "shadow" wreath, the primary impression is one of suspenseful imbalance. This divides squares into separate zones and assigns them different degrees of importance, e.g. on the Campo San Maurizio (138) or the Campo Santo Stefano (139).

Further examples: Campo San Pietro, Campo Santa Maria Nova, Campo Sant'Alvise.

138

139

«Schatten»felder

In unregelmäßigen Abständen nebeneinander liegende, meist verschieden große Raum«schatten» gliedern die Platzflächen in Zonen unterschiedlicher räumlicher Intensität. Ein- und Austritte in und aus den Raum«schatten» markieren dann die Positionsveränderungen auf den Plätzen (vgl. Campo Santo Stefano (140, 141)). Zugleich entsteht ein Rhythmus in der Bewegungsfolge aufgrund des Wechselspiels zu- und abnehmender Stärke der Dominanzbereiche von Gebäuden.

Weitere Beispiele: Campo dei Gesuiti; die Sequenz von Campo l'Arsenal, Fondamenta de l'Arsenal, Campiello del Tagliapiera, Fondamenta dei Forni, Riva Ca' di Dio, Riva San Biagio.

"Shadow" fields

Spatial "shadows," which lie next to each other at irregular intervals and vary in size, divide the area of a square into zones of differing spatial intensity. In such cases, entry and exit points to and from the spatial "shadows" mark a shift in position on the square (cf. Campo S. Stefano (140, 141)). At the same time the growing i.e. waning "influence" of individual buildings creates a rhythm in the sequence of movement.

Further examples: Campo dei Gesuiti; the sequence of Campo l'Arsenal, Fondamenta de l'Arsenal, Campiello del Tagliapiera, Fondamenta dei Forni, Riva Ca' di Dio, Riva San Biagio.

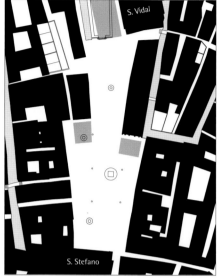

140

141

«Raumstopps»

Gebäude können wie Prellböcke einen Abschluss bilden, vor dem die Bewegung des Raumes und der Fußgänger gestoppt und unter Umständen gedreht wird. Neben der physikalischen Unmöglichkeit des Weiterkommens wird ein solcher «Raumstopp» jedoch vor allem durch die Dominanzbereiche dieser Gebäude erzeugt. In ihnen werden die Bewegungsflüsse arretiert und von dort aus neu ausgerichtet (vgl. Campo Santi Apostoli (142, 143)). Einander gegenüberliegende «Raumstopps» spannen eine Art Spielfeld zwischen den Polen auf. Die Zwischenräume sind von diesen Endpunkten aus versteh- und lesbar (vgl. den Campo Santa Maria Formosa und das Kapitel «Feldraum und Körperraum»).

Weitere Beispiele: Campo San Francesco o de la Confraternita, Campo San Tomà, Campo San Rocco.

"Spatial stops"

Buildings can act like bumpers, bringing the movement of the space and the pedestrian to a halt and perhaps even diverting it. Aside from insurmountable physical barriers, such "spatial stops" are primarily the product of the "domains" of these buildings. They arrest the flow of movement and set it off in a new direction (cf. Campo Santi Apostoli (142, 143)). "Spatial stops" that lie directly opposite each other, create a kind of playing field between the poles. The areas in between can be understood and read from the perspective of these termination points (cf. the Campo Santa Maria Formosa and "Field space and body space").

Further examples: Campo San Francesco o de la Confraternita, Campo San Tomà, Campo San Rocco.

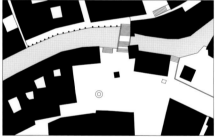

142

143

Die Außenwelt

Zu den Komponenten der Raumerfahrung auf den Campi gehört auch die Beziehung, die der Platz gegenüber dem Stadtraum außerhalb seiner Grenzen herstellt und die wir als Haltung gegenüber dem städtischen Kontext nachvollziehen. Jeder Platz hat ein spezifisches Verhältnis zu seiner Außenwelt.

Abschließung

Manchmal besteht dieses Verhältnis zur umgebenden Stadt allerdings in einer deutlichen Abgeschlossenheit, wie etwa beim Campo de Ghetto Novo oder dem Campo de la Bragora. Hier werden wir von der starken Raumhülle umschlossen und fühlen uns draußen auf dem Platz ganz drinnen. In ihrem Verhältnis zur Außenwelt unterscheiden sich die beiden Plätze allerdings in einem wesentlichen Punkt voneinander. Auf dem Campo de la Bragora sind plastische Körper kaum wahrnehmbar, lediglich flächige Fassaden, deren Körper in eine Außenwelt hinauszuragen scheinen (144). Beim Campo de Ghetto Novo dagegen erscheint alles unter Ausblendung der Außenwelt nach innen gekehrt. Der Platzraum wird durch das «Nach-innen-Wenden» von offensichtlich plastischen Körpern gebildet (145).

Plätze wie Häuser

Beim Campo de Ghetto Novo haben diese Körper auch eine sichtbare «Außenseite» (146) – anders als beim Campo de la Bragora und anders als bei fast allen venezianischen Campi, die aus dem Gewebe der städtischen Bebauung herausgeschnitten erschei-

The Outside World

Among the components that contribute to the spatial experience on the campi is the relationship which the square develops with the urban space beyond its boundaries, a relationship we can recreate as an attitude towards the urban context. Each square has a specific relationship to the outside world that surrounds it.

Seal

Sometimes this relationship to the surrounding city is one of being sealed off, the Campo de Ghetto Novo and the Campo de la Bragora being two examples. At these sites we are wrapped in a powerful spatial envelope and have a strong sense of "being inside" when we are out there on the square. But there is one essential difference in the relationship of these two square to the world that surrounds them. On the Campo de la Bragora we have hardly any sense of three-dimensional volumes, only of flat surfaces whose outlines seem to soar into an outside world (144). On the Campo de Ghetto Novo, everything seems inward, exclusive of the outside world. The space on the square is formed by three-dimensional bodies (145).

Squares like houses

On the Campo de Ghetto Novo these bodies also have a visible "exterior side" (146) – in contrast to the Campo de la Bragora and most other Venetian *campi*, which seem to be cut from the fabric of the urban development. In this the Campo de Ghetto Novo resembles

nen. Darin gleicht der Campo de Ghetto Novo wiederum dem Campo de l'Anzolo Rafaele (147). Die Randbebauung beider Plätze ist außen auf verschiedenen Seiten unmittelbar von Kanälen umgeben und von dort sichtbar. So entsteht eine Art «Platzkörper», um den der Außenraum unmittelbar herumführt. Da man den «Platzkörper» von außen durchdringen muss, um den Platzraum zu erreichen, gleichen diese Plätze Häusern, deren dicke Mauern den Außenraum vom Innenraum scheiden.

Telepräsenz

Auch ins Innere der geschlossenen Plätze blickt der Außenraum durch eine Reihe von Fugen immer wieder herein. Es handelt sich um eine Art von «Telepräsenz», die hier im spärlichen und distanzierten Aufscheinen einer Außenwelt wirksam ist. Sie zeigt sich schwächer oder deutlicher, je nach der filternden Wirkung der architektonischen Mittel. Der Campo de Ghetto Novo etwa ermöglicht einen gerahmt-ausschnitthaften Blick bei dem geführten Zugang über die Brücke zur Fondamenta (148). Verglichen mit dieser kontrollierten Öffnung, bietet der Campo de l'Anzolo Rafaele eher beiläufige Ausblicke durch die häufigen, teils sehr schmalen Unterbrechungen in seiner Randbebauung (149). Dort sieht man immer wieder den Verkehr auf den Kanälen und den sie begleitenden Wegen vorbeiziehen. Sind die Verbindungen zur Außenwelt aber aufs Äußerste reduziert, wie beim Campo de la Bragora, dann wirkt deren «Telepräsenz» wie ein fernes Mitschwingen einer anderen Wirklichkeit (150).

the Campo de l'Anzolo Rafaele (147). The corner development of both squares is visible from outside, surrounded by canals that reach almost up to the walls. This results in a kind of "square body" around which the exterior space leads. Since the "square body" has to be penetrated from the outside in order to reach the actual town square, these squares are like houses whose thick walls divide the exterior from the interior.

Telepresence

The exterior seeps even into the interior of fully enclosed squares through a series of joints or gaps. What is at play here is a kind of "telepresence," acting in this instance in the sparse and distanced appearance of an outside world. Its presence is more or less pronounced, depending on the filtering effect of the architectural means. The Campo de Ghetto Novo, for example, offers a framed detail view from the vantage point of the approach towards the *fondamenta* (148) across the bridge. Compared to this controlled opening, the Campo de l'Anzolo Rafaele provides more random views through the many, often extremely narrow breaks in the development along its edge (149). At those points one has frequent glimpses of the traffic on the canals and the paths that run parallel to them. However, when the links to the exterior world are reduced to the extreme – as is the case on the Campo de la Bragora – then its "telepresence" acts like the distant resonance of another reality (150).

147

148

149

150

151

152

153

154

155

Vorbeiziehen

An vielen Campi führt unmittelbar ein Kanal vorbei, häufig mit einer begleitenden Straße. Meistens wird in diesen Fällen durch die bauliche Anlage des Platzes die Konfrontation mit dieser vorüberziehenden Bewegung inszeniert. Die zentrale Berührungsstelle zwischen Platz und Kanal ist die mehr oder weniger repräsentative Treppenanlage mit den Stufen zum Wasser, über die man den Campo vom Boot aus erreicht (152, 153). In der Stadt der Wasserstraßen waren diese Stufen der eigentliche Platzzugang. Die Geometrie der Platzfläche, eine zum Wasser gerichtete Wegbahn, die Gegenüberstellung mit Palastfassaden oder die Frontstellung des Reiterstandbilds des Colleoni sind ebenso Mittel der gerichteten Beziehung wie die von Bühne und Zuschauerraum: Weniger beiläufig, sondern eher aufmerksam tritt man (eventuell zusammen mit dem Reiterstandbild des Colleoni) dem Schauspiel des vorbeiziehenden Stadtlebens gegenüber (153), das diesmal nicht beschränkt zugemessen, sondern im großzügigen Ausschnitt dargeboten wird. Auf dem Campo San Pietro ist es nicht ein Ausschnitt des städtischen Lebens, sondern hier zieht etwas von der Weite der Lagune hindurch und orientiert unsere Befindlichkeit auf dem Platz damit in die Ferne (154). Stärker noch schwingt dieser Zug in die Weite aus, in der Bewegungslinie vom Campo l'Arsenal den Kanal entlang. Sie verläuft über die große Wasserfläche des Bacino di San Marco hinweg bis nach San Giorgio Maggiore in Isola und gibt dieser Bewegung (155).

Weitere Beispiele für das Vorbeiziehen von Kanal und Straße in zum Teil sehr unterschiedlichen Varianten

Passing by

Many *campi* have a canal passing by directly next to them, often accompanied by a street. In these cases, the confrontation with the passing movement is almost always staged through the architectural configuration of the square. The more or less monumental flight of stairs to the water that gives access to the *campo* from a boat on the canal, is the key point of contact between square and canal (152, 153). In the city of water roads, these steps have always been the true access points to the squares. The geometry of the area on the square, a route directed towards the water, the counterpart created with palace facades or the front-and-centre positioning of the equestrian statue of Colleoni are means of creating an oriented relationship that is very much similar to that of stage and auditorium: less incidental and much more deliberate is the act of coming face to face (perhaps in conjunction with Colleoni, the equestrian monument) with the spectacle of city life passing by (153), in this case not served up in limited measures, but with abundance. On the Campo San Pietro, what we encounter is not an excerpt of urban life, but a sense of something passing from the expanse of the lagoon, thereby directing our disposition on the square into the distance (154). This pull is even more forceful sideways into the distance, from the line of movement that leads from the Campo l'Arsenal along the canal. It reaches across the large water surface of the Bacino di San Marco all the way to San Giorgio Maggiore in Isola, thereby investing this movement with a strong long-distance impact (155).

Further examples of canals and streets passing by, often in highly different variations, are found near the *campi*

264

findet man bei den Campi Manin, San Barnaba (151), San Stae (152), Sant' Alvise, Santa Fosca u.v.a.

Manin, San Barnaba (151), San Stae (152), Sant' Alvise, Santa Fosca, and many others.

Hinausgehen

«Tore» und Brückenköpfe (vgl. «Tor und Schwelle») bieten eine geordnete Form des Hinaustretens, wenn auch die Funktion der erwähnten Torelemente beim Verlassen eines Platzes meistens eine andere ist als beim Eintritt. Beim Hinausgehen können wir aber auch unmerklich aus dem Raum hinausgeraten, wie zum Beispiel entlang der gekrümmten Wandschale des Campo San Polo. Oder wir werden hinausgezogen wie durch den Sog am Südende des Campo Santa Margherita und durch die meisten Gassenspalten sowie die «Löcher» der *sotoporteghi*. Die Stadt erscheint dann als der dunkle Raum der Gassen, in deren Schlund wir gesaugt werden.

Ähnliche Erfahrungen machen wir auch an den Campi San Giacomo da l' Orio, San Barnaba, Santa Maria Formosa (156, 157). *Sotoporteghi* spielen eine Rolle für die Außenbeziehung bei den Campi Sant' Agnese und San Silvestro, Spalten sind wichtig beim Campo de la Bragora.

Stepping outside

"Gates" and bridgeheads (cf. "Gate and Threshold") offer an ordered manner of stepping outside, even though the function of the aforementioned gate elements is frequently a different one when leaving a square than for entering. Walking towards an exit we can also step outside the space without really noticing it, for example along the curved shell that forms the wall around the Campo San Polo. Or we are drawn out, as is the case by the pull exerted from the southern end of the Campo Santa Margherita and through most of the gaps created by lanes as well as the "holes" of the *sotoporteghi*. The city is then represented as the dark space of the lanes into whose depths we are pulled.

The *campi* San Giacomo da l' Orio, San Barnaba, and Santa Maria Formosa (156, 157) offer us similar experiences. *Sotoporteghi* [underpasses] play a role in the relationship to the exterior on the *campi* Sant' Agnese and San Silvestro, gaps are important in the case of the Campo de la Bragora.

Quartierstore

Einer anderen Maßstäblichkeit folgen die monumentalen Torfiguren, die sich zwischen symmetrisch paarweise stehenden Bauwerken gleicher Dimension ergeben, wie zum Beispiel im südlichen Bereich des Campo Santi Apostoli (158, 159). Sie bilden nicht nur einen unter verschiedenen Platzein- oder -ausgängen, sondern wirken raumgliedernd im Quartiersmaßstab, indem sie den Zugang in ein anderes Stadtquartier herstellen.

Beispiele: Vom Campo San Bartolomeo nach Rialto oder vom Campo Santo Stefano zur Zone der Paläste am Canal Grande.

Quarter gates

The monumental gate shapes that emerge between symmetrical pairings of buildings of identical dimensions answer to a different scale, for example in the south section of the Campo Santi Apostoli (158, 159). They not only form one entrance to or exit from the square among others, but also structure the scale of the quarter by creating access to another urban quarter.

Further examples: From the Campo San Bartolomeo to the Rialto or from the Campo Santo Stefano to the palazzo zone on the Canal Grande.

156

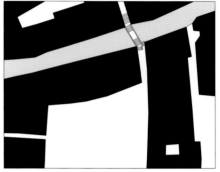

157

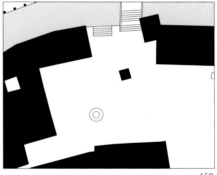

158

159

Bibliographie
Bibliography

Adorno, Theodor W., *Funktionalismus heute*. In: Ders., Ohne Leitbild. Parva Aesthetica. Frankfurt a. M. 1967

Aminde, Hans-Joachim (Hrsg.), *Plätze in der Stadt*. Stuttgart 1994

Aristoteles, *Metaphysik*. Stuttgart 1970, 1984

Arnheim, Rudolf, *Das Bauwerk als Anschauung / Buildings as Thougtful Vision*. In: Daidalos N0 67, 1998, S. 26-31

Augé, Marc, *Orte und Nicht-Orte. Vorüberlegungen zu einer Ethnologie der Einsamkeit*. Frankfurt a. M. 1994

Bacon, Edmund, *Stadtplanung von Athen bis Brasilia*. Zürich 1968

Barthes, Roland, *Qu'est-ce que la critique?* In: Essais critiques. Paris 1964, S. 252-257

Bloomer, Kent C. / Moore, Charles W, *Architektur für den »einprägsamen Ort*. Stuttgart 1980

Blum, Elisabeth, *Le Corbusiers Wege. Wie das Zauberwerk in Gang gesetzt wird*. Braunschweig, Wiesbaden[3] 1995

Böhme, Gernot, Atmosphäre. *Essays zur neuen Ästhetik*. Frankfurt a. M. 1995

Böhme, Gernot, *Rehabilitierung des Subjektiven*. In: Festschrift für H. Schmitz. Bonn 1993

Bollnow, Otto Friedrich, *Mensch und Raum*. Stuttgart Berlin Köln[7] 1994, 1963

Boudon, Philippe, *Der architektonische Raum. Über das Verhältnis von Bauen und Erkennen*. Basel, Berlin, Boston 1991 (Paris 1971)

Brinckmann, Albert Erich, *Platz und Monument*. Berlin 1908

Brinckmann, Albert Erich, *Stadtbaukunst*. Berlin-Neubabelsberg 1920

Busetti, Giorgio, *Cento scene di vita veneziana. Pietro Longhi e Gabriel Bella alla Querini Stampalia*. Venezia 1995

Certeau, Michel de, *L'invention du quotidien*. 1.Arts de faire, Paris 1990

Coubier, Heinz, *Europäische Stadt-Plätze. Genius und Geschichte*. Köln 1985

Cullen, Gordon, *Townscape, Das Vokabular der Stadt*. Basel, Berlin, Boston 1991 (London 1961)

Dürkheim, Karlfried von, *Untersuchungen zum gelebten Raum*. In: Neue psychologische Studien. München 1932

Eco, Umberto, *La struttura assente. La ricerca semiotica e il metodo strutturale*. Milano[2] 1994, 1968

Einsele, Martin/Günter, Roland/Peterek, Michael/Stevcic, Darko (Hg.), Anghiari – Stadt. Kultur. Landschaft. Sozialräumliche Analyse einer kleinen Stadt in der Toskana, Karlsruher Städebauliche Schriften, Bd. 6. Karlsruhe 1995

Eisenman, Peter, *Die blaue Linie*. In: Ders., Aura und Exzeß. Zur Überwindung der Metaphysik der Architektur. Wien 1995, S. 145-150

Eisenman, Peter, *En terror firma: in trails of grotextes*. In: Recente projecten / Recent projects. Nijmegen 1989, S. 23

Frey, Dagobert, *Wesensbestimmung der Architektur*. In: Ders., Kunstwissenschaftliche Grundfragen. Prolegomena zu einer Kunstphilosophie. Darmstadt 1992 [Wien 1946], S. 93-106

Hegel, Georg Wilhelm Friedrich, *Enzyklopädie der philosophischen Wissenschaften I*, Frankfurt a. M.[2] 1989 [1830]

Hegemann, Werner; Peet Elbert, T*he American Vitruvius: An Architects Handbook of Civic Art*. New York 1988 [1922]

Heidegger, Martin, *Sein und Zeit*. Tübingen[16] 1986

Joedicke, Jürgen. *Raum und Form in der Architekur*. Stuttgart 1985

Kant, Immanuel, *Kritik der Urteilskraft* (1790). In: Kants Werke, Bd. V. Berlin 1968

Kant, Immanuel, *Von dem ersten Grunde des Unterschiedes der Gegenden im Raume* (1768). In: Vorkritische Schriften II, 1757-1777, Kants Werke, Bd.II. Berlin 1968

Krier, Rob, *Stadtraum in Theorie und Praxis*. Stuttgart 1979

Lässig, Konrad u. a., *Straßen und Plätze. Beispiele zur Gestaltung städtebaulicher Räume*. Berlin 1969, S. 22, 31

Le Corbusier (Charles E. Jeanneret), *An die Studenten. Die «Charte d'Athènes»*. Reinbek bei Hamburg 1962

Leibniz, G.W., *Monadologie*. Stuttgart 1954

Lynch, Kevin, *Das Bild der Stadt*. Frankfurt a. M., Berlin 1965 (Cambridge /Mass. 1960)

Maertens, H., *Der optische Maßstab oder die Theorie und Praxis des ästhetischen Sehens in den bildenden Künsten.* Bonn 1877

Merleau-Ponty, Maurice, *Phénoménologie de la perception.* Paris 1945

Moore, Charles / Lyndon, Donlyn, *Ortskenntnis. Briefe aus dem architektonischen Gedächtnis.* Basel, Berlin, Boston 1995

Nitschke, Günther / Thiel, Philipp, *Anatomie des gelebten Raumes.* In: Bauen und Wohnen 9 1968, S. 313-320

Norberg- Schulz, Christian, *Existence, Space and Architecture.* New York 1971

Norberg-Schulz, Christian, *Genius Loci. Landschaft, Lebensraum, Baukunst.* Stuttgart 1982

Plessner, Helmuth. *Anthropologie der Sinne (1970).* In: Ders., Gesammelte Schriften III. Frankfurt a. M. 1980

Posocco, Franco, *Scuola Grande di San Rocco. La vicenda urbanistica e lo spazio scenico.* Cittadella 1997

Rauda, Wolfgang, *Lebendige städtebauliche Raumbildung.* Stuttgart 1957

Schmitz, Hermann, *Der Raum.* In: System der Philosophie, Dritter Band. Bonn³ 1998 (1967)

Sitte, Camillo, *Der Städtebau nach seinen künstlerischen Grundsätzen.* Wien 1889. Reprint der 4. Auflage von 1909: Basel, Boston, Berlin 2002

Sörgel, Hermann, *Theorie der Baukunst. Band I, Architektur-Ästhetik,* 3. erw. Aufl., München 1921. Reprint: Berlin 1999

Spies, Joachim, Stadtträume. Plätze in Venedig. Stuttgart, Berlin, Köln, Mainz 1985

Straus, Erwin, *Formen des Räumlichen. Ihre Bedeutung für die Motorik und die Wahrnehmung.* In: Ders., Psychologie der menschlichen Welt. Berlin, Göttingen, Heidelberg 1960

Ströker, Elisabeth, *Philosophische Untersuchungen zum Raum* (Phil. Abhandlungen Bd. 25). Frankfurt a. M. 1965

Trieb, Michael, *Stadtgestaltung. Theorie und Praxis.* Düsseldorf 1974

Valena, Tomás, *Beziehungen. Über den Ortsbezug in der Architektur.* Berlin 1994

Vinci, Leonardo da, *Codex Trivulziano,* 20 v. Mailand, Castello Sforzesco,

Vgl. Philosophische Tagebücher. Ital. u. Dtsch., übers. u. hrsg. v. G. Zamboni. In: Philosophie des Humanismus und der Renaissance, Bd. 2. Hamburg 1958

Webb, Michael, *Die Mitte der Stadt. Städtische Plätze von der Antike bis heute.* Frankfurt a. M. New York 1990

Wetzel, Heinz, *Stadt Bau Kunst. Gedanken und Bilder aus dem Nachlaß.* Stuttgart 1962

Wichmann, Petra, *Die Campi Venedigs. Entwicklungsgeschichtliche Untersuchungen zu den venezianischen Kirch- und Quartiersplätzen.* Beiträge zur Kunstwissenschaft, Bd. 12. München 1987

Zucker, Paul, *Entwicklung des Stadtbildes.* München, Berlin 1929

Alban Janson

Geb. 1948 in Mainz
Studium der Architektur und der Freien Kunst in Darmstadt, Karlsruhe und Frankfurt
Wissenschaftlicher Mitarbeiter Architekturtheorie und Entwerfen, Universität Dortmund
1977-1979 Planertätigkeit in Dar es Salaam, Tansania
Tätigkeit als freier Künstler
1984-1994 Professor für Gestaltungslehre an der HfT Stuttgart
Seit 1989 als Architekt selbständig, gemeinsames Büro mit Sophie Wolfrum in Stuttgart und Karlsruhe
Seit 1994 Professor für Grundlagen der Architektur an der Universität Karlsruhe (TH)

Born in Mainz in 1948
Studies in architecture and fine arts in Darmstadt, Karlsruhe and Frankfurt
Senior research associate in architectural theory and design, Universität Dortmund
1977-1979 urban planner in Dar es Salaam, Tanzania
Career as an independent artist
1984-1994 Professor of design theory at the HfT Stuttgart
Since 1989 independent architect, joint office with Sophie Wolfrum in Stuttgart and Karlsruhe
Since 1994 Professor of foundations in architecture at Karlsruhe Universität (TH)

Thorsten Bürklin

Geb. 1964 in Karlsruhe
Studium der Architektur und Philosophie in Karlsruhe und Florenz
1994-2001 Wissenschaftlicher Angestellter Grundlagen der Gestaltung, Universität Karlsruhe (TH)
1995-1996 Forschung und Lehre an der Universität Padua / Italien
1997 Promotion in Philosophie
Seit 1997 verschiedene Publikationen zu Ästhetik und Architekturtheorie
Seit 1999 als Architekt selbständig tätig
2001/02 Lehrauftrag an der Universität Karlsruhe (TH)

Born in Karlsruhe in 1964
Studies in architecture and philosophy in Karlsruhe and Florence
1994–2001 research associate in design principles, Universität Karlsruhe (TH)
1995–1996 research and lectures at Padua University, Italy
1997 Doctor of Philosophy
Since 1997 various publications on aesthetics and architectural theory
Since 1999 independent architect
2001/02 Lectureship at Universität Karlsruhe (TH)

Bedanken

möchten wir uns bei den Studenten der Karlsruher Universität, die mit uns gemeinsam die Campi in Venedig untersucht und anschließend Pläne und Modelle zur Illustration dieses Buches hergestellt haben.

Dabei waren: Alexander Riechert, Angelika Becherer, Anja Rexroth, Barbara Lelonek, Christian Herrmann, Christina Clauß, Emel Zvizdic, Fabian Schäfer, Joachim Schönecker, Julia Bienhaus, Karen Schmeink, Katja Möbs, Kristin Hutter, Linde Straub, Matthias Tebbert, Marc Verderol y Osés, Mona Farag, Nina Weingärtner, Stephan Tschann und Veit Lieneweg.

Ein besonderer Dank gilt Herrn Wolfgang Steinhilper, dem Modellbaumeister des Institutes für Grundlagen der Gestaltung der Universität Karlsruhe, der uns mit Rat und Tat beim Bau der Modelle zur Seite stand.

Schließlich bedanken wir uns bei der Karlsruher Hochschulvereinigung e.V., die das Erscheinen dieses Buches finanziell unterstützt.

Alban Janson und Thorsten Bürklin

Acknowledgments

are due to the students of Karlsruhe Universität, who studied the campi of Venice with us and subsequently created the plans and models reproduced in this book.

They were: Alexander Riechert, Angelika Becherer, Anja Rexroth, Barbara Lelonek, Christian Hermann, Christina Clauß, Emel Zvizdic, Fabian Schäfer, Joachim Schönecker, Julia Bienhaus, Karen Schmeink, Katja Möbs, Kristin Hutter, Linde Straub, Matthias Tebbert, Marc Verderol y Osés, Mona Farag, Nina Wiengärtner, Stephan Tschann and Veit Lieneweg.

Special thanks are due to Wolfgang Steinhilper, master model builder at the Institut für Grundlagen der Gestaltung, Karlsruhe Universität, for his advice and practical assistance in constructing the models.

Finally we would like to thank the Karlsruhe Hochschulvereinigung e.V. for their financial support, without which this book would not have been possible.

Alban Janson and Thorsten Bürklin